Q&A
Guide to business succession for
financial institutions

金融機関のための
事業承継の手引き

編著者代表 幸村俊哉・玉越賢治

はしがき

　中小企業の事業承継の問題が、わが国において喫緊の課題であることは論を待たないところであります。中小企業庁も平成30年度（2018年度）からの5年ないし10年間を集中実施期間と捉え、事業承継税制の特例を定める等して、事業承継の政策を強力に推し進めています。この事業承継税制の特例を受けて全国の中小企業の事業承継がこの数年で大きく前進するはずです。金融機関にとっても、中小企業の事業承継支援を行うことは、既存取引先を維持するだけでなく、収益を確保する重要な機会でもあります。

　本書は「一問一答 事業承継の法務」（2010年）を前身としていますが、それにとらわれることなく、金融機関職員にとって有用と思われる内容をふんだんに盛り込んだものとしました。特に、上記事業承継税制の特例に関しては解説書としては本書が先駆けのものとなっているはずですし、事業承継の類型ごとの解説のほか、各種手法についても章や設問ごとに解説し、金融実務にとって活用しやすいように工夫したつもりです。

　知りたい項目が一目でわかるように一問一答形式で150項目の設問を設け、それぞれに具体的な解説をしていますので、必要な箇所を利用していただきたいと思います。

　また、事業承継に関する各種試験においても参考になる内容になっています。

　執筆にあたっては、金融機関職員、弁護士、公認会計士、税理士等事業承継に精通した各分野の専門家が担当し、事業承継の最新の実務を解説しています。

　本書が金融機関職員の皆様に大いに活用され、わが国の事業承継のお役に立てることを心より願っております。

2018年6月　　　　　　　　　　編著者代表　弁護士　幸村俊哉

目　次

第1章　事業承継の準備と進め方

1　金融機関の事業承継への関わり方

Q1　事業承継対策はどのような意義がありますか。…………… 2
Q2　金融機関にとって事業承継支援を行うことについてどのような意義がありますか。……………………………………………… 4
Q3　金融機関はどのような取引先に事業承継支援を行うとよいですか。また、関与を開始する際の留意点はありますか。…………… 7
Q4　事業承継対策の全体の流れを教えてください。取引先には、いつから、どのくらいの期間を使って事業承継の準備をしてもらえばよいですか。……………………………………………………… 9
Q5　金融仲介機能（取引先に対するコンサルティング機能）の発揮と事業承継はどう関連づけられますか。………………………12
Q6　事業承継にあたって金融庁が推進する事業性評価に基づく融資にどのような影響を与えますか。……………………………………14
Q7　金融機関は金融仲介機能のベンチマークやローカルベンチマークについて事業承継においてどのように対応すればよいですか。…17
Q8　中企庁が発表した『中小企業の事業承継に関する集中実施期間について（事業承継5ヶ年計画）』について教えてください。……19
Q9　地方金融機関として事業承継対策についてどのような体制・取組みをしていますか。………………………………………………22

2　経営の「見える化」

Q10　金融機関が取引先に対して行うべき事業承継における経営状況・経営課題等の「見える化」のアドバイスポイントは何ですか。……25

Q11 「中小企業の会計に関する指針」や「中小企業の会計に関する基本要領」の要点を教えてください。……………………………27
Q12 「事業価値を高める経営レポート」や「知的資産経営報告書」を活用した知的資産の認識について教えてください。……………29

3 事業の「磨き上げ」

Q13 金融機関が取引先に対して行うべき事業承継における事業の「磨き上げ」のアドバイスポイントを教えてください。……………31
Q14 事業再生が必要な程度に業績が悪化している会社の場合、どのような事業承継の手法がありますか。……………………………33

4 承継方法の決定

Q15 事業承継の方法にはどのようなものがありますか。……………34
Q16 金融機関は取引先の事業承継の方法・承継先の決定にあたってどのような点に留意して対応すべきですか。…………………36

5 廃業の選択・支援

Q17 取引先が事業承継を考えている中でどのような場合に廃業を勧めているのですか。……………………………………………38
Q18 円滑な廃業のためにはどのようなことが必要ですか。それを支援する機関はありますか。………………………………………41
Q19 廃業にあたってはどのような問題が生じますか。その解決はどうすればよいですか。………………………………………………45

第2章 親族内承継

1 親族内承継の方法

Q20 親族内承継の方法としてはどのようなものがありますか。………48
Q21 親族内承継のそれぞれの方法におけるメリットや留意すべき点はありますか。………………………………………………………51

2　後継者の選定・承継に向けた環境の整備

- **Q22** 後継者選定・教育の留意点、方法について教えてください。……53
- **Q23** 事業承継について、どのような関係者にどのように説明し、理解を求めていくべきですか。……………………………………………55

3　資産・負債の承継

- **Q24** 後継者に事業用資産を承継させる方法として生前実現型と生前準備型の2種類があるようですが、それぞれどのような点に留意して立案・実行すべきですか。………………………………………57
- **Q25** 非事業用資産が会社にある場合、その取扱いについてはどのようにしたらよいですか。また、それを処分する場合の法人・個人への譲渡もしくは贈与における課税上の留意点を教えてください。……59
- **Q26** 負債・担保の承継についてはどのような点に留意すべきですか。………………………………………………………………………62
- **Q27** 預金の承継についてはどのような点に留意すべきですか。………64
- **Q28** 親族内承継の場合に金融機関が果たすべき役割は何ですか。……66

4　親族内承継における税務上の留意点

- **Q29** 生前贈与をする場合、贈与税に対してはどのように対応すればよいですか。…………………………………………………………68
- **Q30** 相続によって財産を承継する場合の税金の取扱いを教えてください。…………………………………………………………………72

第3章　企業内承継

1　企業内承継の方法

- **Q31** 企業内承継の方法としてはどのようなものがありますか。MBO、EBO、MEBOとはどういうものですか。……………………76
- **Q32** MBO、EBO、MEBOによる企業内承継のメリットや留意すべき点

　　　　はありますか。……………………………………………………78

2　企業内承継としてのMBO

Q33　企業内承継の場合に金融機関が果たすべき役割は何ですか。また、どのような提案（方法）が考えられますか。………………………81
Q34　MBOやEBOを実施する場合、金融機関としては資金調達にはどのように関与するのですか。……………………………………83
Q35　MBOやEBOを実施する場合にSPCを設立するのはなぜですか。　85
Q36　レバレッジ・ローンとしての融資契約にはどのような事項を定めますか。……………………………………………………………88
Q37　SPCによる旧株主からの株式取得が完了した場合、その後の経営はどのように行われますか。……………………………………91

3　企業内承継における税務上の留意点

Q38　企業内承継を行う場合、どのような税金を、いつまでに支払えばよいのですか。後継者個人が引受けできない場合はどうすればよいですか。………………………………………………………94
Q39　株式譲渡時の時価について税務上の考え方を教えてください。…97

第4章　M＆A

1　M＆Aの方法

Q40　事業承継としてのM＆Aにはどのような方法があり、それぞれの方法にはどのようなメリット・デメリットがありますか。……100
Q41　金融機関が取引先にM＆Aによる事業承継を勧める際と実施する際にはどのような点に注意すればよいですか。…………………106
Q42　取引先がM＆Aによる事業承継を考えている場合、すでにある貸出金の回収や新たな貸出金等についてはどのように考え、注意すればよいですか。　………………………………………………108

2　事業承継としてのM＆A

Q43　事業承継の手段としてのM＆Aについて、検討・準備段階からクロージングまでの全体の手続フローを教えてください。また、その手続の中での各関係者の関与についても教えてください。　… 110

Q44　M＆Aによる事業承継について金融機関の役割・業務としてはどのようなことがありますか。また、そのためにはどのような体制整備や活動が必要ですか。………………………………… 114

Q45　金融機関として取引先にはどのような場合にM＆Aによる事業承継を勧めるべきですか。また、どこに相談に行ってもらえばよいですか。……………………………………………… 116

Q46　M＆Aによる事業承継について外部の専門家に相談する場合、一般的にどのような契約内容になりますか。あわせてその費用についても教えてください。………………………… 118

3　M＆A準備としての「磨き上げ」

Q47　M＆Aを行う準備としての「磨き上げ」とはどのようなことをするのですか。…………………………………………… 123

Q48　企業概要書とはどういうものですか。具体的に教えてください。………………………………………………………… 126

Q49　セラーズ・デュー・ディリジェンスとはどのようなものですか。………………………………………………………… 130

Q50　セラーズ・デュー・ディリジェンスの内容と留意点について教えてください。……………………………………………… 133

Q51　中小企業の同族会社において、「磨き上げ」を行う課題としてはどのようなことがありますか。………………………………… 136

Q52　「磨き上げ」について、社内でできること、外部の専門家等に協力を依頼することはそれぞれどんなことがありますか。……… 139

Q53　金融機関は「磨き上げ」についてどのような役割がありますか。また、他の専門家等とどのように連携をとっていったらよいですか。……………………………………………………… 142

4 承継手法・対価

- **Q54** M&Aにおいて事業（会社）の価値の算定方法としてはどのようなものがありますか。……………………………………………… 145

5 M&Aの実行

- **Q55** 承継先候補との具体的な交渉に入るにあたって行うべきことについて具体的に教えてください。……………………………… 149
- **Q56** M&Aの基本合意書についてその意義と記載事項について教えてください。………………………………………………………… 152
- **Q57** 承継先候補によるデュー・ディリジェンスはどのような点について行われるのですか。また、デュー・ディリジェンスを受けるにあたり、どのような点に留意して対応すべきですか。………… 157
- **Q58** M&Aの契約書は一般的にどのようなことが記載されますか。 160
- **Q59** M&Aの契約にあたって各手法の留意すべき点を教えてください。……………………………………………………………………… 165
- **Q60** M&Aの契約の締結手続はどのように行われますか。また、留意する点はありますか。………………………………………… 169
- **Q61** M&Aを行う場合、従業員や取引先に対する説明はいつ、どのように行えばよいですか。……………………………………… 182
- **Q62** M&A契約を締結した後の対価の受領と会社（事業）の引渡しはどのように行われますか。また、留意する点はありますか。… 186
- **Q63** M&Aの契約と実行後、事業の引継ぎを円滑に行うにはどうすればよいですか。引継ぎ後、金融機関としてはどのような点に留意すべきですか。……………………………………………………… 189
- **Q64** M&Aにおけるトラブルは主にどのようなことがありますか。また、その対処法について教えてください。トラブルに巻き込まれないようにするにはどうしたらよいですか。………………… 191
- **Q65** M&Aにおける承継先にM&A資金を融資するにあたり、金融機関として留意すべき点はありますか。…………………………… 195

- Q66 社会福祉法人の事業承継をM＆Aで行う場合の留意点を教えてください。……………………………………………………………… 198
- Q67 医療法人の事業承継をM＆Aで行う場合の留意点を教えてください。……………………………………………………………… 200
- Q68 学校法人の事業承継をM＆Aで行う場合の留意点を教えてください。……………………………………………………………… 203

6 M＆Aにおける税務上の留意点

- Q69 M＆Aの譲渡対価に関して、どのような税金を、いつまでに支払えばよいのですか。……………………………………… 206
- Q70 各手法の課税上の取扱いについての留意点を教えてください。 208

第5章　非上場株式の税務上の評価

- Q71 非上場会社の株式評価の概要を教えてください。……………… 212
- Q72 一般の評価会社における株式評価方法を教えてください。…… 215
- Q73 特定の評価会社における株式評価方法を教えてください。…… 219
- Q74 類似業種比準方式における株式評価方法を教えてください。… 221
- Q75 純資産価額方式における株式評価方法を教えてください。…… 224
- Q76 配当還元方式について教えてください。………………………… 227
- Q77 個人間の贈与・相続時における非上場株式の評価方法について教えてください。……………………………………………………… 229
- Q78 個人間の株式譲渡時における非上場株式の評価方法について教えてください。……………………………………………………… 231
- Q79 個人が法人に非上場株式を譲渡する場合の評価方法について教えてください。……………………………………………………… 233

第6章　個人事業主の事業承継

- Q80 個人事業主を取り巻く現状について教えてください。………… 238
- Q81 個人事業主の事業承継にはどのような特徴がありますか。…… 241

Q82	個人事業主の特徴（法人との相違点）について教えてください。 ………… 243
Q83	個人事業主の事業承継の手法にはどのようなものがありますか。 ………… 246
Q84	経営を承継するうえでの留意点を教えてください。 …………… 248
Q85	資産を承継するうえでの留意点を教えてください。 …………… 250
Q86	知的資産を承継するうえでの留意点を教えてください。 ……… 253
Q87	個人事業主の事業承継を支援する制度にはどのようなものがありますか。 ……………………………………………………………… 255
Q88	個人事業主が廃業する場合の留意点を教えてください。 ……… 258

第7章　事業承継における資金調達

Q89	事業承継にあたってはどのような資金が必要となりますか。また、その資金を調達するにはどのような方法がありますか。 ……… 262
Q90	日本政策金融公庫の事業承継支援資金の概要を教えてください。 ……………………………………………………………………… 264
Q91	事業承継に伴い必要な資金に係る融資に対応する信用保証協会の保証にはどのようなものがありますか。 ……………………… 266
Q92	事業承継においてファンドはどのように活用すればよいですか。 ……………………………………………………………………… 268
Q93	事業承継補助金の概要について教えてください。 ……………… 271

第8章　経営承継円滑化法

Q94	経営承継円滑化法の「遺留分に関する民法の特例」とはどのような制度ですか。 ………………………………………………… 274
Q95	民法の特例を利用するためにはどのような要件を満たす必要がありますか。 ………………………………………………………… 276
Q96	遺留分の算定に係る合意にはどのような内容のものがありますか。 ……………………………………………………………………… 279

Q97	「除外合意」とはどのような内容の合意ですか。	281
Q98	「固定合意」とはどのような内容の合意ですか。	283
Q99	除外合意や固定合意をする際、あわせて、しなければならない合意やできる合意はどのようなものですか。	285
Q100	経営承継円滑化法に基づく合意が効力を生じるためにはどのような手続が必要ですか。	287
Q101	経済産業大臣の確認とはどのようなものですか。	289
Q102	家庭裁判所に対する許可申立手続の概要を教えてください。	291
Q103	遺留分の算定に係る合意の効力はどのような場合に消滅するのですか。	293

第9章 事業承継税制

Q104	事業承継税制の概要を教えてください。	296
Q105	贈与税の納税猶予・免除制度の概要を教えてください。	299
Q106	相続税の納税猶予・免除制度の概要を教えてください。	301
Q107	贈与税の納税猶予から相続税の納税猶予への切替えについて教えてください。	303
Q108	事業承継税制の適用を受ける手続について教えてください。	304
Q109	先代経営者の要件を教えてください。	305
Q110	後継者の要件を教えてください。	307
Q111	事業承継税制の対象となる会社の範囲を教えてください。	309
Q112	事業承継税制の対象とならない会社について教えてください。	310
Q113	資産管理型会社とはどのような会社ですか。	311
Q114	事業承継税制の対象となる株式について教えてください。	313
Q115	事後要件（5年間の要件）について教えてください。	314
Q116	事後要件（5年経過後の要件）について教えてください。	317
Q117	納税猶予が免除される場合について教えてください。	318
Q118	納税猶予が打ち切られたらどうなるのですか。	322

第10章　会社法の活用

1　種類株式の活用

Q119 事業承継にはどのような種類株式が活用できますか。............ 326
Q120 議決権制限株式の具体的な活用方法を教えてください。......... 329
Q121 拒否権付株式の具体的な活用方法を教えてください。............ 331
Q122 全部取得条項付種類株式の具体的な活用方法を教えてください。
.... 333
Q123 種類株式と「属人的な定め」との違いは何ですか。................ 336
Q124 種類株式の税務上の評価について教えてください。................ 338

2　株式が分散している場合の対策

Q125 誰が株主であるか、各株主が保有する株式数については、どのように調査すればよいですか。.. 341
Q126 株式を分散させないようにするためにはどうしたらよいですか。
.... 344
Q127 分散している株式を集中させる方法としてどのようなものがありますか。「相続人等に対する株式の売渡請求」「所在不明株式の株式売却許可申立」「特別支配株主の株式売渡請求」「株式併合」とはどのような制度ですか。.. 347

第11章　持株会社の活用

Q128 持株会社を活用した事業承継について教えてください。金融機関として留意すべき点を教えてください。................................ 352
Q129 持株会社化をする手法としてどのようなものがありますか。... 354
Q130 持株会社の株価評価はどのように行われるのですか。............ 358
Q131 株式保有特定会社とは何ですか。... 361

Q132 持株会社を活用した事業承継における留意点（メリット・デメリット）は何ですか。………………………………………………… 363

第12章　その他の活用

1　経営者保証ガイドラインの活用

Q133 「経営者保証に関するガイドライン」の趣旨について教えてください。………………………………………………………………… 366
Q134 債務者に事業承継が生じた場合、金融機関は保証契約の承継についてどのように対応すればよいですか。…………………… 368
Q135 債務者が事業再生や廃業による清算を行う場合、金融機関は保証債務の整理についてどのように対応すればよいですか。……… 371

2　遺言の活用

Q136 事業承継に遺言を活用する場合はどのような場合ですか。遺言にはどのような種類があるのですか。……………………………… 373
Q137 遺言を活用した事業承継を行う場合の注意点について教えてください。………………………………………………………………… 375
Q138 遺言書の作成や遺言の執行について個人の弁護士に直接依頼する以外にどのような方法がありますか。………………………… 380

3　生命保険の活用

Q139 事業承継に活用される生命保険契約にはどのようなメリットがありますか。…………………………………………………………… 382
Q140 法人契約の生命保険を活用した事業承継対策の代表例を教えてください。…………………………………………………………… 384
Q141 個人契約の生命保険を活用した事業承継対策の代表例を教えてください。…………………………………………………………… 386

4 信託の活用

Q142 信託とはどのようなものですか。民事信託（家族信託）と商事信託とはそれぞれどのようなものですか。……………………… 388
Q143 事業承継において信託が活用できるといわれているのはどうしてですか。………………………………………………………… 390
Q144 自社株式について信託を活用した事業承継対策の具体例を教えてください。……………………………………………………… 392
Q145 事業用資産について信託を活用した事業承継対策の具体例を教えてください。…………………………………………………… 396
Q146 事業承継において信託を活用する際の留意点は何ですか。…… 398
Q147 事業承継において不動産信託はどのように活用されますか。… 401
Q148 生命保険信託の仕組みと活用について教えてください。……… 404

5 従業員持株会の活用

Q149 事業承継との関係で、従業員持株会を新たに設けることにどのような利点がありますか。………………………………………… 406
Q150 従業員持株会に適用される税務上の株式評価について教えてください。…………………………………………………………… 409

第1章

事業承継の準備と進め方

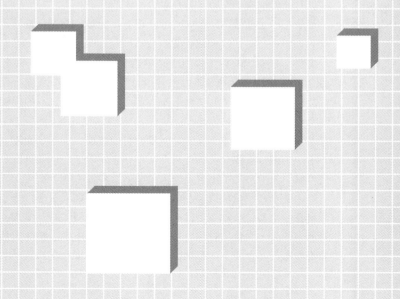

1　金融機関の事業承継への関わり方

Question 1

事業承継対策はどのような意義がありますか。

解説

1　事業承継対策の意義

　「事業承継」とは会社（企業）を後継者に引き継ぐことをいいます。その後継者は、経営者の子等の親族であったり、役員や従業員であったり、あるいは他の会社等であったりします。

　企業経営者は、自然人である限りいつかは亡くなったり、亡くならないまでも病気になったりして、会社を経営できない事態が生じ得ます。それを未然に防ぐのが事業承継対策であり、その主な対象は経営と所有（株式等の保有）が一致している中小企業です。

　事業承継対策は、主として中小企業自身すなわち、そのオーナー家や従業員とその家族のために行うものです。

　しかし、金融機関にとっては、Q2に記載した「収益獲得」や「債権保全」といったことは金融機関のためにも大変重要なことです。

　また、日本においては、企業の約99％・雇用の約7割を中小企業が占め（2014年現在、約381万社）、日本経済の重要な部分を担うとともに優れた技術を持つ企業も多数あることから、地域や日本の経済・社会・文化のためでもあるといえます。

　さらに、サプライチェーン（原材料の調達・生産・物流・販売）において中小企業は重要な役割を果たしていますので、事業承継対策は直接・間接の取引先である中小企業や大企業のためにもなります。

　このように、金融機関が中小企業の事業承継支援を行うことは、中小企業自身のためになることはもとより、金融機関に対しても、地域や日本の経済・社会・文化に対しても、取引先である中小企業や大企業に対しても意義のあることです。金融機関にとってどのような意義があるかの詳細に

ついては、Q2を参照してください。

2　事業承継対策を行わないデメリット

　多くの中小企業にとって、事業承継の問題は、家族内の問題であり、経営者の死を想起させる問題でもあります。また、経営者にとっては会社等における影響力を保持できるか否かという問題ですので、なかなか進んでいないのが現状です。

　ある調査によれば、廃業予定企業の約3割が後継者難を理由に挙げているとのことであり、中小企業数が年々減っている原因としては事業承継対策が進んでいないことが大きな理由と推測されます。

　事業承継は、①経営の承継、②経営権の承継、③事業用資産の承継の3つの側面・課題があるといわれています。たとえば、社長が100％株式を保有する会社において、事業承継対策をしないまま時が経過し経営者が突然亡くなった場合には、①の経営の承継の側面では、後継者教育ができず、社内・社外の環境整備もできず、当該会社の経営内容を承継できません。

　②の経営権の承継の側面では、株式が相続等により分散し、仮に後継者候補がいても権限を確保できませんし、契約締結等の権限のある者もいなくなり、事業がストップする事態が生じ得ます。

　③の事業用資産の承継の側面では、個々の事業用資産が相続等により分散し、企業経営が成り立たない事態が生じ得ます。

　事業承継対策には長い時間を要することが多いので、このような事態を生じさせないためにも、事業者に早めの「気づき」を与え、事業承継対策に着手することが必要です。

〔幸村俊哉〕

Question 2

金融機関にとって事業承継支援を行うことについてどのような意義がありますか。

解 説

　事業承継については、金融機関としても大切な顧客である取引先の相談窓口として、しっかりとサポートすること自体重要であると考えていますが、同時に事業承継支援が金融機関にとっての「収益獲得」や「債権の保全」にも大きく関わってきます。

　以下、金融機関にとってどのような収益機会や債権保全の面があるかについて、「親族内への承継」と「親族外への承継」ごとに紹介します。

1　親族内承継の収益機会

　「親族内承継」の支援を行うことによるビジネス機会は、以下の項目が挙げられます。

(1)　株式買取りや不動産移転に伴う融資

　親族内の事業承継を行うにあたり、その保有自社株式を後継者に承継するため、新たな資金需要が発生することも少なくありません。たとえば、後継者が個人で株式を買い取ったり、持株会社を新設し株式を買い取るといった場合、新たな資金需要が発生することになります。それは、仮にその承継対象会社の内部留保が厚く、現預金を潤沢に保有している優良企業であっても、資金が必要なのは後継者個人や新設の持株会社等になりますので、どうしても新たに資金調達の必要性が出てきます。また、相続や贈与で株式を承継した場合でも、その承継に係る相続税、贈与税等の支払資金という資金需要が発生します。

　株式の移動だけでなく、事業承継を行うにあたりオーナー個人が保有する事業用不動産等を法人に移転（売却）したり、その逆（非事業用資産をオーナー家に売却等）のケースもあり、そのような場合の資金融資が発生することも考えられます。

(2)　株式買取資金の運用

　前記(1)で保有自社株式等を売却した場合、売却したオーナー個人にはそ

の売却代金が入ることになります。金融機関としては、その売却代金の運用（投資信託や個人年金保険等）も収益機会となります。

(3) その他オーナー家との総合ビジネスの展開

事業承継の相談を行うにあたって、多くの場合、オーナー家のプライベートな部分にも大きく関わることになります。そのような展開から、たとえば、遺言信託や自社株式以外の個人資産の運用等の相談にまでつながることも多く、オーナー家の総合ビジネスへの展開も見込まれます。

このようなビジネス機会は、事業承継支援を行った金融機関が獲得するケースがほとんどであるため、金融機関としては、その法人・個人両面での囲い込みを図るうえでも事業承継支援のツールは非常に重要といえます。

2　親族外承継の収益機会

親族外承継の場合、一般的に企業内承継とM&Aが考えられます。

(1) 企業内承継

企業内承継を行う場合、旧オーナー経営者が保有している自社株式も後継者へ承継するケースが多くなります。親族内承継と同じように株式の譲渡に係る融資、株式売却代金の運用等のビジネス機会が発生します。

(2) M&A

第三者に承継する場合、M&Aの専門会社や金融機関等のM&Aのアドバイザーに依頼するケースが多くなります。M&Aが成約した場合、そのアドバイザーである金融機関等はM&Aアドバイザリーフィーを収受することになります。M&Aのアドバイザリーフィーは、その対象の会社の保有資産額や株式価値によりその数％を手数料として規定している場合が多く、相応の手数料収入が見込まれます。

当然、売却した会社オーナーには売却代金が入りますので、その資金運用も見込まれますし、M&Aの譲受先（買い手）には株式買取資金融資等が発生する可能性もあります。

3　債権保全面

事業承継支援は、金融機関として「債権保全」の面についても重要な取組みだと考えます。事業承継はその会社にとっては、数十年に１度の大きなイベントです。事業承継の失敗が本業の業績にも大きな影響を及ぼすこ

ともあります。

　金融機関としては、資金の貸出先が業績順調であればその保全性は高いことになりますが、その保全性を保つためにも事業承継支援をしっかり行い、円滑な事業承継を行ってもらうことが重要です。反対に、業績が芳しくない会社でも、事業承継で経営者が交代することで改善し、債権の保全性が高まることも考えられます。

　また、事業承継支援を行うことでいち早く次世代経営者の経営方針や人柄等を把握することもできます。金融機関としては、取引先の経営者の人物を知るというのは債権管理上の重要な事項となりますので、「顧客を知る」という面でも事業承継支援は意義ある取組みといえます。

（原田大介）

Question 3

金融機関はどのような取引先に事業承継支援を行うとよいですか。また、関与を開始する際の留意点はありますか。

解説

1　事業承継支援の対象先

　事業承継支援の対象先として一般的に、①自己資本が厚い、②高額の利益を計上している、③経営者や株主が高齢である、④自社株式が分散している、⑤相続人が複数人おり争（相）続が想定される等が挙げられます。

　金融機関でも、本部の専門部署が取引先の事業承継支援を行うにあたって対象リスト等をつくる際には、自己資本が厚い先や経営者の年齢等で条件検索したものを使っているケースが多いと思われます。自己資本や利益が厚い会社は、株価が現状高いまたは将来に向けて株価が上昇する可能性が高いため、事業承継（株式承継）対策が必然的に必要になります。そして自社株式は個人資産にも含まれますので、親族内・親族外どちらの承継であっても必ず相続問題（個人の財産問題）が付きまとうことになります。企業が永続的に継続するためにも、それなりの対策と方向性を決めておかないと円滑な事業承継は困難となります。そういった意味では、経営者や株主が高齢のオーナー企業は事業承継対策の必要性が高いといえます。

　また、株式が親族内外に分散している会社も、将来の事業承継を考慮して、相談が多いケースとなります。たとえば、相続対策として親族内外に以前から株式をばらまいていた、先代の相続発生の際に経営に関与していない相続人にも株式を相続させた等です。株式は、譲渡制限が付いている自社株式であっても、通常相続が発生するとその相続人に相続されてしまうので、将来的にますます分散してしまう可能性が高くなります。望ましくない株主がふえるリスクが高まるので、経営に関与していない株主がいる場合は可能な限り集約したほうがいいと思われます。

　事業承継については、最近は、業界動向や当社の将来ビジョンを考慮したうえで早期に事業承継を検討したり、オーナー自身が今とは別事業を行

うために現事業を譲渡する等、経営者の年齢にかかわらず早期に事業承継（M＆A等）を検討するケースも多くなっています。そういった意味では、これからは経営者の年齢等にかかわらずその業界動向や経営者の考え方等個別のニーズ把握が必要になってきているともいえます。

2 事業承継支援における留意点

　事業承継支援においての留意点ですが、事業承継問題はオーナー経営者にとっては非常に機微的な話になります。事業承継の提案や意向を確認する際には、その経営者との関係性や話をする際の周りの状況等十分に気を配る必要があります。配慮が通常以上に必要な話題ではありますが、オーナー経営者も、そのような事業承継の提案や事業承継問題について取引金融機関が気にかけてくれることを望んでいる場合も多いのが実情だと思います。

　事業承継支援が必要な時期は、取引先ごとにそのタイミングがあると思いますが、取引先にとっては重要課題であることは間違いありませんので、金融機関の担当者や支店長等は常日頃から取引先とのリレーションを図り、何かあった際には一番に相談される関係性を築くことが事業承継支援の重要な第一歩となってきます。

　事業承継支援を行うにあたっては、アンケート形式のような事業承継診断票を作成してニーズを引き出す方法もあると思いますが、まずは大きな事業承継の方向性（親族内か外か）をしっかりと把握し、その経営者の真意を汲み取ることが重要になります。そして早めに金融機関本部の専門部署や弁護士・税理士等の専門家等と連携し、取引先の真意に合った提案を行っていくことが信頼を得ていくことになると思います。

（原田大介）

第1章 事業承継の準備と進め方

Question 4

事業承継対策の全体の流れを教えてください。取引先には、いつから、どのくらいの期間を使って事業承継の準備をしてもらえばよいですか。

解 説

1 事業承継対策の全体の流れ

(1) 全体の流れについて

事業承継対策は、①事業承継対策の重要性、計画的取組みの必要性の認識、②現状の把握（見える化）、③事業承継に向けた経営改善（磨き上げ）、④承継方法の決定と、事業承継計画の策定（社内承継の場合）または社外引継ぎ先の選定（社外承継の場合）、⑤事業承継、M＆A等の実行という流れに沿って進めるのが一般的です（下記図表参照）。

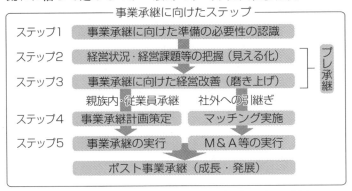

出典：中小企業庁「事業承継ガイドライン（平成28年12月）」

(2) 事業承継対策の重要性、計画的取組みの必要性の認識

事業承継対策をしないままに会社代表者が死去した場合、相続によって会社の株式等が散逸し、その結果、後継者候補がおり、会社の業績に問題がないにもかかわらず、事業の継続が困難になることがあります。そうした場合、従業員や取引先等の利害関係者に迷惑をかけることになります。そのため、会社代表者には、まずは事業承継のための計画的な取組みの必要性を認識してもらうことが肝要です。

(3) 現状の把握（見える化）と事業承継に向けた経営改善（磨き上げ）
① 経営状況の把握

事業を円滑に後継者に承継させるためには、会社の経営状況、経営課題や後継者候補の有無を含む現状を正確に把握することが必要です。

経営状況の把握としては、具体的には、イ．事業の将来性を分析して自社の強み・弱みを把握すること、ロ．「ローカルベンチマーク」等の経営分析ツールを活用した分析、ハ．会社資産と個人資産の関係を明確化すること、ハ．自社株式の評価額を把握すること、ニ．「中小企業の会計に関する指針」等を活用した適正な決算処理が行われているかの点検、ホ．「事業価値を高める経営レポート」や「知的資産経営報告書」を活用した知的資産の価値の把握等が考えられます。

② 事業承継課題の把握

現状把握にあたっては、会社の経営状況のみならず、事業承継を行うにあたっての課題を把握し、早期の対応を検討する必要があります。

事業承継課題として特に重要なのが、後継者問題です。後継者候補者が複数いる場合には、その能力、適性、年齢、意欲等をふまえ、後継者にふさわしい者を選定します。また、候補者に対して、親族内株主や取引先、役員等から異論が生じる可能性がある場合には、その対応を検討しておく必要があります。

後継者候補がいない場合には、社内外における候補者の可能性について検討することになります。

③ 事業承継に向けた経営改善（磨き上げ）

会社の強みを引き継ぎ、次世代に円滑にバトンタッチをするために、事業の磨き上げを実施しておくのが適当です。たとえば、業務フローの見直し、経費の節減等により、商品・サービスの競争力を高めること、事業の実態に合わせて各部署の組織体制を見直し、ガバナンスを再構築すること等です。

(4) 後継者および承継方法の決定

親族内に適切な後継者がいる場合には、親族内承継から検討を始めることになるのが一般的です。適切な候補者がいない場合には、次に企業内の役員・従業員を候補者として検討することになるでしょう。内部に適当な候補者がいない、または候補者がいても資金力等の問題で承継が難しい場合には、Ｍ＆Ａ等による会社の売却を視野に入れて検討していくことに

なります。

(5) 事業承継計画の策定や社外引継ぎ先の選定

　事業承継を進めていくにあたり、いつ、どのように、何を、誰に承継するのかについて、具体的な計画を立案する必要があり、これを事業承継計画といいます。事業承継計画の策定にあたっては、中小企業庁作成の「事業承継ガイドライン」添付のひな型等を参考にするのがよいでしょう。

　他方、内部の後継者不在のため、M＆A等による会社の売却をする場合には、仲介機関を選定し、売却条件の検討をすることになります。

2　事業承継の準備

　事業承継に明確な期限はありませんが、後継者の育成に要する期間も含めれば、事業承継の準備には5年から10年程度を考えておく必要があります。そこで、代表者の引退年齢から逆算して準備を開始することになります。たとえば、取引先の代表者が70歳で引退を予定しているのであれば、60歳くらいから事業承継に向けた準備を開始してもらうのがよいでしょう。

（中村繁史）

Question 5

金融仲介機能（取引先に対するコンサルティング機能）の発揮と事業承継はどう関連づけられますか。

解説

1 金融仲介機能と顧客企業に対するコンサルティング機能

(1) 金融仲介機能とは、資金の需要者と供給者とを仲介する機能であり、金融機関は、金融仲介機能を発揮して、金融の円滑を図り、国民経済の健全な発展に資することが求められています（銀行法1条）。

金融機関の金融仲介機能としてまず求められるのは、資金供給者としての役割ですが、国民経済の健全な発展に資するため、単に資金供給をしていれば足りるのではなく、株式会社地域経済活性化支援機構法64条において「機構及び金融機関等は、事業者の事業の再生又は地域経済の活性化に資する事業活動を支援するに当たっては、地域における総合的な経済力の向上を通じた地域経済の活性化及び地域における金融の円滑化に資するよう、相互の連携に努めなければならない。」とされているように、「地域経済の活性化及び地域における金融の円滑化などについて、適切かつ積極的な取組み」が求められています（主要行等向けの総合的な監督指針Ⅲ－4－1、中小・地域金融機関向けの総合的な監督指針Ⅱ－4－1）。

(2) このような観点から、金融機関には、顧客企業に対するコンサルティング機能の発揮を通じて、中小企業をはじめとする顧客企業の経営改善や、事業拡大等に向けた取組みを最大限支援していくことが求められており、必要に応じて、外部専門家・外部機関等とのネットワークを活用し、経営再建計画の策定支援、貸付の条件の変更等を行った後の継続的なモニタリング、経営相談、指導等を行うことも求められています（主要行等向けの総合的な監督指針Ⅲ－5－1、中小・地域金融機関向けの総合的な監督指針Ⅱ－5－2－1）。

2 円滑な事業承継の重要性

昨今の少子高齢化の中、中小企業や小規模事業者において、親族に適格

者がいなかったり、いたとしても今後の会社の存続発展は容易ではないといった事情等から、親族には承継させたくない等として、後継者不在というケースはふえつつあります。

しかし、中小企業や小規模事業者は、雇用の担い手、多様な技術・技能の担い手として、わが国の地域経済・社会において重要な役割を果たしており、将来にわたりその活力を維持していくためには、円滑な事業承継によって事業価値を次世代に引き継ぐことが不可欠です。

3　コンサルティング機能と事業承継

(1)　中小企業庁作成の中小企業白書（2017年度版）によれば、「後継者候補を探しているが、まだ見付かっていない」と回答する経営者は、経営者の年代が上がるにつれてふえており、そのような企業において後継者候補が見つからない理由として、後継者候補を探すうえで適切な相談相手が見つからないとする回答は、小規模法人では4割を超えています。

また、70歳以上の経営者でも「後継者について考えたことがない」と回答する割合は、小規模法人では4割近く、個人事業者では5割を超えており、こうした経営者については、早期に事業承継に向けた意識を持つ必要があるといえます。

(2)　この点、金融機関は、顧客企業からその経営についての主たる相談相手としての役割を期待されていることも多く、特に、当該顧客に対する貸付残高が多い金融機関や、顧客企業との日常的・継続的な関係があり、かつ、地域の情報ネットワークの要として人材やノウハウを有する地域金融機関は、顧客企業の経営の目標や課題を把握・分析できる立場にあります。

このような立場にある金融機関としては、顧客自身が事業承継に関する課題を認識している場合はもちろん、そうでない場合も適切な助言により、顧客企業自身の課題認識を深め、同時に、顧客企業のライフステージ（発展段階）や事業の持続可能性の程度等を適切かつ慎重に見極めたうえで、その解決のサポートをすることがその果たすべき役割の1つであり、事業承継が必要な顧客企業に対しては、後継者の有無や事業継続に関する経営者の意向等をふまえつつ、M&Aのマッチング支援や、相続対策支援等の最適な解決策を提案することが、顧客企業に対するコンサルティング機能として求められているといえます。

（家近知道）

Question 6

事業承継にあたって金融庁が推進する事業性評価に基づく融資にどのような影響を与えますか。

解説

　事業性評価に基づく融資は事業承継の場面において金融機関による与信審査・判断や経営者保証ガイドラインに沿った対応に影響を与える可能性があると考えられます。

1　事業性評価融資とは

(1)　金融行政方針と事業性評価

　金融庁は、金融機関に対し、担保・保証に過度に依存することなく、取引先企業の事業の内容や成長可能性等を適切に評価（以下「事業性評価」という）するよう促し、個別の資産査定については原則として金融機関の判断を尊重することとしています。平成28事務年度金融行政方針（平成28年10月）は、「金融機関が事業性評価を通じて、企業に有益なアドバイスとファイナンスを行い、顧客の企業価値の向上を実現することは可能であり、企業価値の向上は、経済の発展や従業員の賃金上昇による生活の安定に貢献するものであり、結果として金融機関自らの経営の持続性・安定性にも寄与する」旨の見解を示しています。

　また、金融庁は、金融機関が持続可能なビジネスモデルを構築するためには地域企業の価値向上や、円滑な新陳代謝を含む企業間の適切な競争環境の構築等に向け、地域金融機関が付加価値の高いサービスを提供することにより、安定した顧客基盤と収益を確保するという取組み（共通価値の創造）が重要であるとの問題意識のもと、企業や金融機関に対して、与信判断における審査基準・プロセス、担保・保証への依存の程度（事業性評価の結果に基づく融資ができているか）等の項目に着目したヒアリング等を実施しており、事業性評価の取組みに関心を示しています（平成29事務年度金融行政方針（平成29年11月）参照）。

(2)　金融仲介機能のベンチマーク、経営者保証ガイドライン

　金融庁が、平成28年9月に公表した、金融仲介機能のベンチマーク

（詳細はＱ７を参照）では、共通事項において「(3)担保・保証依存の融資姿勢からの転換」が列挙されています。さらに、担保・保証依存の融資姿勢からの転換を実現するための方策として経営者保証ガイドライン（詳細はＱ133～Ｑ135までを参照）があります。

(3) 顧客本位の業務運営と事業性評価融資

金融庁は、顧客本位の業務運営原則（平成29年3月30日）の中で金融事業者に対して顧客への fiduciary duty の履行を要請しています。平成28事務年度金融レポート（平成29年10月25日公表）の「顧客本位の金融仲介の取組みを実践する金融機関のガバナンス」の項目では、「比較的高い水準の収益性を維持する地域銀行の取組み」として、地元の中小企業・小規模事業者にターゲットを絞ってリレーションを深め、事業性評価に基づく本業支援を推進するとともに、事業再生の取組みを強化したケースが紹介されており、参考になります。

2 事業承継と事業性評価融資

事業承継では対象会社の借入金の取扱いが課題となりますが、特に重要なテーマとして保証契約の切り替えがあります。以下、経営者保証ガイドラインと事業承継ガイドラインの観点から説明します。

(1) 経営者保証ガイドラインにおける事業承継と事業性評価融資

① 現経営者（前経営者）との保証契約の解除

事業承継時には金融機関と対象会社の現経営者（前経営者）との間の保証契約の解除が論点となり得ますが、同ガイドライン6項(2)②ロは、「対象債権者は、前経営者から保証契約の解除を求められた場合には、前経営者が引き続き実質的な経営権・支配権を有しているか否か、当該保証契約以外の手段による既存債権の保全の状況、法人の資産・収益力による借入返済能力等を勘案しつつ、保証契約の解除について適切に判断することとする」と定めます。

そこで、金融機関は、対象会社の把握している財務内容、従前の返済状況、資産、事業承継者（対象会社の買手企業、買主等）やその経営者により提供される代担保の有無・内容、対象会社のガバナンス（法人の経営者との関係）等のほか、対象会社の事業の将来収益等を考慮して対象会社の現経営者との保証契約の解除を判断することになると考えられます。既存ローンや事業承継後の新規ローンが事業性評価融資であると実質的に評

価できるかは保証契約の解除の判断にあたり重要となるでしょう。なお、「経営者保証に関するガイドライン」の活用に係る参考事例集（金融庁平成 29 年 12 月改訂版）事例 28・29 では、事業承継に伴う保証契約の見直しに関して、元経営者（前々経営者）や現経営者（前経営者）の保証の解除にあたり対象会社の資産・収益性、業況を考慮要素の 1 つとしたケースが紹介されており、実務上参考になります。

② **新経営者からの保証の徴求**

事業承継時には対象会社の新経営者からの保証徴求も論点となりますが、同ガイドライン 6 項(2)②イは「対象債権者は、前経営者が負担する保証債務について、後継者に当然に引き継がせるのではなく、必要な情報開示を得た上で、第 4 項(2)に即して、保証契約の必要性等について改めて検討するとともに、その結果、保証契約を締結する場合には第 5 項に即して、適切な保証金額の設定に努めるとともに、保証契約の必要性等について主たる債務者及び後継者に対して丁寧かつ具体的に説明することとする。」と定めています。

金融機関が行う事業承継時における既存ローンの債権保全の評価や新規保証徴求の検討では、対象会社の適切な資産・収益の評価により当該ローンが事業性評価融資であると実質的に評価できるかが結論に影響を与える可能性があり、重要になると考えられます。なお、上記参考事例 30・31 では、新経営者から保証を求めなかった事情が紹介されており、実務上参考になります。

(2) **事業承継ガイドラインにおける事業承継と事業性評価融資**

同ガイドライン 3 章 1.(4)等も、事業承継について、「現経営者との保証契約の解除や後継者との保証契約の締結に関し、実質的な支配権の所在や既存債権の保全状況、企業の資産や収益力による借入金返済能力等を勘案し、必要な情報開示を得た上で、保証契約の必要性等について改めて検討すること」を金融機関に求めています。金融機関は、同ガイドラインとの関係でも事業承継時の保証契約の取扱いに関して対象会社への実行ローンが事業性評価融資であると実質的に評価できるかが結論に影響を与える可能性があり、重要となるでしょう。

（鈴木正人）

第1章　事業承継の準備と進め方

Question 7

金融機関は金融仲介機能のベンチマークやローカルベンチマークについて事業承継においてどのように対応すればよいですか。

解　説

1　金融仲介機能のベンチマーク

(1)　概　要

「金融仲介機能のベンチマーク」とは、金融機関における金融仲介機能の発揮状況を客観的に評価できる指標であり、金融機関における自己点検・評価、開示、監督当局との対話のツールとして、平成28年9月に策定されました（http://www.fsa.go.jp/news/28/sonota/20160915-3.html）。

ベンチマークの具体的項目については、すべての金融機関が金融仲介の取組みの進捗状況や課題等を客観的に評価するために活用可能な「共通ベンチマーク」（5項目）と、各金融機関が自身の事業戦略やビジネスモデル等をふまえて選択できる「選択ベンチマーク」（50項目）が提示されています。

(2)　事業承継における対応

事業承継については、「金融仲介機能のベンチマーク」の「選択ベンチマーク」（21番）において、「事業承継支援先数」が挙げられており、「本業（企業価値の向上）支援・企業のライフステージに応じたソリューションの提供」として重要な意味を有しています。

「平成28事務年度　金融レポート」では、「企業へのソリューション提供については、金融機関の規模にかかわらず、小規模な金融機関でも積極的な取組みを行っているところが見られる」と評価されており（次頁図表参照。同レポート31頁）、事業承継支援について、積極的に取り組むことが重要です。

2　「ローカルベンチマーク」

(1)　概　要

「ローカルベンチマーク」は、「企業の経営状態の把握、いわゆる「健康

貸出金量で区分した地域銀行の各支援先数平均の分布

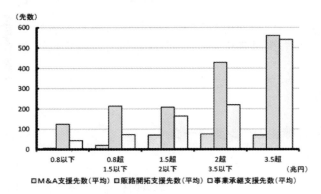

出典：平成28事務年度　金融レポート

診断」を行うツール（道具）として、企業の経営者等や金融機関・支援機関等が、企業の状態を把握し、双方が同じ目線で対話を行うための基本的な枠組みであり、事業性評価の「入口」として活用されることが期待されるもの」であり、平成28年3月、地域の金融機関や支援機関等が企業と対話を深め、さらに生産性向上に努める企業に対し、成長資金を供給するよう促していくことを目的に策定されました（http://www.meti.go.jp/policy/economy/keiei_innovation/sangyokinyu/locaben/）。

(2) 事業承継における対応

「ローカルベンチマーク」では、「参考ツール」を活用して、「財務情報」（6つの指標（①売上高増加率（売上持続性）、②営業利益率（収益性）、③労働生産性（生産性）、④EBITDA有利子負債倍率（健全性）、⑤営業運転資本回転期間（効率性）、⑥自己資本比率（安全性）））と「非財務情報」（4つの視点（①経営者への着目、②関係者への着目、③事業への着目、④内部管理体制への着目））に関する各データを入力することにより、企業の経営状態を把握することで経営状態の変化に早めに気づき、早期の対話や支援につなげていくことが企図されていますが、こうした分析は、当該企業の商流や業務プロセス等を整理し、企業価値や経営課題等を洗い出して確認する手助けとなります。これは、事業承継をスムーズに進めるうえで非常に重要であるといえるので、事業承継を行う際には、こうした「ローカルベンチマーク」を活用することも有用です。

（吉田桂公）

第1章　事業承継の準備と進め方

Question 8

中企庁が発表した『中小企業の事業承継に関する集中実施期間について（事業承継5ヶ年計画）』について教えてください。

解　説

平成29年7月7日、中小企業庁は、中小企業経営者の高齢化の進展等をふまえ、地域の事業を次世代にしっかりと引き継ぐとともに、事業承継を契機に後継者がベンチャー型事業承継等の経営革新等に積極的にチャレンジしやすい環境を整備するため、今後5年程度を事業承継支援の集中実施期間とする「事業承継5ヶ年計画」を策定しました。

1　事業承継5ヶ年計画策定の背景

周知のとおり、中小企業経営者の高齢化が進み、今後5年程度で数十万の中小企業が経営者の引退時期（事業承継のタイミング）を迎えることが予想されています。

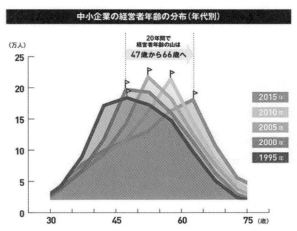

出典：（株）帝国データバンク「COSMOS2企業概要ファイル」を中小企業庁にて再編加工、同庁「事業承継5ヶ年計画」から引用。

しかし、帝国データバンクの行った調査（「中小企業における事業承継に関するアンケート・ヒアリング調査」（2016年2月））によれば、中小

企業の6割で後継者未定の状況であり、70代の経営者でも、事業承継に向けた準備ができている経営者は半数に満たないとの報告があります。

他方で、事業承継が成功すれば、世代交代を通じた事業の再活性化が期待できます。実際に、若手後継者が「ベンチャー型事業承継」という考え方を提唱し、「かっこいい」事業承継にチャレンジし始めています。

そこで国は、今後5年間を対象に、事業承継の促進と後継者のチャレンジ環境の整備をめざして、次項以下で紹介する5本の柱を中心とする「事業承継5ヶ年計画」を策定しました。

2 経営者の「気づき」の提供

事業承継の入り口は、現経営者が「事業承継に向けた準備の必要性」に気づくことです。そこで中小企業庁は、都道府県ごとに、商工会・商工会議所や金融機関等の身近な支援者や、官民の専門的な支援機関が相互に、有機的に連携する事業承継プラットフォームを立ち上げ、事業承継診断等のツールを用いた「プッシュ型」の支援を全国展開することとしました。

平成29年度から「事業承継ネットワーク」の立ち上げが始まり、30年度には全都道府県への展開が見込まれています。

3 後継者が継ぎたくなるような環境を整備

事業承継に際しては、現経営者による企業の経営改善や磨き上げ、後継者による新しいチャレンジが期待されます。そこで中小企業庁は、資金繰り・採算管理等の早期段階からの経営改善の支援や、後継者等による経営の合理化やビジネスモデルの転換等、成長への挑戦を支援することとしました。

平成29年度には、事業承継補助金や早期経営改善計画策定支援といった支援が実施され、30年度には更なる充実や「ベンチャー型事業承継」の事例発信が予定されています。

4 後継者マッチング支援の強化

中小企業の事業承継の形態として近年注目を集めるのが、M&Aによる第三者への承継です。しかし、特に小規模な事業者においては、規模的・資金的にも専門的サービスにアクセスできず、小規模企業のM&Aマーケットは発展途上にあるといえます。そこで中小企業庁は、後継者不在

企業にマッチングサービスを提供する「事業引継ぎ支援センター」（全都道府県に設置）の体制強化や、民間企業との連携による小規模Ｍ＆Ａマーケットの整備を行うこととしました。

　平成29年度には、事業引継ぎ支援センターの人員拡充が行われており、30年度以降、民間のＭ＆Ａデータベースとの相互乗り入れ等の連携強化により、小規模企業のＭ＆Ａの活性化が期待されています。

5　事業からの退出や事業統合等をしやすい環境の整備

　そもそも、すべての中小企業が、現経営者から後継者へ1対1で行う事業承継を実現し、中小企業の「数」のみを維持することにこだわる必要はありません。事業を第三者に売却することで現経営者は引退し、従来の事業活動は維持しつつも、事業の統合による生産性向上や規模の経済の獲得が期待されます。中小企業庁は、「サプライチェーン」や「地域」をキーワードに、事業再編・統合の促進、これを通じた中小企業の経営力強化を後押ししようとしています。

　平成29年度には、サプライチェーンの観点から、下請振興法の振興基準に事業承継に関する取組みを明記するとともに、各業界団体が定める自主行動計画にも、下請企業への事業承継支援の取組みが記載され始めています。平成30年度以降、このような取組みの広がりが期待されるとともに、国による更なる支援が得られる可能性もあります。

6　経営人材の活用

　少子化等の影響で、中小企業の後継者不足が指摘されています。そこで中小企業庁は、大企業の経営幹部経験者等が中小企業の後継者やサポート人材として中小企業経営に参画することを促進していこうとしています。

　平成29年度は検討段階にあるようですが、平成30年度以降、これらの施策の実現が期待されます。

（伊藤良太）

Question 9

地方金融機関として事業承継対策についてどのような体制・取組みをしていますか。

解説

＜福岡銀行の取組み＞

福岡銀行では、取引先に対する事業承継全般のコンサルティングやM＆Aアドバイザリー業務を総勢22名（統括管理者1名、事業承継コンサルティング担当者5名、M＆A業務担当者16名）の体制で対応しています。

事業承継の初期ニーズの相談については、当然ながら営業店の担当者や支店長、および本部の営業店サポート部隊が対応していますが、ある程度事業承継ニーズが具体化している取引先に対しては、先述の事業承継専門部署にて親族内外の承継についてワンストップで相談いただけるような体制となっています。

以前は、事業承継コンサルティングとM＆A業務が別の部署に分かれている時期がありましたが、ワンストップでの対応部署とすることで、幅広い事業承継の情報やニーズの集約が可能となり、ノウハウや事例の蓄積・情報の共有化を図ることにより、取引先に対し、更に高いレベルでの提案を行えるよう積極的に取り組んでいます。

事業承継の相談は中長期的にわたることも多いですが、対象会社を取り巻く環境の変化や後継者問題等で、中には当初と異なる決断が下される場合等もあります。外部承継を検討していたが外部大手企業に勤務する子が急きょ事業を継ぐことを決断し、親族内承継に転換したケースや、またその逆で親族内や企業内後継者を想定していたが、さまざまな課題も浮上し、最終的に第三者企業や事業承継のファンド等への承継がその会社と従業員にとって最善の承継先であると決断された場合もあります。

福岡銀行としては、できるだけ多くの事例や手法、業界動向等を取引先に提供しじっくりと相談を重ねることにより、取引先（会社、オーナー家、従業員等）にとって最善の承継方法を見つけてもらうサポートを心がけています。

（原田大介）

第1章　事業承継の準備と進め方

＜京都銀行の取組み＞

　京都銀行では、事業承継問題を抱えている取引先に対するサポートとして、自社株対策や事業承継に関する初期的なアドバイス、税理士等の専門家と連携した最適な事業承継スキーム、課題解決策の検討を行っています。

　また、後継者不足、業界の再編等により事業存続の悩みを持っている取引先に対して、M&Aによる課題解決のサポートも行っています。取組みに際しては、近畿2府3県、東京、愛知の店舗網を活用した独自の情報提供に加え、広域的な地方銀行間の情報交換の枠組みである「地域再生・活性化ネットワーク」をはじめとする、多数の提携先と連携したサポートを実施しています。これにより、当行単独での取組みだけでなく、多くの情報の提供ができ、取引先のニーズに的確に合致する提案が可能となっています。

　親族内、企業内承継を前提とした事業承継業務については、営業本部法人コンサルティング室内に、専任担当者として5名の人員を配置しています。取引先それぞれの円滑な事業承継のために、正確な現状把握と中長期の展望に基づく計画策定に加えて、早期の対策を支援しています。

　企業外承継を前提としたM&A業務については、営業本部内に専担組織としてM&A推進室を設置し、室長以下11名の人員を配置しています。このうち1名は東京に常駐させ、別途1名は医療・介護分野の担当として支援体制の強化を図っています。直近では、後継者不足から廃業を検討していた取引先と事業拠点の拡大を検討していた取引先のM&A等を支援しました。近年、成約件数は順調に伸長しており、今後もより積極的に取り組む方針です。

（石川紘平）

＜群馬銀行の取組み＞

　群馬銀行では、本部に事業承継全般の専担者2名（公認会計士等）とM&A担当者4名のほかに、ワンストップ型の支援を行うため地域ブロック毎に事業承継支援を含めた総合的なコンサルティングを行う人員を12名配置し、本部と営業店が一体となって支援を行う体制を敷いています。

　また、本部主催で顧客向け事業承継セミナーや個別相談会を定期的に開催し、ニーズ喚起や個社別の支援を行っています。

原則、事業承継相談の窓口は営業店が担っており、営業店行員にきっかけづくりに必要な知識を習得させるため親族内承継や親族外承継、M&A等をテーマとした研修を定期的に実施しています。

　企業への訪問を通して営業店行員が把握した事業承継ニーズが親族内承継や企業内承継の場合は、自社株評価を行ったうえで本部行員や提携する専門家と相談企業を訪問し、現状把握と課題抽出を行います。

　抽出した課題に対しては、経営者の考え方をふまえた解決方法の提案を行い、相談企業の顧問税理士や提携している専門家と連携しながらクロージングまで支援を続けています。

　後継者不在で事業承継が困難な場合は、M&A担当者へトスアップを行い、事業継続へ向けた支援を行っています。

（増尾　伸）

2 経営の「見える化」

Question 10

金融機関が取引先に対して行うべき事業承継における経営状況・経営課題等の「見える化」のアドバイスポイントは何ですか。

解説

経営状況や経営課題の「見える化」は、事業承継を行うために必要な最初のステップです。「見える化」は、事業内容や資産状況（経営者名義の事業用資産）、財務といった表面的なものだけでなく、見えない自社の強みも分析しておくことがポイントになります。

1 事業内容の見える化

自社の置かれている経営環境や事業の将来性、経営体質等の現状を把握し、自社の強みや弱みを理解したうえで課題の整理を行います。

課題を整理するにあたり、外部の専門家として中小企業診断士等の支援を受けるのが有効です。

2 資産状況（経営者名義の事業用資産）の見える化や個人保証の引継ぎ

中小企業は、会社で利用している工場や事務所等の資産が、経営者の個人資産になっているケースが多く見受けられます。この場合、会社との賃借関係やそれら資産が経営者の相続で兄弟姉妹等に分散するリスクを検証し、後継者に引き継げる経営資源であるかを明らかにします。

また、経営者の個人保証の有無を確認し、いつどのようにして後継者へ引き継ぐか検討しておく必要があります。

3 財務の見える化と経営のスリム化

財務内容が不透明な状態では、後継者だけでなく金融機関からも信用が得られず、事業承継後の財務管理や資金調達の支障となりかねません。

適切な会計処理を行い客観的な財務状況を開示できる体制を整備するとともに、経営のスリム化に向けた借入金整理の可否（金融機関借入や経営

者等からの借入）や滞留在庫、遊休資産等の状況も調査します。

4　見えない自社の強みの把握

　経営者の信用や取引先との人脈、従業員の技術・ノウハウ、商品やブランドイメージ、顧客情報等の目に見えない資産は、自社の競争力を支えている強みです。それら知的資産の洗い出しを行い、引き継ぐべきものはしっかりと引き継ぎながら、強みを経営体質の強化に役立てていくことが重要になります。

（増尾　伸）

Question 11

「中小企業の会計に関する指針」や「中小企業の会計に関する基本要領」の要点を教えてください。

解説

　「中小企業の会計に関する指針」（以下「中小指針」という）と「中小企業の会計に関する基本要領」（以下「中小要領」という）は、いずれも中小企業を対象とする会計基準です。両者はいずれも、法令等によってその利用が強制されるものではありませんが、中小企業が拠るべき会計基準として推奨されています。

　上記のうち、まず中小指針は、日本税理士会連合会、日本公認会計士協会、日本商工会議所、企業会計基準委員会の４団体が作成主体となって2005年８月に公表されたもので、中小企業が計算書類の作成にあたり、拠ることが望ましい会計処理や注記等を示すものとして、一定の水準を保ったものとされており、特に、会社法に定めのある会計参与を設置する会社においては、中小指針によることが適当であるとされています。

　それに対して、中小要領は、中小指針が一定の水準を保ったものであり、高度で使いづらいという指摘もあったことから、より簡便な会計処理をすることが適当と考えられる中小企業を対象として、2012年２月に公表されたもので、中小企業団体、税理士、公認会計士、金融関係団体等の中小企業関係者が主体となって設置された「中小企業の会計に関する検討会」および「同ワーキンググループ」（事務局：中小企業庁）によりとりまとめられました。

　中小企業はどちらも任意に適用することができますが、主な違いは次頁のとおりです。

　これら中小企業を対象とする会計基準がつくられたのは、日本経済を支える中小企業の経営力強化政策の一環として、中小企業の経営力強化の前提となる正確な財務情報が作成されるよう、適切な会計処理の拠り所となる会計ルールを整備することを目的としています。

　中小指針や中小要領はいずれも強制されるものではなく、また、いずれを適用するかも任意ですが、これらの会計基準の普及のため、中小指針や

中小要領に従って決算書類を作成する中小企業に対し、優遇金利で貸し付けを行う融資制度等の施策が行われています。

(中小企業庁『「中小会計要領」の手引き』より加工)

主な相違点		中小要領	中小指針
想定対象		中小企業	
		中小指針と比べて簡便な会計処理をすることが適当と考えられる中小企業を主な対象としている。	とりわけ、会計参与設置会社が計算書類を作成する際には、本指針に拠ることが適当とされている。
国際会計基準との関係		安定的な継続利用をめざし、国際会計基準の影響を受けないものとしている。	これまでの国際会計基準とのコンバージェンス等による企業会計基準の改訂を勘案している。
各論の項目数等	項目数	基本的な14項目(税効果会計、組織再編の会計等は盛り込んでいない)。	18項目(税効果会計、組織再編の会計等も規定)
	内容	本要領の利用を想定する中小企業に必要な事項を、簡潔かつ可能な限り平易に記載。	会計参与設置会社が拠ることが適当とされているように、一定の水準を保った会計処理が示されている。
税務上認められている会計処理の取扱い		実務における会計慣行をふまえて規定。	以下の場合に適用できる。 ・会計基準がなく税務上の処理が実態を適正に表している場合 ・あるべき会計処理と重要な差異がない場合。
<例1> 有価証券の期末評価		取得原価を原則的な処理方法としている。	条件付きで取得原価を容認している(市場価格のある株式を保有していても多額でない場合等)。
<例2> 棚卸資産の評価方法		最終仕入原価法を処理方法の1つとしている。	条件付きで最終仕入原価法を容認している(期間損益の計算上著しい弊害がない場合)。

なお、それぞれの詳細な規定については下記を参照ください。
中小指針：日本公認会計士協会ホームページ　改正「中小企業の会計に関する指針」の公表について（http://www.hp.jicpa.or.jp/specialized_field/main/20170317uj0.html）
中小要領：日本税理士会連合会ホームページ　「中小企業の会計に関する基本要領」の公表について（http://www.nichizeiren.or.jp/taxaccount/sme_support/guide/）

（岩松琢也）

Question 12

「事業価値を高める経営レポート」や「知的資産経営報告書」を活用した知的資産の認識について教えてください。

解説

1 知的資産とは

「知的資産」とは、従来の貸借対照表上に記載されている資産以外の無形の資産であり、企業における競争力の源泉である、人材、技術、技能、知的財産（特許・ブランド等）、組織力、経営理念、顧客とのネットワーク等、財務諸表には表れてこない目に見えにくい経営資源の総称です。

上記のとおり、知的資産は企業の競争力の源泉として極めて重要な資産ですが、目に見えにくいものであるゆえに、事業承継にあたっては後継者が円滑に承継できるよう知的資産の具体的内容を書面の形式で明確にしておく必要があります。

そこで、事業承継を検討している会社においては、「事業価値を高める経営レポート」や「知的資産経営報告書」等の作成に取り組み、自社が保有する知的資産の棚卸しを行い、その見える化を行うことが大切です。その作成過程において、後継者が認識している知的資産についても確認し、相互の認識ギャップを把握するとともに、対話を通じて認識を共有化し、承継方針を策定することにつなげていくのがよいでしょう。

このように、現経営者と後継者の協議の中で知的資産の共有化を図ることになりますが、円滑な認識の共有化のため、必要に応じて外部専門家の支援を受け、レポート等を作成するのが適当です。

2 「事業価値を高める経営レポート」、「知的資産経営報告書」

(1) 「事業価値を高める経営レポート」、「知的資産経営報告書」

「事業価値を高める経営レポート（知的資産経営報告書）」とは、自社の強みである知的資産を見える化するための様式のことを指し、経済産業省ホームページ「知的資産経営ポータル」において、事例の情報開示が行われています。また、中小機構は、「事業価値を高める経営レポート（知的

資産経営報告書）作成マニュアル」や事例集を公開していますので、これらを参考に作成するのがよいでしょう。

「事業価値を高める経営レポート」と「知的資産経営報告書」の違いについてですが、前者は会社が保有する知的資産の内容を集約化させた書面であり、後者は知的資産の内容をより深化させ、詳細な情報を記載した書面と位置づけられます。

以下では、中小機構の定める作成マニュアルをもとに、「事業価値を高める経営レポート」の骨子や作成のポイントを簡潔に紹介しておきたいと思います。

(2) 「事業価値を高める経営レポート」の作成

① 「事業価値を高める経営レポート」の骨子および作成ポイント

「事業価値を高める経営レポート」は、5つのステップで構成されており、このうちSTEP 1「企業概要」、STEP 2「内部環境（業務の流れ）、内部環境（強み・弱み）」、STEP 3「外部環境」までが自社の分析であり、STEP 4「今後のビジョン」、STEP 5「価値創造のストーリー」が分析結果の展開となります。

これらの各ステップについて分析、検討することにより、自社の知的資産をより深く知り、それをまとめ、後継者にとってわかりやすい形で伝達することにつなげることが可能となります。

② 事業承継のための取組み

事業承継を実施するに際して「事業価値を高める経営レポート」を作成する場合、現経営者と後継者が認識している知的資産を、それぞれが、「人的資産」、「構造資産」、「関係資産」、「その他」等の分類ごとに記載して、対比します。

その際、現経営者は主に現在保有している知的資産について「どのようにして」、「どのくらい」獲得したか、後継者は今後、強化・獲得していきたい知的資産について、「どのようにして」「どのくらい」獲得、強化していきたいかを記載します。

（中村繁史）

3　事業の磨き上げ

Question　13

金融機関が取引先に対して行うべき事業承継における事業の「磨き上げ」のアドバイスポイントを教えてください。

解　説

事業承継を円滑に進めるためには、事業のさまざまな課題を調査して必要な対策をとり、後継者が経営しやすい環境を整えてあげることが大切です。

「磨き上げ」のポイントは以下のとおりです。

1　人材育成

後継者の育成だけでなく、後継者の片腕となる若手幹部社員や従業員の育成は最も重要なテーマです。人材育成は時間を要するので、外部からの招聘を含めて計画的な取組みが必要です。

2　株主構成

自社株が親族や従業員、取引先等に分散し集約が必要な場合や名義株があると、代替わり後では自社株の集約交渉や名義株の整理がより難しくなるので、影響力の強い現経営者が健在な間に手を打つことが重要です。特に名義株は当事者同士の一方に相続が発生すると名義株であることの証明が困難になるので、早急に対応すべきです。

3　有形資産（経営者名義の事業用資産の有無）

中小企業は会社で利用している工場や事務所等の資産が、経営者の個人資産になっているケースが多く見受けられます。その場合、会社との賃借関係を確認し、後継者に残せる経営資源であるか明確にします。

相続でそれら資産が兄弟姉妹に分散し経営に支障が生じるリスクを検証し、必要に応じて遺言の活用や事前に会社で買い取っておく等の対策を検討します。

4 財 務

　適切な会計処理がなされているか再点検し、客観性のある財務状況であることを明確にします。これにより金融機関や取引先からの信用が得られ、事業承継後の資金調達や取引の円滑化につながります。
　また、借入金の整理や滞留在庫、遊休資産を処分する等、経営のスリム化をしておくことも重要なポイントです。

5 組織、ガバナンス等

　組織体制や役職員の職務権限、定款の定め（役員の選任、重要事項決定手続等会社の基本事項）、服務規程、就業規則、取引先との契約関係等も再点検し、時代の変化に応じた見直し・整備を行います。

（増尾　伸）

Question 14

事業再生が必要な程度に業績が悪化している会社の場合、どのような事業承継の手法がありますか。

解説

　通常、業績が悪化している会社を承継したいと考える個人や会社は少ないので、会社の状況に応じて考える必要があります。事業再生が必要な程度に業績が悪化し、借入過多で事業の先行きが見通せないような会社であれば、法的整理による事業再生や廃業を検討せざるを得ませんが、第三者から見て事業内容や資産に魅力があればM＆Aも有効な手段となります。

　また、最近では事業承継を目的としたファンドが一時的に株式の一部または全部を買い取り、事業の磨き上げをしたうえで後継者に売却する手法も行われています。

　一方で、業績が悪化していても会社の資産より借入が多い等の理由で廃業ができず、相続人である後継者がやむを得ず会社を引き継ぐ場合が考えられます。

　この場合は、通常の親族内承継の手法と同じく、自社株や経営者が保有する事業用資産（事務所や工場等）、役員借入金（経営者からの借入金）の承継に主眼を置いた対策を講じます。

　自社株の承継は、業績が悪化し債務超過に近い状態であれば、株価は低いため生前贈与や譲渡がしやすく、また相続税負担も軽いことから多くの場合、問題になりません。

　業績は悪化しているが過去の内部留保の蓄積により株価が高い場合は、相続税負担が重くなるため株価が低い時期をとらえた生前贈与等、計画的な対策が必要になります。

　事業用資産や役員借入金は、それらが相続で兄弟姉妹に分散し相続争いになるリスクを検証し、後継者に引き継ぐ遺言や事業用資産をあらかじめ会社で買い取る等、事情に応じた対策を講じておくことがポイントになります。

（増尾　伸）

4　承継方法の決定

Question 15

事業承継の方法にはどのようなものがありますか。

解説

1　総論

事業承継の方法として、大きく①親族内承継、②企業内承継、③M＆Aの3つに分けることができます。各事業承継の類型の特徴や近年の利用状況等については次のとおりです。

2　親族内承継

現経営者の子等の親族に事業を承継させる方法です。事業承継の方法の中で基本となる方法であり、中小企業において多く用いられています。

親族内承継は、心情的に役員・従業員、取引先等からの理解が得られやすく、また、後継者の早期決定・育成が可能というメリットがあります。さらに、株式および会社の敷地・建物等の事業用資産を後継者に集中して相続させることで、所有と経営の分離による経営の不安定化を回避することが可能です。

一方で、親族内承継は、後継者を親族内から選定する必要があるところ、価値観の多様化等が原因で、後継者側の承継意欲が低下していること等から、後継者の確保が困難となりつつあります。以前は親族内承継が全体の9割以上を占めていましたが、近年では親族内承継の方法を選択する企業は減少傾向にあります（次頁図表）。

3　企業内承継

親族ではない会社役員・従業員に事業を承継させる方法です。たとえば、優秀な若手経営陣等を後継者とする場合が考えられます。幅広い選択肢の中から適切な人材を後継者として選定することが可能というメリット

があります。また、元従業員等を後継者とするため経営方針等の一貫性を確保することが可能です。

しかし、企業内承継の場合、後継者候補による株式取得の資金調達や個人保証の引継ぎ等が問題となる等のデメリットもあります。

なお、近年、親族内での後継者確保が困難となっていること、親族外の後継者も事業承継税制の対象に加えられたこと等から、企業内承継の方法を選択するケースが増加しています（後掲図表）。

4　M&A

株式譲渡や合併・事業譲渡等のM&Aの手法により事業を承継させる方法です。企業内承継と同様に、広く候補者を選定することが可能というメリットがあり、また、現経営者は会社売却を通じて利益を得ることができます。近年、後継者を確保することが困難になっていること、中小企業のM&Aを扱う民間事業者も増加していること等から、企業内承継と同様にM&Aによる事業承継は利用例がふえています（後掲図表）。

しかし、M&Aによる事業承継は、希望に沿った買い手を見つけるのに多大な労力・期間を要します。また、M&Aの場合、自社のガバナンス強化等を図る必要があります。

経営者の在任期間別の現経営者と先代経営者との関係

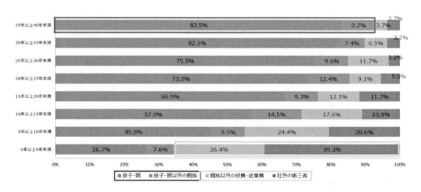

資料：中小企業庁委託「中小企業の資金調達に関する調査」（2015年12月、みずほ総合研究所（株））（再編・加工）
出典：中小企業庁「事業承継に関する現状と課題について」（平成28年11月28日）

（野崎智己）

Question 16

金融機関は取引先の事業承継の方法・承継先の決定にあたってどのような点に留意して対応すべきですか。

解説

　事業承継支援を行うにあたって、一番最初に確認する事項はその承継先です。経営と資本の承継先が親族内なのか、それとも親族外(企業内、第三者承継)なのかによって、その承継の方法も対策も大きく違ってくることになります。

　通常、そのオーナー経営者の子等がその会社に入社しており、承継意思もあり、経営者としての資質が十分であれば事業承継問題は半分以上解決しているのではないでしょうか。それくらい後継者選定は事業承継問題では大きなウェートを占める事項となります。企業には、従業員やその家族、取引先、地域社会等多くのステークホルダーが存在します。そういった意味で会社はオーナー家だけのものではないので、事業自体はどのような形をとってでも永続的に継続させることを前提として検討しなければなりません。

　金融機関としては、後継者が不在または親族内に適当な後継者がいない場合は、M&A等も含めてその事業の継続・発展のための最適な承継先を一緒に考えていく必要があります。

　承継先の選定については、それぞれの会社ごとさまざまな事情があり、ケースバイケースになると思いますが、一般的に考えられる検討事項を以下に列挙します。

(1) 親族内に後継者がいるかどうか

　一般的に事業承継を検討する場合は、ほとんどのオーナー社長は親族内、特に子に承継させることをまずは検討すると思われます。金融機関も事業承継のヒアリングやアプローチを行う場合、まず社長に子がいるのか、その会社に親族が入社しているのか等は最低限事前に調査しておきます。

(2) 親族内の後継者の場合、直系の子かどうか

　自社株式には個人財産という財産的側面があるので、自社株式を親族後継者に承継する場合、贈与税や相続税といった問題が発生します。後継者

が甥や姪等相続人でない場合、特に納税資金の問題や他の相続人への財産分与の問題等が発生しやすくなります。親族内で承継する場合でも、事業自体の承継とあわせ、自社株式の承継方法についても、総合的に検討する必要があります。

(3) **親族内後継者が経営者として資質があるかどうか**

知識、経験、人格、見識、体力、判断能力、組織統率力、債務保証力等総合的に判断する必要があります。

(4) **親族内に後継者がいない場合、企業内に経営承継できる適当な人材がいるかどうか**

承継意思の確認、またその企業内後継者の次の承継まで含めた超長期的な承継方針を検討する必要があります。また、企業内承継の場合は債務保証力の確認・検証や同僚等関係者から心情的に受け入れられにくい場合もあります。

(5) **親族内にも企業内にも後継者がいない場合、第三者承継（Ｍ＆Ａ）を検討**

親族内・企業内に適当な後継者がいない場合、事業を継続していくためには外部の第三者に承継を検討することになると思います。第三者承継の場合、株式の譲渡金額、従業員の雇用や待遇、取引先等の関係等、交渉事項は多岐にわたります。ただ、最近は今後の会社のことを考えれば第三者に承継したほうがよりよい成長が見込めると考え、あえて第三者承継を第一優先に検討する事例もふえています。

以上の流れで承継先の選定および事業承継の方法を絞っていくことが一般的な流れになると思われます。

金融機関としては、取引先の永続的な継続実現のため、事業承継支援という観点から、時には率直な意見を提言する必要がある場合もあるかもしれません。それは、親族内後継者の資質や風評等提言し難い内容もあると思いますが、それくらい率直な意見交換ができる関係性を経営者と築いていくことが重要だと思います。

冒頭に記述したとおり、承継先の選定が一番最初に出てくる問題であり、一番重要な検討ポイントになります。承継先選定の方向性が不安定だと、その後の承継対策は決してうまくは進みません。そのことを念頭に置いて、事業承継支援を行うにあたっては、まずはじめに、経営者および後継者等と事業の承継先について十分検討することが必要です。　　　（原田大介）

5 廃業の選択・支援

Question 17

取引先が事業承継を考えている中でどのような場合に廃業を勧めているのですか。

解説

東京商工リサーチの調査によると、2016年に休廃業・解散した企業は前年比8.2%増の2万9583件にのぼり、同社が調査を始めた2000年以降で最多の件数となりました。中小企業経営者の高齢化が進むなか、廃業は今後もふえる見通しです。

政府による日本再興戦略2016年版において、産業の新陳代謝の促進がうたわれており、重要な経営指標、KPIとして、「開業率が廃業率を上

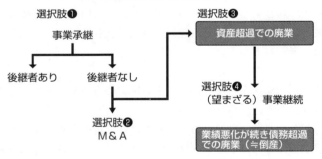

経営者の引退の選択肢

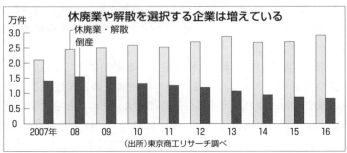

休廃業や解散を選択する企業は増えている
(出所)東京商工リサーチ調べ

回る状態にし、開業率・廃業率が米国・英国レベルの10%台になること目指す」とあります。また、平成28年9月に金融庁が公表した「金融仲介機能のベンチマーク」の中で、選択ベンチマークとして、転廃業支援先数というものが挙げられていることから、廃業支援はタブー視されるものではなく、金融当局から見ても重要性があると認識されてきています。

前頁の図は中小企業白書に掲載されている図をもとに、引退を決断した経営者の選択肢を整理したものですが、思考の過程を示していると考えられます。

すなわち、経営者（オーナー）が引退を決断した場合、事業承継対策として、まずは親族、次には社内の人材への承継を考えますが（選択肢①）、後継者を確保できない場合は、事業を継続してもらえる会社への事業売却を検討することになります（選択肢②）。

しかしながら、赤字が継続している会社等、事業売却がうまくいかない場合は、選択肢③の廃業を選択せざるを得なくなります。ここで廃業とは、資産超過の状態で事業を停止することを意味しています。この図では、さらに選択肢④として望まざる事業継続とあり、その結果として債務超過での廃業（倒産）に至らざるを得ないということが示されています。つまり、赤字の状態で事業を継続することにより企業の価値が下がり、結果としてオーナーの手元に残せるものも残せなくなる事態に至るという警鐘を表現しているものとも読み取れます。「廃業支援」とは④の状態になる前に、③の段階で解決を図ろうとするものです。

企業にはそれぞれのライフサイクルがあり、成長期の過程にある企業もあれば、安定期から衰退期に移行している企業もあります。またビジネスの商流や消費者の購買行動の変化に伴い、業界全体が構造不況となっている業界に位置する企業は、いくら経営者が有能だとしても、業績を維持することに限界があると思います。このような局面にある取引先が後継者問題という課題に直面した場合、金融機関は、オーナーの出口戦略の選択肢の1つとして、廃業を勧めていく機会となるのではと考えます。

前述のとおり、廃業件数は増加しているものの、いまだオーナーの廃業に対する抵抗感は強いため、自ら決断することは難しく、また中小企業庁が実施した調査では、廃業に関する相談相手はトップが「家族・親族」で約5割、約3割が「誰にも相談していない」という回答でした。中小企業の経営状況をよく知る税理士や会計士にも相談できず、また税理士・会計

士サイドからもいい出しづらい問題なだけに、オーナーは人知れず悩んでいるというのが現状のようです。

　取引先の廃業という言葉のネガティブなイメージから、提案はしづらいと考える金融機関の方も多いかと思われますが、資産超過の状態であれば、オーナーは、自社株式を一定の割合で資金化することができ、個人保証の問題も解決することができること、従業員の雇用についても、事業の部分譲渡や再就職支援の活用により雇用の受け皿を探すことが可能となることから、円滑な廃業支援を進められると思います。

（大久保宏章）

Question 18

円滑な廃業のためにはどのようなことが必要ですか。それを支援する機関はありますか。

解 説

1　早期の廃業の意思決定と計画が重要

　円滑な廃業のためにはできるだけ早く方針を見極めることが重要です。経営状態が良好な会社の廃業事例も多いものの、業況や業績が悪化して回復が見込めない場合には過剰債務を負わないうちに、また、経営者が高齢や持病の場合には実務が可能なうちに、廃業を決断し、実践することが、経営者本人、家族、従業員、金融機関、取引先、地域各々にとって良策です。無計画に、または突然廃業する場合は関係者に迷惑がかかるため、ソフトランディングの廃業ができる準備と計画が必要です。

　廃業後に経営者が経済生活から引退する場合には引退後の生活設計の計画が必要になり（Ｑ19参照）、廃業に続いて創業をする場合には創業計画・準備をあわせて検討します。

2　資産超過の場合

　廃業に向けての資金管理、情報管理、関係者への連絡等を計画的に実施することが望ましいです。

　廃業資金として、登記申請等諸手続費用だけでなく、負債の一括返済や、諸契約の終了処理に伴う原状回復や違約金の処理等の出費も必要な場合があります。資産超過の場合や手元資金で何とか債務処理ができる場合の一時的な資金需要のための廃業費用の貸付等は充実してきました。2015年より小規模企業共済制度の廃業準備貸付金制度が創設され、廃業時の人件費、債務の清算、資産処分費用に利用できます。また、廃業資金の貸付と廃業支援を組み合わせて実施している金融機関等もあります。

　中小企業の経営の改善発達を促進するための中小企業信用保険法等の一部を改正する法律により、実質的な債務超過がなく、廃業計画書に従った実行や進捗の報告等の条件のもと、短期のつなぎ資金に信用保証協会の保

証が受けられる自主廃業支援保証制度が新設されました。

3　債務超過の場合

　債務超過の場合に、より円滑に廃業するには負債の処理が必要となり、金融機関や専門家の支援が必要な場面も多々あります。従前は、破産手続の利用か、放置して後日トラブルを招くことも多かったのですが、特別清算の実務が普及し、また、日本弁護士連合会（日弁連）の廃業支援型特定調停スキーム等を利用して債務整理をしたうえで法人について法的整理をする手法等が債務超過企業の円滑かつ公正な廃業の手段として登場しました。債務超過企業の承継や廃業の典型的選択肢は以下のとおりです。なお、再建型の手続中に廃業方針を見極める廃業例もあります。

(1)　日弁連特定調停スキーム

　日弁連は、廃業支援型特定調停の手引きを策定しており、そのスキームでの特定調停手続の活用により、事業の継続が困難で金融機関に過剰債務を負う事業者が円滑に廃業・清算して、あわせて経営者保証に関するガイドライン（以下「経営者保証ＧＬ」という）の適用による保証債務の処理も含めた債務の抜本的な整理を行い、経営者や保証人の再起支援等を図ることができます（一体型利用が望ましいが、事業者のみの利用も可）。

　通常の特定調停の利用方法とは異なり、調停申立前に、対象債権者に現時点での清算が将来の回収よりも経済合理性があることを示して、清算型弁済計画案を策定し、対象債権者との協議を重ね、同意の見込を得る必要があります。その際、債務者が誠実性と経済合理性を満たしていることは不可欠です。信用保証協会が債権者である場合、その求償権の取扱いへの適合への留意も必要です（(2)記載のREVIC特定支援も同様）。もっとも、積極的なメインバンクの協力がなくても利用の余地があります。

　このような解決は、金融機関にとっては、早期廃業を促し、貸倒損失の損金算入、管理コストの低減、地域経済の活性化というメリットがあります。特定調停申立前に事業譲渡や会社分割（以下「事業譲渡等」という）を実施した後に本スキームで廃業するという利用もできます（なお、調停申立後の事業譲渡は、日弁連の別のスキームである再建型の特定調停スキームの利用場面となる）。

(2)　REVICの特定支援業務

　株式会社地域経済活性化支援機構（REVIC）が、廃業時に利用できる

特定支援（再チャレンジ支援）制度として、過大な金融債務とその保証債務が存在する場合に、経営者保証付貸付債権等をREVICが金融機関等から買い取り、事業者のすべての金融債務の整理と経営者保証ＧＬに沿った経営者個人の保証債務の整理を一体で行う業務を提供しています。金融機関にとっては経済合理性を確保しつつ、調整負担の軽減、貸倒損失の損金算入のメリットが得られます。事業者にとっても信用を毀損させず、取引先に迷惑をかけず、低廉な費用で負債を処理できる等のメリットがあります。支援のためには誠実性と経済合理性を満たすことは不可欠です。第二会社方式により事業性がよい事業について事業譲渡等を行って、譲渡代金により圧縮後の残債務の弁済に充てて廃業するという利用もできます。持込行との連名申込が必要なため、メインバンク等の協力が不可欠です。なお、REVICの存続期間は、平成30年第196回国会において平成33年9月まで延長されました。

(3) **特別清算**

特別清算とは、債務超過の可能性等が生じた清算株式会社が、裁判所の監督のもとで会社を清算する方法です。事前調整のうえで申立をして個別に全債権者と和解する個別和解型と、債権者集会の決議と裁判所の認可を受けた協定により弁済する協定型に分かれます。

事業停止後に在庫販売、契約関係の処理や得意先対応をして廃業する利用方法や、第二会社方式による事業譲渡等の後の会社債務について全債権者と個別和解を締結して廃業する利用方法があります。経営者の関心事である保証債務との一体整理については特定調停と比べて限界があるものの、特定調停の利用が困難な場合の破産回避の手法として利用できます。

(4) **破　産**

清算型の私的整理に早期に着手することは債権者にも債務者にもメリットがありますが、私的整理では公平性が維持できない場合、公正性への疑念を払拭できない場合、債権者の足並みが揃わない場合等には破産手続を利用せざるを得ません。また、商取引債権を支払う資力も乏しく、公租公課の滞納が過大な場合にも破産が選択肢になりますが、経営者の社会的信用を傷つけ、商取引債権を巻き込むことは破産のデメリットです。なお、主債務者破産の場合での経営者保証ＧＬの利用は実例が多くはありませんが、経営者が破産することを回避できる等メリットがあります（野村剛司編著『実践フォーラム　破産実務』461頁参照）。

(5) 経営者保証ガイドラインの活用

経営者保証ＧＬの出口戦略（７項部分）を活用します（Q 135 参照）。資産・負債の状況、法人と代表者の一体整理の可否、法人の整理手続によって、経営者保証ＧＬの利用の可否や、金融機関の経済合理性やインセンティブ資産の範囲が異なるので、早期の廃業の決断と対応が重要です。

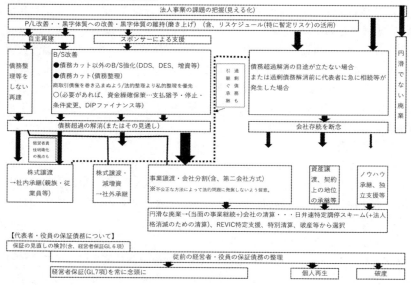
[債務超過企業における承継と廃業の典型的選択肢]

4 事業内容の転換

完全な廃業のほかに、本業の事業を停止しまたは譲渡して所有不動産等の管理をする不動産業等へ業種転換する転業も選択肢にはあります。

5 個人事業主の廃業

個人事業主の廃業についてはＱ 88 を参照してください。

（鈴木隆文）

Question 19

廃業にあたってはどのような問題が生じますか。その解決はどうすればよいですか。

解説

廃業には、廃業完了までの資金計画の見通し、廃業時の処理における公平性の維持、廃業についての情報管理、雇用している従業員の処遇、取引先・債権者対応、資産処分等が課題になります。廃業の情報が不用意に漏れて従業員や取引先が混乱せぬよう情報管理にも配慮します。

1　資金繰りの課題、債務超過の場合の問題点と解決策

まず、現状の経営状況と財務状況を客観的に確認します。資金繰りを見て、廃業日となるXデーを決定し、廃業までの日程計画を立てます。

資産超過の場合には法人を解散し、清算人による清算事務を遂行して清算結了の登記申請をします。これに対して、債務超過の場合には、私的整理を妨げる要素の有無を確認し、適切な方法を選択します。人件費、商取引債務、公租公課等を弁済できなければ手続選択の幅が狭まるので、債務超過の場合であってもこれらの滞納がないうちの廃業が望ましいです。私的整理を妨げかねない公正を害する行為は、経営者の廃業後の生活を守るためとはいえ、金融機関との信頼関係を損ねて私的整理を困難にしかねないので注意が必要です。廃業に際して、経営者の保証解除を求め、インセンティブ資産を確保できるよう経営者保証ＧＬの利用を希望する場合等には、上記の点に留意しながら計画的に進めないと利用できず、または、利用のメリットが乏しくなります。

2　従業員への対応

資産超過での廃業の場合には、幹部間では密行性を保つよう廃業の情報を管理しつつ、従業員には１か月前には告知するのが良策です。これに対して債務超過の中での廃業の場合には事業を停止するXデー当日またはその直前に告知するのがよい場合も多いでしょう。

同業者や取引先での就職等、従業員の再雇用先のあっせんに努めます。

技術移転による独立という方法もあります。また経済的事情による廃業の場合には、ハローワークの再就職援助計画制度の利用を支援し、特定受給資格者として再就職の支援制度の紹介をします。

未払人件費について、労働者安全健康機構の立替制度が利用できる場合があります。

なお、事前準備として、自力で退職金制度を創設しにくい中小企業のために中小企業退職金共済制度等があり、一定の掛金の拠出で、将来の退職金の支給の負担を軽減することができます。

3 債権者対応や資産処分についての留意点

大口債権者、商取引債権者、取引先への誠意ある説明も重要であり、計画を立てて順序とタイミングを決めることです。特に将来、経営者自身が再起業し、家族、元従業員が同業での創業をする場合には重要です。

廃業前には大量の仕入れは控え、不動産等の処分には時間がかかりがちなので計画的な処分が重要です。仕入れや買掛金支払、仕掛工事等のスケジュールに留意して取引先への迷惑を極力避けます。会社資産の経営者等への売却や残余資産の分配においては税務面の配慮も必要です。

4 廃業全般を支援する制度

(1) 経営安定特別相談室

商工会議所等が「経営安定特別相談室」を設置し、各士業が廃業の専門相談を実施しています。

(2) 小規模企業共済制度

個人事業主や小規模企業の役員が、廃業や退職をした後の生活の安定等のための共済制度です（廃業準備貸付金制度についてはQ 18参照）。共済金受給権への差押えが禁止され、破産しても保持できます。

なお、2018年1月、日本公認会計士協会が「公認会計士による中小企業の事業承継支援－事業継続・廃業に対する早期判断とその支援手法について」を公表しており、廃業支援の要点について参考になります。

（鈴木隆文）

第2章

親族内承継

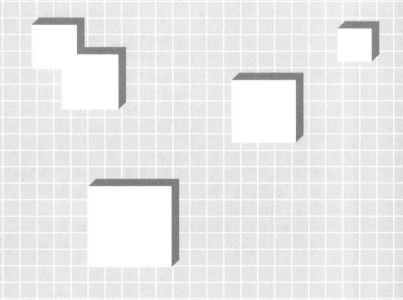

1　親族内承継の方法

Question 20

親族内承継の方法としてはどのようなものがありますか。

解説

1　親族内承継の方法

親族内承継の方法としては、大きく分けて、現経営者の生前に承継を実現させる生前実現型と、現経営者の生前に承継の準備はなされるものの、承継そのものは、現経営者の死後に実現される生前準備型の2つがあります。生前実現型の主な手段には、①売買、②生前贈与があり、生前準備型の主な手段には、①遺言、②死因贈与があります。

2　生前実現型

(1)　売買、生前贈与

現経営者が後継者に対して、株式その他の事業用資産を売却・贈与することによって、事業承継を実行します。契約に期限を設けることで、契約から近接した時点ではなく、現経営者の意向に沿った将来のある時期に事業用資産の承継を行うことも可能ですし、たとえば、事業用資産ごとに承継する時期をずらしたり、株式のうち半分はすぐに承継するが、残りの半分は1年後に承継するというように、段階的に事業用資産の承継を行うことも可能です。また、契約に条件を設けることで、一定の条件が成就した場合に、事業用資産の承継を行うことも可能です。

このように、売買契約や贈与契約の場合、期限・条件を設けることで、経営者の意向に沿った形での事業用資産の承継が可能となります。

なお、生前贈与の場合でも、負担付贈与（民法553条）として、受贈者に一定の債務を負担させることも可能です。

(2)　売買および生前贈与を組み合わせた手段

売買をする場合には、後継者に事業用資産を適正価格で買い取るための

資金が必要となり、一方、生前贈与をする場合には、後継者以外の相続人の遺留分に配慮しないと、事後的に後継者に対する事業用資産の権利移転の効果が覆されるおそれがあります（Q 21 参照）。

そこで、一部の事業用資産は後継者に売却し、その他の事業用資産は後継者に生前贈与することで、後継者の資金および他の相続人の遺留分の双方に配慮した事業承継を実行することが可能です。

(3) その他

その他、他益信託（生前贈与型信託）という信託を用いる手段もあります。他益信託を利用した事業承継スキームとは、現経営者（委託者）がその生前に、自社株式を対象に信託を設定し、信託契約において、後継者を受益者と定めるものです。

現経営者に議決権行使の指図権を保持させることで、引き続き現経営者に経営権を維持させつつ、自社株式の財産的部分のみを後継者に取得させることができます。そして、信託契約において、信託終了時に後継者が自社株式の交付を受ける旨を定めておくことで、後継者の地位を確立することができます。

3 生前準備型

(1) 遺 言

遺言には、3種類の普通方式と2種類の特別方式がありますが、特別方式の遺言は、事業承継との関係で、利用が予想されませんので、以下では、普通方式の自筆証書遺言、公正証書遺言、秘密証書遺言について説明します。

自筆証書遺言とは、遺言者が、全文、日付および氏名を自書・押印して作成する遺言です（民法 968 条 1 項）。

公正証書遺言とは、証人 2 人以上の立会いのもと、遺言者が遺言の趣旨を公証人に口授し、公証人がこれを筆記ならびに遺言者および証人に確認させたうえで、遺言者、証人および公証人が各自署名・押印等して作成する遺言です（同法 969 条）。

秘密証書遺言とは、遺言者が、作成した遺言を封印等し、これを公証人および証人に提出し、自己の遺言書である旨等を申述したうえ、公証人が遺言者の申述等を封紙に記載し、遺言者、証人および公証人がこれに署名・押印して作成する遺言です（同法 970 条 1 項）。

遺言を手段とする場合のメリットおよび留意点につきましては、Q21を参照ください。

(2) **死因贈与**

死因贈与とは、贈与者の死亡によって効力を生ずる贈与です（同法554条）。贈与者と受贈者との「契約」である点で生前贈与と同一の性質を有しますが、効力発生時期が贈与者の「死亡時」である点で遺贈に類似します。

死因贈与を手段とする場合のメリットおよび留意点につきましては、Q21を参照ください。

(3) **その他**

その他、遺言代用型信託という信託を用いる手段もあります。遺言代用型信託を利用した事業承継スキームとは、現経営者（委託者）がその生前に、自社株式を対象に信託を設定し、信託契約において、自らを当初受益者とし、現経営者死亡時に後継者が受益権を取得する旨を定めるものです。

現経営者に引き続き経営権を維持させつつ、現経営者死亡時に後継者が受益権を取得する旨を定めることで、後継者による経営権取得を確実なものとできます。

（渡邉遼太郎）

Question 21

親族内承継のそれぞれの方法におけるメリットや留意すべき点はありますか。

解　説

親族内承継の方法には、生前実現型として、主に売買、生前贈与、生前準備型として、主に遺言、死因贈与があります（Q 20参照）。

1　生前実現型のメリット・留意点

(1) 生前実現型全体

生前実現型の場合、行為時点で承継の法的効果が確定的に生じる点にメリットがあります。そのため、たとえば、現経営者の死亡後に、株式の帰属が定まらず、事業継続に支障をきたすといったおそれが低くなります。

(2) 売　買

生前実現型のうち、売買は、対価が適正である限り、遺留分減殺請求を受けることもないため、法的に最も安定した手段といえます。

もっとも、対価が適正でない場合には、時価と代金額との差額が贈与とみなされ、遺留分減殺請求によって事後的に事業用資産の権利移転の効果が覆されるおそれがありますので、留意が必要です。さらに、贈与とみなされた部分に贈与税が課される可能性もあります。また、当然ですが、後継者に事業用資産を買い取るための資金が必要となる点にも留意が必要です。

(3) 生前贈与

生前実現型のうち、生前贈与は書面で行う限り、自由に撤回することができませんので（民法550条）、法的に安定性の高い手段といえます。一方、生前贈与は、特別受益として遺留分減殺請求の対象となり得ますので（同法1044条・903条）、事後的に後継者に対する事業用資産の権利移転の効果が覆されるおそれがある点には、留意が必要です。

(4) 売買および生前贈与を組み合わせた手段

後継者の資金が及ぶ範囲で事業用資産の売買を行い、後継者の資金が及ばない範囲については、他の相続人の遺留分に配慮しつつ、生前贈与をすることによって、後継者の資金面および他の相続人の遺留分の双方に配慮

した事業承継を実行することが可能です（Q 20参照）。

2 生前準備型のメリット・留意点

(1) 生前準備型全体

生前準備型のメリットとしては、遺言による場合・死因贈与による場合、ともに撤回が可能ですので（遺言について、民法1022条・1023条1項。死因贈与について、死因贈与に遺言の撤回に関する規定の準用を認めた最判昭和47・5・25民集26巻4号805頁）、仮に、「AよりもBの方が後継者に適任であった」と考え直した場合にも、やり直しが効く点が挙げられます。しかし、撤回が可能であることは、裏を返せば、いつまでたっても後継者が確定しないという点で法的安定性が欠如しているともいえますので、この点には留意が必要です。

また、いずれの手段も現経営者の死亡時（相続開始時）まで法的効果が生じませんので、できる限り現経営者に事業用資産に対する権利を残しておきたい場合には、有効な手段といえます。もっとも、いずれの手段によっても、現経営者の死亡後に事業用資産の名義移転等の手続を行わなければなりませんが、たとえば、株式に関する権利移転や対抗要件具備手続がスムーズに進まず、経営権が適切に行使されない期間が生じてしまうおそれもありますので、この点には留意が必要です。

さらに、いずれの手段についても、他の相続人の遺留分に配慮する必要があることは、生前贈与の場合と同様です。

(2) 遺　言

遺言の主なメリット・留意点は上記(1)のとおりです。なお、自筆証書遺言および秘密証書遺言については、遺言の方式不備や文言の不明確さ、遺言者の意思能力の問題等から、その効力に争いが生じるおそれが大きい点や紛失・隠匿・改変等のおそれがある点も留意が必要です。

(3) 死因贈与

死因贈与の主なメリット・留意点は上記(1)のとおりです。なお、死因贈与には、原則として遺贈に関する規定が準用されますので（民法554条）、遺言による遺贈と法的効果に大きな差異はありませんが、遺贈が単独行為であるのに対して、死因贈与は契約であるため、死因贈与には受贈者の承諾が必要となる点が異なります。受贈者の承諾は、特に、負担付遺贈の場合に問題となります。

（渡邉遼太郎）

2　後継者の選定・承継に向けた環境の整備

Question 22

後継者選定・教育の留意点、方法について教えてください。

解　説

1　親族内承継における候補者の選定のポイント

(1)　後継者選定

後継者候補は、親族か、それ以外の第三者かに分類されますが、経営者が各分類の長所・短所、誰が適任者かを見極めることから後継者選びは始まります。一般的には、親族内承継の場合には、周囲の理解を得やすい、事業承継税制を活用しやすいというメリットがあるものの、経営能力がある親族がいるとは限らず、相続人間の公平にも配慮が必要です。経営承継円滑化法や事業承継税制の改正等親族外承継に利用可能な制度や支援体制の整備に伴って親族以外への承継もふえていますが、依然として親族への承継のケースが多いです。

(2)　早期の後継者選定の重要性

親族内承継においては、誰に、いつ、どのように、承継するかの検討が必要です。早めに検討したほうが選択肢も多く、複数の候補者がいれば早めに適任者を見極めることにも時間を使うことができ、また候補者を計画的にじっくり育成できます。経営者の選定した後継者候補者が不適格者とわかることもあります。経営者としての能力不足の場合は、その後の教育・育成や体制整備で補えることがありますが、候補者に承継の意思や覚悟がない場合には翻意しない限り承継は成功せず、早めに他の候補者を選定するほうがよい場合もあります。

また、現経営陣での経営では赤字が連続する場合には、会社の魅力・事業性を損なう前にテコ入れをできるよう、会社の財務状況が悪化し実質的な債務超過となる前に対応を検討しないと、承継者を見つけることも抜本的な対策も難しくなってしまいます。

2　後継者選定後の留意事項と後継者教育のポイント

(1) 現経営者と後継者との意思疎通

　候補者選定後には、経営者と後継者との充分な意思疎通、経営理念や自社についての理解の共有・伝承が必要です。承継そのものだけでなく、承継後の成長・発展を検討すべきです。現実には経営者と後継者との充分な意思疎通は難しいことも多く、これができないために承継の計画が具体化しないことも多々あり、この意思疎通を円滑に促進することが金融機関や専門家にとっては肝要です。

(2) 承継に向けた関係者の理解

　候補者の承継に納得しない役員や株主がいる場合には説得する必要があります。特に親族株主への対策としては、持株比率を把握し、後継者への株の集中等が必要です。承継後の体制も念頭に、旧役員や古参社員の入替えによる体制の移行や、後継者のブレインやサポート役の育成によるサポート体制、社内体制の整備も必要です。

(3) 中長期的な育成の重要性

　後継者育成には5～10年は必要です。社内で現経営者が後継者を直接指導し、経営者としての教育を実施し、現場経験を積ませ、計画的に社内への紹介を実施し、金融機関や取引先に紹介することになります。外部から信用されるように育てるには時間がかかることをふまえて、特に、社長の信用力によって融資条件の優遇を受け、取引先の受注や有利な取引条件を得ていた場合には、後継者に経営手腕と信用が身に付くよう早期着手かつ計画的育成が必要です。

　また、社外教育についても積極的かつ計画的に取り入れるとよいです。

(4) まとめ

　できる限り早く後継者選定を完了して、中長期視点での後継者教育の計画的実施がより有効で、かつ承継後の問題を小さくできます（後継者の選定・教育全般につき、第二東京弁護士会事業承継研究会編『一問一答　事業承継の法務』54～71頁参照）。

　なお、後継者候補への直接の承継の前の中継ぎ人材の活用は、オーナー一族に経営を戻す際のトラブルにも留意する必要があります。

（鈴木隆文）

Question 23

事業承継について、どのような関係者にどのように説明し、理解を求めていくべきですか。

解 説

1　事業承継の関係者

　事業承継を行うにあたっては、①経営者、②後継者（候補）、③後継者以外の親族、④一般従業員、⑤取引先および金融機関等のさまざまな利害関係人がいます。これらの者との意思疎通がうまくいかなければ、事業承継を成功させることは難しいといえます。

2　後継者（候補）に対する説明

　事業承継を行ううえでは、まずは、後継者（候補）に、事業を受け継ぐ者としての自覚を持たせ、会社の経営理念をしっかりと理解をしてもらうことが重要です。経営者としては、早い段階から、後継者（候補）との対話を重ね、会社の事業の社会的意義および自身の経営に対する思いや価値観、信条といった経営理念をきっちりと説明することが必要です。

3　後継者以外の親族に対する説明

　親族内承継において、後継者候補が複数いる場合、将来の争いが生じる危険を回避するためにも、後継者以外の親族とは時間をかけて意思の疎通を図ることが重要です。事業を継ぐ意思はないと考えていた親族が、事業を継ぎたいといい出す場合もありますので、経営者としては、後継者を選ぶ際には、親族の意向をよく確認したうえで、後継者を選定し、後継者候補全員に判定基準を示して後継者の選定を進めることがトラブル防止になります。後継者を選定した場合には、経営者からではなく、弁護士または税理士等の事業承継に関与している専門家から他の親族に説明をしてもらうことも有効といえます。

　また、親族内承継を行う場合には、後継者以外の親族にも一定の財産を相続させる等の配慮を行い、その旨後継者以外の親族にも説明し理解を求

めることが必要です。

　なかには、経営者の複数の子を同じ会社で働かせている場合もあるようですが、経営者が生きている間は兄弟の争いが表面化しなくても、経営者の死後、争いが表面化し、後継者に指名されなかった子が、会社経営の足を引っ張る等の事態も考えられますので、後継者以外の子には、しっかりと説明をし、会社の分割や別の道を歩ませるほうが望ましい場合もあります。

4　一般従業員に対する説明

　事業承継を成功させるためには、会社の一般従業員の理解を得ることも重要です。独立行政法人中小企業基盤整備機構が平成23年3月に行った調査によると、「先代経営者から事業を引き継ぐにあたり苦労した点はありましたか」との質問に対して、「一般従業員の支持や理解」との回答が19.3％を占めていました。特に経営者を支えている幹部社員に事業承継について理解を得られなければ、経営者が引退した後、後継者と旧経営者を支えた幹部社員との対立が深刻化する場合も考えられます。そこで、経営者は、後継者が社長になった後の幹部社員の処遇を自ら決定し、幹部社員に対して説明をし、後継者に対する協力の約束を取り付ける必要があります。

　また、一般従業員にとってみても、後継者候補の存在を知らなければ会社の将来に対する不安が募り、モチベーションの低下にもつながります。後継者と一般従業員との信頼関係を構築するためにも、早期に後継者候補や事業承継計画を一般従業員にも周知をしておくことが重要です。

5　取引先に対する説明

　会社と取引を行っている取引先にとっては誰が後継者であり、どのような計画で事業承継が行われるかは極めて重要な問題です。前述の独立行政法人中小企業基盤整備機構の調査でも、事業を引き継ぐにあたり苦労した点として、「取引先との関係の維持」との回答が24.7％を占めていました。

　経営者が、取引先に対して、早期に後継者を紹介して、事業承継を行う体制を構築していることを示すことが、取引先のキーマンと後継者との信頼関係を構築することを手助けし、取引先にも安心感を与えることにつながるといえます。

（和田慎一郎）

3　資産・負債の承継

Question 24

後継者に事業用資産を承継させる方法として生前実現型と生前準備型の2種類があるようですが、それぞれどのような点に留意して立案・実行すべきですか。

解　説

1　生前実現型について

(1) **売　買**

売買の対価が適正でない場合、遺留分減殺請求権を行使されたり、贈与税課税のおそれが生じますので（Q 21 参照）、売買の手段をとる場合には、「対価の適正」を確保することが重要です。「対価の適正」を確保するためには、事業用資産について正式な鑑定評価を実施すること、後継者が十分な資金を確保していることが必要です。後継者に十分な資金がない場合には、当該法人や金融機関からの借入、日本政策金融公庫の事業承継支援資金（Q 90 参照）の活用等を検討します。

(2) **生前贈与**

生前贈与をする場合、売買と同様、遺留分減殺請求権を行使されるおそれがありますので（Q 21 参照）、他の相続人の遺留分を侵害しないよう生前贈与をする財産の内容や金額について検討することが必要です。

この場合、上記のおそれを排除するために、売買との組合せ手段（Q 20・Q 21 参照）や、他の相続人による事前の遺留分放棄（民法 1043 条1 項）、推定相続人および後継者の間で「中小企業における経営の承継の円滑化に関する法律」（以下「経営承継円滑化法」という）が定める以下の各合意を締結することを検討します（経営承継円滑化法については、Q 94 以下参照）。

① **除外合意（経営承継円滑化法4条1項1号）**

後継者が現経営者から贈与等により取得した株式等について、その価額を遺留分算定基礎財産に算入しないことに関する合意です。本合意を締結することで、他の相続人による遺留分減殺請求によって、事後的に後継者

に対する株式等の権利移転の効果が覆されることを防止することができます。
② 固定合意（同条同項2号）

後継者が現経営者から贈与等により取得した株式等について、遺留分算定基礎財産に算入すべき価額を合意の時における価額とすることに関する合意です。本来、遺留分算定基礎財産に算入する価額は、相続開始時の評価額ですが、本合意を締結することによって、遺留分算定基礎財産に算入する価額を、本合意締結時の評価額とすることができます。そのため、後継者に対する株式等の贈与後に、後継者の経営努力によって株式等の評価額が上昇した場合でも、遺留分算定基礎財産に算入される価額は上昇前の価額となり、他の相続人の遺留分額の増大を防ぐことができます。

③ 付随合意

除外合意 and/or 固定合意を締結する場合に、あわせて株式等以外の財産に関する除外合意（同法5条）や後継者以外の推定相続人が贈与等により取得した財産に関する除外合意（同法6条2項）を締結することができます。

2 生前準備型

(1) 遺 言

遺言を手段とする場合の留意点等については、Q21のとおりです。一般的に、遺言の内容は周囲に秘匿している場合が多いかと思われますが、事業承継に関していえば、現経営者の死亡（相続開始）後に、スムーズに事業承継を進めるために、現経営者の生前から、後継者が事業を承継することに関して、後継者以外の関係者の理解を得ておく必要がありますので、その旨、関係者に周知しておくべきです。また、自筆証書遺言や秘密証書遺言の場合、有効性等に問題が生じやすいため、遺言を作成する場合には、公正証書遺言によることが望ましいです。

(2) 死因贈与

死因贈与を手段とする場合の留意点については、Q21のとおりです。なお、他の相続人の遺留分を侵害した場合における遺留分減殺の順序について、遺贈、死因贈与、生前贈与の順に減殺の対象とするとの裁判例もありますので（東京高判平成12・3・8高民集53巻1号93頁）、株式その他の重要な事業用資産については、遺贈ではなく死因贈与によって承継させることも考えられます。

(渡邉遼太郎)

Question 25

非事業用資産が会社にある場合、その取扱いについてはどのようにしたらよいですか。また、それを処分する場合の法人・個人への譲渡もしくは贈与における課税上の留意点を教えてください。

解説

1 非事業用資産の処分し経営効率を高める

オーナー企業では、過去に相続税対策や株価対策として事業とは無関係な資産（非事業用資産）を購入しているケースがあります。事業承継を円滑に進めるためには、会社の経営改善（磨き上げ）を行い、後継者が引き継ぎたいと思えるような魅力的な会社とすることが重要です。

そこで、磨き上げの一環として非事業用資産を処分し、そこで得た資金を会社の中核となる事業へ再投資することで経営効率を高めるといったことが考えられます。ただし、含み益のある非事業用資産を譲渡した場合には、法人税等の負担がふえたり、会社の純資産が増加し株価が上昇することが考えられるため、これらの影響を考慮しながら計画的に処分することが望まれます。

2 非事業用資産を法人へ譲渡もしくは贈与した場合の課税上の留意点

(1) 原則

税務上、法人が非事業用資産を法人へ処分する場合には、原則として時価で譲渡することが求められます（法人税法22条2項）。なお、時価に関しては、税務上は明確な定めがなく、売買（処分）価額が決まった経緯、処分の対象となる資産の内容、相手先が同族関係者か純然たる第三者かどうか、市場価格があるか、最近売買された事例があるか等の状況によるため、慎重に検討する必要があります。

(2) 贈与した場合

法人が非事業用資産を他の法人へ贈与した場合には、贈与した法人と贈与を受けた法人は、いずれも法人税等が課税されます。具体的には、贈与した法人は、税務上はいったん時価譲渡をしたものとして譲渡損益を認識し、受け取るべき金額（時価）を寄付金して処理します。そして、この寄

付金は、税務上、損金算入限度額を超える部分の金額について法人税等が課税されます（以下、2(3)、3(2)(3)において同じ。法人税法37条）。

一方、贈与を受けた法人は、時価を受贈益として認識して法人税等が課税されます（同法22条2項）。

(3) 低額譲渡をした場合

法人が非事業用資産を他の法人へ時価よりも低い価額で譲渡した場合には、売主ではいったん時価譲渡がされたものとして譲渡損益を認識し、時価と譲渡価額との差額は寄付金となります。一方、買主は同額の受贈益が認識されるため、上記2(2)の贈与と同様に売主と買主には法人税等が課税されます。

(4) 高額譲渡をした場合

法人が非事業用資産を他の法人へ時価よりも高い価額で譲渡した場合には、上記2(3)とは反対に、売主では時価と譲渡価額との差額について受贈益がされ、買主は同額の寄付金が認識されます。

(5) グループ法人税制の適用

完全支配関係（原則として発行済株式総数で100％の親子関係や兄弟関係）がある法人の間で固定資産等の一定の資産を譲渡や贈与をした場合には、税務上、資産の譲渡損益が繰り延べられる等の取扱いがあるため留意が必要です。

3 非事業用資産を個人へ譲渡もしくは贈与した場合の課税上の留意点

(1) 原 則

税務上、法人が非事業用資産を個人へ処分する場合には、上記2(1)と同様に、原則として時価で譲渡することが求められます。

(2) 贈与した場合

法人が非事業用資産を個人へ贈与した場合には、贈与した法人では、税務上はいったん時価譲渡をしたものとして譲渡損益を認識し、受け取るべき金額（時価）が寄付金（贈与を受けた個人が役員や従業員である場合には給与。法人税法基本通達9－2－9）となります。

なお、贈与を受けた個人が役員である場合には、通常は役員賞与（定期同額給与や役員退職金に該当するケースは除く。以下(3)において同じ）となり、贈与した法人では原則として税務上の費用として認められないため留意が必要です（法人税法34条1項）。

一方、贈与を受けた個人は、一般的には時価相当額について一時所得もしくは給与所得として所得税等が課税されます。なお、その個人が受ける贈与がどの所得に該当するかについては、その個人が役員や従業員に該当するか、個人の営む業務に関連するか、継続的に贈与を受けるものか等によって判断されます（以下、(3)において同じ。所得税基本通達34－1(5)、36－15(1)、所得税法28条）。

(3) 低額譲渡をした場合

　法人が非事業用資産を個人へ時価よりも低い価額で譲渡した場合には、売主ではいったん時価譲渡がされたものとして譲渡損益を認識し、時価と譲渡価額との差額は寄付金（贈与を受けた個人が役員や従業員である場合には給与）となります。一方、買主は、一般的には同額の受贈益相当額について一時所得もしくは給与所得として所得税等が課税されます。

　なお、低額譲渡を受けた個人が役員である場合には、(2)と同様に通常は役員賞与となり、原則として税務上の費用として認められないため留意が必要です。

(4) 高額譲渡をした場合

　法人が非事業用資産を個人へ時価よりも高い価額で譲渡した場合には、上記(3)とは反対に、売主である法人では時価と譲渡価額との差額について受贈益が認識されます。

4　同族会社の株主間で価値の移転が生じた場合の課税上の留意点

　上述のように贈与、低額譲渡や高額譲渡をした結果、同族会社の株式の価値が増加した場合には、その増加した部分に相当する金額は、これら贈与等をした者から贈与によって取得したものとされ、贈与税の課税対象になるため留意が必要です（相続税法9条、相続税法基本通達9－2）。

（甲田義典）

Question 26

負債・担保の承継についてはどのような点に留意すべきですか。

解説

1 検討すべきポイント

　オーナー企業の多くは、上場企業とは異なり会社の所有と経営が一致するため、「会社の借入金」＝「経営者個人の借金」というような考え方やモラルハザード防止の観点等から、融資の条件として借入金に対し経営者の個人保証が求められているのが一般的です。その他、経営者個人が借入を行い会社へ貸し付けたり、会社の借入金に対して経営者個人が保有する不動産を物上保証という形で担保提供しているケースもあります。

　事業承継においては、これらの借入金や担保をどのように処理するか検討が必要です。もし、検討を怠れば、現経営者に借入金や担保が残されることになり、相続発生の際に債務を相続人間でどのように負担するかという問題が発生し、事業承継が進まなくなるリスクが生じます。

　したがって、事業承継時においては、現経営者から後継者への事業用資産の引継ぎにあわせて借入金や担保も承継しておく必要があります。

　後継者にとっては、会社に残された借金を引き継ぐことになるわけですから、事業承継のタイミングまでに会社の収益力強化と債務を圧縮することによる財務体質の改善を行い、後継者への負担に配慮することが重要です（中小企業庁『事業承継ガイドライン』55・56頁）。

2 経営者保証に関するガイドラインによる対応

　平成25年12月に経営者保証の課題・弊害を解消するための準則として、「経営者保証に関するガイドライン」（以下「経営者保証ガイドライン」という）が公表されました。

　経営者保証ガイドラインでは、一般に、経営者自らが経営者保証の解除を申し出た場合には、中小企業と金融機関はそれぞれ以下の対応が求められています（中小企業庁・前掲56・58頁、経営者保証に関するガイドラ

イン研究会『経営者保証に関するガイドライン』7・8頁)。
(1) **中小企業側に求められる対応**
- 法人と経営者との関係の明確な区分・分離
- 財務基盤の強化
- 財務状況の正確な把握、適時適切な情報開示等による経営の透明性の確保
- 事業承継時の対応として、現経営者および後継者は、対象債権者から情報開示の要請に対し適時適切に対応する。特に、経営者の交代により経営方針や事業計画等に変更が生じる場合には、その点についてより誠実かつ丁寧に、対象債権者に対して説明する。

(2) **金融機関側に求められる対応**
- 上記(1)の対応を図る中小企業経営者に対して、中小企業側の経営状況、資金使途、回収可能性等を総合的に判断するなかで経営者保証を求めない可能性、その他代替的な融資方法を活用する可能性について、主たる債務者の意向もふまえたうえで検討する。
- 上記の中小企業経営者に対して、経営者保証を求めることがやむを得ないと判断されたとき等には、金融機関としては、債務者および保証人に対する丁寧な説明・適切な保証金額の設定を行う。
- 事業承継時においては、現経営者との保証契約の解除や後継者との保証契約の締結に関し、実質的な支配権の所在や既存債権の保全状況、企業の資産や収益力による借入金返済能力等を勘案し、必要な情報開示を得たうえで、保証契約の必要性等について改めて検討する。

3 その他の留意点

現経営者に相続が発生した場合には、相続税の計算上は以下のような点に留意が必要です(中小企業庁・前掲59頁)。
- 現経営者の会社に対する貸付については、たとえ債務超過であったとしても当該貸付債権は相続財産として原則として相続税の課税対象になること
- 現経営者が会社の債務について連帯保証しており、債務超過のため保証債務の履行を求められる可能性があったとしても、その不確実性のために相続財産について債務控除の対象にならない場合が多いこと

(甲田義典)

Question 27

預金の承継についてはどのような点に留意すべきですか。

解説

1 必要資金に応じた検討

預金の承継に関しては、後継者とそれ以外の親族のそれぞれの資金の必要性に応じて検討が必要です。

(1) **後継者**

事業承継において必要な主な資金として以下のようなものが考えられます。
- 事業承継前に自社の磨き上げのためにかかる投資資金
- 先代経営者からの株式や事業用資産の買取資金
- 相続に伴い分散した株式や事業用資産の買取資金
- 先代経営者の所有する株式や事業用資産にかかる相続税の支払資金
- 事業承継後に経営改善や経営革新を図るための投資資金

不足する場合には、資金調達を行う必要があるため、あらかじめ取引金融機関等との間で事業承継計画や事業承継における課題、資金ニーズについての認識を共有しておくことが重要です。

なお、民間の金融機関で対応困難な場合には、経営承継円滑化法による金融支援や、日本政策金融公庫や商工中金等の公的機関を活用した資金調達支援を受けることを検討する必要があります。

(中小企業庁『事業承継ガイドライン』59・60頁)

その他、会社で経営者保険に加入することで不足分を補うことも考えられます。

(2) **後継者以外の親族**

後継者以外の親族では、主に生活保障としての資金や先代経営者が所有する財産にかかる相続税の納税資金等が考えられます。

もし、資金が不足する場合には、たとえば、生命保険金を活用して、生活保障や納税資金の準備をしたり遺産分割における争いを回避する手当を行うことが考えられます。

後継者との間で遺産相続をめぐる争いにならないように、遺言書を整備したり先代経営者が現役のうちに事業承継に関する思いを伝えることが重要です。

2　名義預金が存在する場合

現経営者の相続が発生した場合に家族名義の預金があると、将来の税務調査において、税務当局から名義預金や家族への貸付金と認定され、相続財産の申告もれを指摘されるケースが少なくありません。

名義預金かどうかの判断は、一般的には以下のような視点で検討する必要があります。

- ・名義を使用した本人にその事実を知らせているか
- ・その管理、運用、満期時の書替えや利息の受取り、預金の取り崩しを名義人が実行しているか
- ・贈与契約書は存在しているか
- ・贈与税の申告があるか

相続税の申告の際に家族名義の預金が存在する場合には、事前に妻・子等の相続人に名義預金の意義を説明し、家族名義の預金について被相続人のものか家族のものか正しい判断をしてもらうことが必要です（一般社団法人日税連税法データベース『TAINS』相談事例）。

なお、大阪地裁平成23年12月16日判決によれば、ある財産が被相続人以外の者の名義となっていたとしても、当該財産が相続開始時において被相続人に帰属するものであったと認められるものであれば、当該財産は相続税の課税対象となる相続財産となるとして、以下のような観点を総合考慮して名義預金か否かを判断するとしています（税務訴訟資料261号－246（順号11836））。

- ・当該財産の出捐者
- ・当該財産が形成されるに至った経緯
- ・当該財産の管理および運用の状況
- ・被相続人と当該財産の名義人との関係、
- ・当該財産の名義人がその名義を有することになった経緯等

名義預金は、税務調査において重点的に確認される項目の1つであるため、トラブルに発展し思わぬ追徴税が課されることがないように、生前から整理することが重要です。

（甲田義典）

Question 28

親族内承継の場合に金融機関が果たすべき役割は何ですか。

解説

親族内承継の場合に金融機関が果たすべき役割として、事業承継検討初期段階からの相談から始まり、大枠の承継方針へのアドバイス、承継スキーム等に関する専門家との連携仲介やコンサルティング、承継スキーム実行段階でのスキーム管理および金融機能面でのサポート、事業承継後の相談およびサポート等が挙げられます。

1 相談初期

取引先のなかには、事業承継について漠然とした危機感はあるものの何も手をつけられていないとか、中には後継者等周りは心配しているが当の経営者自身はまったく検討していない等といった会社もあります。事業承継自体がまだ差し迫った喫緊の課題ではない会社の場合は仕方ない面もありますが、事業承継対策は時間をかけて検討および対策を行えるほうが有利となることが多いので、金融機関としては事業承継の重要性や事前準備の必要性等を取引先に周知させていくことが重要となります。

2 承継方針等へのアドバイス

承継方針（親族内・企業内・M＆A）の方針決定相談についても、一般論や他社の事例等含めて、経営者が正確な判断ができるようサポートする必要があります。親族内承継の場合は、どの親族にどのように承継するかによっても大きな違いがありますので、総合的なアドバイスが必要です（詳しくはQ 16参照）。

3 スキーム等に関する専門家との連携仲介やコンサルティング

親族内承継の場合、相続承継、暦年贈与や相続時精算課税制度を活用した贈与承継、事業承継税制の活用、個人間売買、金庫株活用、持株会社（HD）を活用した承継、組織再編や種類株式等の活用等さまざまな手法

等があります。承継スキームの検討・実行にあたって、各種専門家との連携等を行いながら金融機関がサポートを行う場合もあります。内容によっては相応の専門知識や経験も必要となると思いますが、取引先（取引先の顧問税理士等も含む）および専門家との円滑な連携により進めていく必要があります。

4 承継スキーム実行段階でのスキーム管理および金融機能面でのサポート

承継スキームを実行する場合、半年から長いものになると数年かけた承継となる場合もあります。そういったスキーム実行の一環として、融資等で金融機関も深く関わっていくことになります。金融機関として、金融面でサポートするためには当然承継スキームの全体像を把握しなければなりませんし、スキーム進捗の管理も必要となってきます。金融機関職員としても、事業承継の専門部署だけでなく営業店の融資担当者や資産運用のアドバイザー等もある程度事業承継の知識を持っておかないと、取引先のニーズに迅速に対応できません。取引先が事業承継の支援について真っ先に相談するのは営業店の担当者や支店長等になると思いますので、専門部署等とも連携をとりながら適切かつ迅速な対応が必要となってきます。

5 事業承継後のサポート

最後に事業承継後のサポートです。事業承継が終わった後も会社は続きます。親族内承継をした後、経済環境の変化、心境の変化等さまざまな要因により第三者承継へ方向転換する場合もあるかもしれません。実際そういう例も散見されます。

金融機関としては、事業承継後も通常の金融サービスとあわせて経営者に寄り添いきちんとフォローする必要があります。

（原田大介）

4　親族内承継における税務上の留意点

Question 29

生前贈与をする場合、贈与税に対してはどのように対応すればよいですか。

解　説

1　贈与税

　贈与とは、当事者の一方が自己の財産を無償で相手方に渡す意思表示をし、相手方がそれを受諾することで成立します（民法549条）。

　ただし、贈与税は、個人が個人から財産を無償で取得した場合に限らず、贈与と同様に財産の移転を受けたとみなされた場合、すなわち、時価より著しく低い対価で財産の譲渡を受けた場合、その他これらに準ずる経済的利益を受けたとみなされた場合にも課される税金です。

　相続または遺贈（死因贈与を含む）により被相続人から財産を取得した場合には、その取得した者に対して相続税が課されますが、被相続人が生前に財産を配偶者や子に贈与すれば、それだけ相続財産が減少し、相続税の課税を減らすことができます。そこで、課税の公平を図るために相続税の補完税として生前の財産移転に対して贈与税が課されるのです。

　贈与税の課税制度は、原則的課税方式である暦年課税制度と、その特例としての相続時精算課税制度に大別され、一度、相続時精算課税制度を選択した場合には、以後、同一人物からの贈与について暦年課税制度を選択することはできません（相続税法21条の11）。

　ちなみに、非上場株式等の贈与を受けた場合には、それぞれの制度に、贈与税の納税を猶予し一定要件を満たした場合に免除する納税猶予・免除制度（事業承継税制）が設けられています（Q 105参照）。

　贈与により財産を取得した者は、贈与を受けた翌年2月1日から3月15日までの間に贈与税申告書を提出し、贈与税を納付する必要があります（同法28条・33条）。

2 暦年課税制度

　暦年課税制度は、年間の受贈額が110万円の基礎控除額を超える場合に課されます（相続税法21条〜21条の8、租税特別措置法70条の2の4）。贈与税の最高税率は55％と高率なので、不動産や自社株式等多額の財産を贈与するには適していません（相続税法21条の7、租税特別措置法70条の2の5）。

> 3,500万円を20歳以上の子に贈与した場合の贈与税額は、次の金額となります。
> （3,500万円 − 110万円）× 50％ − 415万円 = 1,280万円

　ちなみに、この制度には、婚姻期間20年以上の配偶者から居住用不動産または居住用不動産を取得するための金銭の贈与を受けた場合には、2,000万円まで贈与税を非課税とする特例制度が設けられています（相続税法21条の6）。

【暦年課税制度の速算表】

基礎控除（110万円）後の課税価格		20歳以上の者が直系尊属から贈与を受けた財産		左記以外	
		税率	控除額	税率	控除額
	200万円以下	10％	−	10％	−
200万円超	300万円以下	15％	10万円	15％	10万円
300万円超	400万円以下			20％	25万円
400万円超	600万円以下	20％	30万円	30％	65万円
600万円超	1,000万円以下	30％	90万円	40％	125万円
1,000万円超	1,500万円以下	40％	190万円	45％	175万円
1,500万円超	3,000万円以下	45％	265万円	50％	250万円
3,000万円超	4,500万円以下	50％	415万円	55％	400万円
4,500万円超		55％	640万円		

3 相続時精算課税制度

　相続時精算課税制度は、累積贈与額から2,500万円を控除した残額に対して20％の贈与税率を課す制度で、贈与者と受贈者の組み合わせごとに選択することができます（相続税法21条の9・21条の10・21条の12・21条の13）。暦年課税制度と比較して贈与時の税負担額が少ないので、不

動産や自社株式等多額の財産を一度に贈与したい場合に適しています。

> 3,500万円を20歳以上の子に贈与した場合の贈与税額は、次の金額となります。
> (3,500万円 − 2,500万円) × 20% = 200万円

　ただし、贈与者の相続の際には、この生前贈与財産を贈与時の評価額（設例では3,500万円）で相続財産に加算し、相続税の計算をするため、結果、相続税の税率が適用されることになります（同法21条の14）。贈与時に課された贈与税額（200万円）は計算された相続税額から控除され、その控除後の税額を納付することになります（同法21条の16第4項）。

　ちなみに、この制度には、住宅取得等資金の贈与を受けた場合に、一定要件を満たすことを条件に、贈与者の年齢制限のない特例制度が設けられています（租税特別措置法70条の3）。

【暦年課税制度と相続時精算課税制度の比較】

項　目	暦年課税制度	相続時精算課税制度
概　要	暦年（1月1日から12月31日までの1年間）ごとに、その年中に贈与された価額の合計額に対して贈与税を課税する制度	親から子または祖父母から孫への贈与について、選択制により、贈与時に軽減された贈与税を納付し、相続時に相続税で精算する課税制度
贈与者	制限なし	60歳以上の父・母・祖父・祖母（贈与者・受贈者ごとに選択可）※住宅取得等資金については年齢制限なし
受贈者		20歳以上の子、孫
選択の届出	不　要	必　要（一度選択すると、相続時まで継続適用。選択の撤回不可）
控　除	基礎控除額（毎年）：110万円	非課税枠：2,500万円（限度額まで複数年にわたり使用可）
税　率	基礎控除額を超えた部分に対して10%〜55%の累進税率	非課税枠を超えた部分に対して一律20%の税率
適用手続	贈与を受けた年の翌年3月15日までに、贈与税の申告書を提出し、納税	選択を開始した年の翌年3月15日までに、本制度を選択する旨の届出書および申告書を提出し、納税
相続時の精算	相続税とは切り離して計算（ただし、相続開始前3年以内の贈与は贈与時の評価額で相続財産に加算される）	相続の際、相続財産に合算して精算（贈与財産は贈与時の評価額で評価される）

4 非課税制度

上記の他、贈与税制度には、下記のような非課税制度が設けられています。

① 直系血族から住宅取得等資金の贈与を受けた場合に一定額まで贈与税を非課税とする制度（租税等別措置法70条の2）
② 直系尊属から教育資金の一括贈与を受けた場合に1,500万円まで贈与税を非課税とする制度（同法70条の2の2）
③ 直系尊属から結婚・子育て資金の一括贈与を受けた場合に1,000万円まで贈与税を非課税とする制度（同法70条の2の3）

【贈与税の体系】

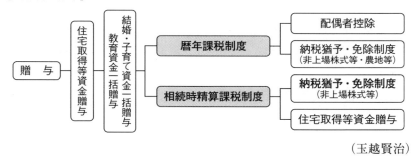

（玉越賢治）

Question 30

相続によって財産を承継する場合の税金の取扱いを教えてください。

解説

1 相続税

相続または遺贈（死因贈与を含む。以下同じ）により被相続人から財産を取得した場合には、その取得した者に対して相続税が課されます（相続税法11条）。

相続税の申告期限は相続開始から10か月で、同日までに相続税申告書を提出し、相続税を納付する必要があります（同法27条・33条）。

相続税は、次の過程を経て計算します。

2 各人の課税価格の計算

① 相続または遺贈により取得した財産の価額：本来の相続財産
② 相続または遺贈により取得したものとみなされる財産の価額：生命保険金・死亡退職金、贈与税の納税猶予の特例の適用を受けていた非上場株式等
③ 非課税財産の価額：相続人1人当たり500万円までの生命保険金・死亡退職金等
④ 相続時精算課税制度の適用によって被相続人から贈与を受けた財産の価額
⑤ 債務および葬式費用
⑥ 相続開始前3年以内に被相続人から贈与を受けた財産の価額
⑦ 課税価格＝①＋②－③＋④－⑤＋⑥

ちなみに、①について、被相続人の事業用または居住用として供されていた宅地等については、一定面積まで課税価格を減額する「小規模宅地等の評価減制度」が設けられています（租税特別措置法69条の4）。

3　課税遺産総額の計算

相続または遺贈により財産を取得した人全員の課税価格を合計して、課税価格の合計額を計算し、課税価格の合計額から遺産に係る基礎控除額を控除して課税遺産総額を求めます。

① 課税価格の合計額：各人の2⑦の合計額
② 遺産に係る基礎控除額：3,000万円＋600万円×法定相続人の数
（相続税法15条）
③ 課税遺産総額＝①－②

4　法定相続分に応じる各人の算出金額

① 課税遺産総額：3③
② 各相続人の法定相続分
③ 相続税率
④ 法定相続分に応じる各人の算出税額＝①×②×③

【相続税の速算表】

法定相続分に応じる各人の取得金額		税率	控除額
	1,000万円以下	10%	－
1,000万円超	3,000万円以下	15%	50万円
3,000万円超	5,000万円以下	20%	200万円
5,000万円超	1億円以下	30%	700万円
1億円超	2億円以下	40%	1,700万円
2億円超	3億円以下	45%	2,700万円
3億円超	6億円以下	50%	4,200万円
6億円超		55%	7,200万円

5　相続税額の総額の計算

法定相続分に応じた各人の算出税額を合計して相続税の総額を計算します。
結果、相続人等の間で遺産をどのように分けても、相続税の総額は変わりありません。

6　各人ごとの相続税額の計算

$$相続税額の総額 \times \frac{各人の課税価格}{課税価格の合計額} = 各相続人等の相続税額$$

7 相続税額の加算

相続または遺贈によって財産を取得した者が、その被相続人の一親等の血族および配偶者のいずれでもない場合には、その者の相続税額にその相続税額の20％相当額を加算します（相続税法18条1項）。

8 各種の税額控除

各人の6の相続税額から次の順序によって税額控除を差し引き、各人の納付税額を計算します。

① 贈与税額控除（相続税法19条）
② 配偶者に対する相続税額の軽減：法定相続分または1億6,000万円のいずれか大きいほう（同法19条の2）
③ 未成年者控除：20歳に達するまでの年数×10万円（同法19条の3）
④ 障害者控除：85歳に達するまでの年数×10万円（特別障害者は20万円）（同法19条の4）
⑤ 相次相続控除：10年以内の2次相続について、1次相続につき課された相続税のうち、1年につき10％の割合を乗じた額（同法20条）
⑥ 外国税額控除：国外財産について課された相続税に相当する税額（同法20条の2）
⑦ 相続時精算課税分の贈与税額控除（同法21条の15・21条の16）
⑧ 各人の納付税額＝6－①～⑦

ちなみに、非上場株式等の相続については、相続税の納税を猶予し一定要件を満たした場合に免除する納税猶予・免除制度（事業承継税制）が設けられています（Q106参照）。

【相続税のしくみ】

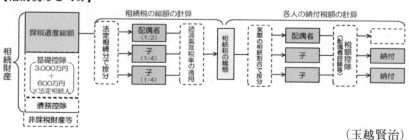

（玉越賢治）

第3章

企業内承継

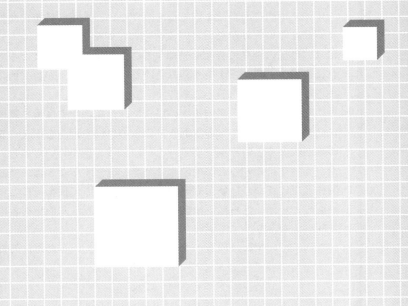

1　企業内承継の方法

Question 31

企業内承継の方法としてはどのようなものがありますか。
MBO、EBO、MEBOとはどういうものですか。

解説

1　企業内承継とは

　企業内承継とは、親族ではない社内の役員や従業員らが後継者として企業を承継すること、すなわち、当該企業の現オーナーから株式を取得して当該企業を引き継ぐことをいいます。場合によっては、外部から招聘した経営者が、オーナー以外の現経営陣とともに企業を承継することもあります。

　なお、親族に承継するには年齢的に時期尚早であるといった場合には、一時的に社内の役員や従業員が承継するケースもあります。

2　企業内承継の利点

　オーナーの子が会社を継ぐつもりがない、あるいはその反対に子に会社を継がせるつもりがないというケースも少なくありません。こうした場合には、外部の企業に会社を売却することも1つの選択肢となりますが、それによって、現オーナーが積み上げてきた企業風土が将来的に失われてしまうことは避けがたいところです。

　これに対して、企業内承継の場合は、企業理念や事業を理解している者に会社の将来を託すものであり、自らの思いや理念を伝えうる後継者選択の幅が広がるという点で現オーナーにとって望ましいものといえます。また、実情をよく知る者が継続して企業を運営することは、当該企業や利害関係者だけでなく、雇用も継続される点において従業員にとっても好ましいものといえ、さらに、後継者にとっても、経営基盤を引き継げるというメリットがあります。

　さらに、いずれは親族へ承継したい場合は、いったん、外部の企業に売

却してしまうと将来的に当該企業を親族に承継させることは困難といえます。しかし、企業内承継の形をとれば、当該企業を承継する役員等と、将来親族が当該企業を承継するタイミングや方法等につき事前に協議・合意することが容易かつ可能です。

　以上のように、企業内承継は、わが国において慣行的に行われてきたのれん分けの変化形ともいえるものでありまた友好的な方法であることから、日本の企業風土にとってなじみやすいものといえるでしょう。

3　企業内承継の種類・方法

　企業内承継の方法としては、①ＭＢＯ（マネジメント・バイアウト）、②ＥＢＯ（エンプロイー・バイアウト）、③ＭＥＢＯ（マネジメント・エンプロイー・バイアウト）といった方法が挙げられます。

　まず、ＭＢＯとは、当該企業の経営陣が、現オーナーの保有する株式を買い取って新オーナーとなる事業承継の方法です。次に、ＥＢＯとは、当該企業の従業員が現オーナーから株式を買い取る方法をいいます。この方法においては、将来の株式分散を防止し事務の簡略化を図るために従業員持株会が設立され、持株会によって企業を運営する方法をとることが考えられます。そして、ＭＥＢＯとは、経営陣と従業員らが協力しあって事業を買い取る方法をいいます。

　この他に、純粋な企業内承継とは異なりますが、必要に応じて外部から経営者（陣）を招聘し、これらの者が会社内部の経営陣とともに対象企業を買収する方法はＢＩＭＢＯ（バイイン・マネジメント・バイアウト）と呼ばれます。このケースでは、内部事情に通じた経営陣に既存経営陣とは異なるスキルやノウハウを有する外部経営者（陣）が加わり、両者が互いに補完しあって当該企業の経営に携わることとなります。

4　企業内承継の資金調達方法

　企業内承継を実施するにあたっては、経営陣や従業員らが自己資金のみで当該企業の株式を取得することもあり得ますが、自己資金のみで当該企業を買収できる場合は限られます。多くの場合には、一部を自己資金で充当し、残りは投資ファンドからの投資や金融機関からの借入を活用して当該企業の買収のための資金を調達することが一般的です。こうした仕組みの詳細については、Ｑ33以降を参照ください。　　　　　　（香月由嘉）

Question 32

MBO、EBO、MEBOによる企業内承継のメリットや留意すべき点はありますか。

解説

1　メリット

　いわゆる企業内承継による事業譲渡においては、外部の第三者に企業を売却するM＆Aと比較して以下に掲げるようなメリットが挙げられます。

(1)　事業の継続性

　事業を譲渡する現オーナーにとって、社内の経営陣や従業員らは過去一緒に仕事をしてきた者らであることから、その資質や力量を見極めて当該人物が後継者としてふさわしいかにつき判断することは難しいことではありません。こうした後継者は社内の者であって当該企業の企業風土や事業そのものを理解していることから、現オーナーとしても安心して企業を託すことができます。

　このように当該企業の事業や社内事情そして企業文化に精通している者らに対して事業が円滑に承継され当該企業の運営の一貫性が保たれるということは、会社を取り巻く関係者、すなわち取引先や金融機関をはじめとする債権者らの理解も比較的得やすく、雇用も継続される点からすると従業員にとっても安心できる事業譲渡の手段であるといえます。

(2)　事業の中立性の維持

　当該企業がいずれかの企業グループや系列に属する第三者に譲り渡されてしまうと、対象企業に'色'がついてしまい、取引関係に制約を受けることとなり、場合によっては、せっかくそれまで築いてきた取引関係が失われることもあり得ます。これに対して、企業内の後継者に譲渡する場合には、基本的に今までと同じように運営されることが見込まれ、それまでと同様の中立性を維持しうることから、既存の取引関係に悪影響を及ぼすこともなくまた新たな取引先の開拓にとっての制約ともなりません。

(3)　機密情報の保持

　外部の第三者に対するM＆Aにあたっては、同業他社を含めた複数の買

い手候補に対して当該企業の買収可能性を探らなくてはなりません。さらには、絞り込んだ買収候補先に対しては、当該企業の機密情報を開示する必要が生じます。こうしたプロセスを経る以上、業界内や取引先の間に当該企業の売却のうわさが広まらないとは限りません。場合によっては取引関係に支障が生じたり、有能な社員が引き抜かれたりといった事態も起こり得ます。

これに対して、企業内承継においては、外部に情報が漏洩することは通常考えられないのみならず、非上場会社であればオーナーチェンジに際して情報開示を公に発表する必要さえもないことから、秘密裡かつ円滑な株式の譲渡が実現できます。

(4) 創業者利益の実現

事業承継が必要となる企業のほとんどは非上場会社です。こうした企業の株式は流動性がなく、上場株のように市場での売却による現金化は一般的には望めません。企業内承継が実現すれば、現オーナーは、保有する株式を後継者に売却することで創業者利益を実現して引退することができます。そして、事業を継がない子息に対しては金銭という形で財産を残すことが可能となります。

さらに、現オーナー以外の少数株主がいる場合には、これらの者も、その所有する非上場株式を現金化する機会を得ることができます。

(5) 経営陣や従業員らのモーティベーションの向上

現経営陣あるいは従業員らが当該企業の新オーナーとなることから、主体的かつ積極的に会社の経営に参加しようという意識が高まるとともに、当該企業に対する帰属意識やロイヤリティーも当然に強くなることが期待されます。さらに、業績によっては配当という金銭的な恩恵にもあずかりうることから、当該企業の更なる発展に向けた協力体制が築かれることが期待されます。

(6) 限定された投資リスク

株式を取得して事業を引き継ぐ経営陣や従業員らは、対象企業のいわばインサイダーとしてその事業の状況や業績、あるいは簿外債務の有無についても知りうる立場にあります。故に、当該企業の株式を譲り受ける者にとっての投資リスクは限定的であり、安心して自らの資金を拠出することができます。

2　留意点

(1) 適切な候補の選定と利害関係者との調整

　まずは、社内の経営陣や従業員らが、適切な後継者であるとともに当該企業を継ぐ意思と決意を有することが大前提となります。仮に社内の経営陣だけでは十分な布陣とはいえなければ、社外から経営者（陣）候補を招聘する必要があります。ただし、この場合には招聘した人材が現経営陣と一丸となって当該企業を経営することが前提となりますので、外部から招聘する人材に関しては、現経営陣と十分に協議し、彼らが納得して協力しあえる者でなければなりません。

　企業内承継の場合、利害関係者の理解を得やすいことは既述のとおりですが、これらの関係者の理解をきちんと得るためには、後継者選定の経緯や今後の経営方針等につき迅速かつ丁寧な説明をする必要があります。特に、親族がいるにもかかわらず親族外承継をする場合には、感情的なもつれが残らないような説明や配慮も不可欠です。

(2) 適正な譲渡価格と資金調達

　優良かつ安定した企業であるほど、適正な企業価値は当然に高く、経営陣や従業員らの手元資金のみで対象企業を買い取ることは困難です。仮に、適正な価格と比較して著しく低い価格でその保有株式を譲渡する場合には、現オーナー側が十分な創業者利益を実現できないにとどまらず、その価格の程度によっては、譲渡人・譲受人いずれの側もが課税されることもあり得ます。このような事態を避けるためには、株式を適正な価格にて譲り受ける資金をいかにして調達するかが課題となります。

　その場合の資金調達方法ですが、必要となる資金規模や会社の状況にもよるものの、経営承継円滑化法に基づく金融支援として事業承継支援資金制度を利用することや、ファンドからの投資や金融機関からの借入により買収資金を調達することも考えられます（Q 33 以下参照）。

(3) 個人保証や担保差入の問題

　現オーナーによる個人保証や個人資産の担保差入がある場合、経営者交代にあたっては、金融機関の承諾がなければ保証や担保を解除することができません。一般的に金融機関が解除に応じる条件としては、新たな経営陣に対して個人保証や担保提供を求めることが考えられ、後継者となる者は、このような事態に備える必要があります。　　　　　　　　（香月由嘉）

2　企業内承継としてのＭＢＯ

Question 33

企業内承継の場合に金融機関が果たすべき役割は何ですか。また、どのような提案（方法）が考えられますか。

解説

　企業内承継は、後継者を社内人材等から登用するため経営者に比べ資力や信用力が弱いケースが多く、その前提に立った自社株の承継や会社の借入に対する個人保証の引継ぎがネックになります。

　よって、金融機関は事業が円滑に承継できるよう事業承継計画の段階からよき相談相手として関わり、課題解決へ向けた具体的な支援を行っていくことが求められます。

　自社株の承継は、株主構成と承継方法に着眼し提案します。

　株主構成は、自社株の集約・整理の必要性や名義株の存在等課題を明らかにし、後継者が経営に専念できる株主構成に移行できるかという目線で解決方法を提案します。

　具体的な承継方法は、後継者の資力や会社の実情を考慮し、以下の方法を必要に応じて複数組み合わせて行います。

① 後継者が直接買取り
② 後継者が出資した新設会社で買取り
③ 後継者が株価の安い関連会社の株式を買取り、関連会社で買取り
④ 事業承継ファンドに一時株式を買い取ってもらい、一定期間後に後継者が買取り
⑤ 金庫株
⑥ 種類株式
⑦ 組織再編
⑧ 経営者の退職金等

　中小企業の自社株売買は、上場株式と違って市場価格がないため売買価額をいくらにするかが常に問題になります。加えて、売買当事者が法人か個人か、同族株主か非同族株主かにより税務上の時価が異なる等、課税リ

スクを考慮した価格設定が求められるため、税理士等の専門家と連携した支援が必要不可欠です。

　個人保証の引継ぎでは、事業承継前の前経営者の保証については完済まで保証を継続し、新たな借入から後継者が個人保証するケースが一般的です。

　個々の会社の財務内容等によりますが、前経営者の保証免除や後継者から新たな借入に対し保証免除の要請があった場合は、「経営者保証に関するガイドライン」で示されているとおり、金融機関は個人保証に依存しない、より柔軟な対応が求められています。

（増尾　伸）

Question 34

MBOやEBOを実施する場合、金融機関としては資金調達にはどのように関与するのですか。

解説

1　MBO、EBOにおける大きな課題は資金調達

　経営陣や従業員に対して事業承継を行う場合、長年培われてきた企業文化や経営手法、取引関係が維持されやすいというメリットがあります。しかし、株式の取得にあたって、その取得対価は数億円、時には数十億円以上といった金額に上ることが多く、多くの場合、株式を取得（＝買収）する経営陣、あるいは従業員自身に買収を実施するだけの資力はないことから、実施にあたっては資金調達が大きな課題となります。

　不動産といった個人資産を担保として資金調達することも考えられますが、億円単位の資金調達を行うことは通常は困難です。

2　MBO、EBOにおける資金調達手法としてのレバレッジ・ローン

　プライベート・エクイティ・ファンドといった金融投資家（フィナンシャル・スポンサー）が企業買収を行う場合、自己資金に加えて買収対象会社の株式および買収対象会社の所有資産を担保として金融機関から借入を行うことで、買収資金の調達を行います。このような借入をレバレッジ・ローンといい、レバレッジ・ローンを活用した買収手法をLBO（Leveraged Buy Out）といいます。

　MBO（Management Buy Out）は経営陣による買収、EBO（Employee Buy Out）は従業員による買収を意味し、経営陣あるいは従業員に対して事業承継が行われる場合によく使われる手法ですが、資金調達の観点から上記のLBOのスキームが利用されることが多いのが特徴です。

　なお、自己資金に関してもフィナンシャル・スポンサーとの共同投資という形で調達するケースが国内では多く見られます。

3 　金融機関の関与

　金融機関としては、このようなレバレッジ・ローンの提供によってMBOやEBOの際の資金調達を支援するケースが増加しています。これは、事業承継にあたってプライベート・エクイティ・ファンドが活用されるケースが増加していることにも密接に関連しています。

　プライベート・エクイティ・ファンドは、かつてはハゲタカファンドとも呼ばれ、経営不振企業を安く買いたたき、人員削減や資産の切り売り等のリストラクチャリングを行ったうえで売り飛ばして利益を稼ぐといった悪いイメージが強くありましたが、最近では、海外展開等を含んだビジネス拡大のための人材やノウハウの提供による課題解決を標榜し、実際に経営者と二人三脚で事業運営を行い、最終的には上場（IPO）やシナジーを見込める事業会社への売却等によって円満にEXITする友好的な投資家としての成功事例が多くなっているため、オーナー経営者の間でも以前と比べるとアレルギーは減ってきており、事業承継の場面でも多く活用されるようになってきています。

　資金提供にあたっては、対象企業の事業内容や財務内容をよく知っているメインバンクや主力行がレバレッジ・ローンの提供を行うケースが多く見られますが、一方で、企業にとって事業承継は機密性の高いテーマであることから、あまり取引金融機関には知られたくないという理由で、あえて取引金融機関以外の金融機関に資金調達を含めた相談を行うケースも少なくありません。金融機関担当者としては、既存取引先はもちろん、新規取引先の場合でも、事業承継ニーズのありそうな企業に対してアプローチを行うことで、新たな取引機会の獲得に結び付けられる可能性がありますので、レバレッジ・ローンといったファイナンス手法についての知識を持っておくことも今後は必要となってきています。

（植坂謙治）

Question 35

MBOやEBOを実施する場合にSPCを設立するのはなぜですか。

解説

1 SPC（買収目的会社）とは

　SPCとは、対象企業の株式を買い取るとともに金融機関からの借入を行う受け皿となる買収目的会社のことをいいます。

　経営陣らが自己資金のみで対象企業の株式を取得する場合には、現オーナーが所有する株式を経営陣らが直接譲り受ければ足りますが、MBOやEBOといった企業内承継によって現オーナーから経営陣あるいは従業員らが株式を取得しようとする際に自己資金のみで対象会社を買収できることはさほど多くありません。通常は、自己資金に加えて、ファンドからの出資とともに金融機関からの借入で当該企業の株式を取得するための買収資金を調達する必要があります。

　このように、金融機関からの借入によって買収資金を調達する手法はLBO（レバレッジバイアウト）と呼ばれています。この手法を用いて会社を買収する場合には、対象企業の株式を取得する前提として買収目的会社となるSPCを設立し、SPCにて対象会社の株式を買取るための資金を調達しておく必要があります。

　ここでいうSPCとしては、いわゆるSPC法に基づき設立される法人ではなく、休眠会社である株式会社や、ファンドがLBOを実行する際の買収目的会社として利用することに備えて設立しておいた株式会社が用いられることが一般的です。

2 LBOについて

　LBOとは、企業を買収するに際して、その買収資金を金融機関からの借入で調達し、当該企業の事業のキャッシュフローから借入を返済していく手法です。

　LBOのメリットですが、当該手法を用いることにより、経営陣は相対

的に少ない自己資金で対象企業の新オーナーとなることができます。このスキームにおいて金融機関が貸出の有無を決定する決め手は当該企業の資産ならびに事業からの将来のキャッシュフローであることから、ＬＢＯにおける金融機関借入はいわゆるノンリコースローン（非遡及型融資）であることが多く、経営陣の個人保証が求められることは一般的ではありません。仮に対象企業が倒産したとしても、経営陣は自らが出資した保有株式相当分の価値を失うのみで金融機関から本件借入の返済について遡及されることはありません。

一方、金融機関にとっては、通常のコーポレートローンよりも高めの金利を得ることができる点や、アレンジャーの場合にはアレンジメントフィーを得ることができる点で、経済的なメリットを享受し得ます。

3　ＬＢＯの仕組み

以下、ＭＢＯやＥＢＯの際にＬＢＯスキームを用いる場合の手順について説明します。

まず、対象会社の株式を買い取るための資金を調達する必要があるため、買収目的会社となるＳＰＣを設立します。

こうして設立されたＳＰＣは、出資ならびに借入により調達した資金を用いて、現オーナーを含めた従前の株主から対象会社の株式を買い取ります（ここでは、対象企業の株式の100％を買収できることを前提）。その結果、対象企業の既存株主らは現金を取得する一方で、対象企業はＳＰＣの100％子会社となります。ノンリコースローンであるという性質上、この時点において、金融機関は、子会社である対象会社の全株式を全株担保にとることとなります。

そして、対象企業がＳＰＣの100％子会社となった後に、通常の場合にはＳＰＣと対象企業は合併されることとなります。この時、存続会社となるのはＳＰＣあるいは対象企業のいずれの場合もあり得ますが、まれに合併しないケースもあり得ます。その詳細については、Q 37 に委ねます。

第3章　企業内承継

【LBOの仕組み】

(1) SPCの設立　　(2) SPCによる対象企業の買取り

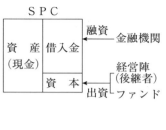
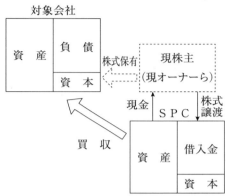

(3) SPCと対象企業の合併

```
合併新会社
┌─────┬─────┐
│ 資 産 │ 負 債 │
├─────┼─────┤
│ のれん│ 資 本 │
└─────┴─────┘
```
※バランスシートは合併の方法による

(香月由嘉)

Question 36

レバレッジ・ローンとしての融資契約にはどのような事項を定めますか。

解　説

1　レバレッジ・ローンとは

　レバレッジ・ローンは、プライベート・エクイティ・ファンドのような金融投資家がＬＢＯ（Leveraged Buy Out）スキームを使って企業買収を行う際に用いられる資金調達手段ですが、ＬＢＯは買収者の信用力でなく、買収対象会社の信用力を使って資金調達を行うことを前提としています。したがって、貸出人となる金融機関は買収対象会社株式のほか、買収対象会社が所有する全資産を担保として取得することで、買収対象会社が将来生み出すキャッシュフロー（CF）を元利金弁済に充当するとともに、買収対象会社の業績が悪化した際には買収対象会社自体を担保権行使によって取得し、売却することで資金回収を図ることを可能としているのが大きな特徴です。

2　レバレッジ・ローンとコーポレートローンの違い

　そのため、レバレッジ・ローンの融資契約には実行時の前提となる買収対象会社の生み出すＣＦを確保するために必要なモニタリング事項を細かくかつ多岐にわたって契約条項として規定します。そして、それらの条項を遵守できなかった場合、適切なタイミングで期限の利益喪失をさせ、レンダーとして確実に権利行使することが可能な条項を規定していることがコーポレートローンの融資契約と大きく異なる点となります。

3　レバレッジ・ローンの融資契約に定められる特徴的な事項

　具体的には、誓約事項（コベナンツ）として、買収対象会社の組織運営体制の維持、業績指標のモニタリング（財務コベナンツ）等を目的とした条項を遵守事項として規定しています。また、定期的にコベナンツを遵守していることを確認するため、あるいは、業績を細かくモニタリングする

ために必要となる決算書や業績レポート等の定期報告義務も規定されます。さらに、期限の利益喪失事項として、通常の当然喪失事項のほか、コベナンツの抵触や株主変更（チェンジオブコントロール）といった特徴的な条項が請求喪失事項として規定されます。

【財務コベナンツ例】

チェック項目	計算方法	チェック内容	一般的水準	チェック頻度
レバレッジレシオ	有利子負債／EBITDA	適正な負債水準が維持されているか	ヘッドルーム（約定どおりの弁済が行われている前提で、EBITDAが事業計画に対して何％未達まで許容するかという水準）25〜30％	年2回
DSCR（デットサービスカバーレシオ）	年間ＣＦ／年間元利金支払金額	元利金弁済に十分なＣＦが各年度に創出されているか	1.05倍〜1.2倍	年1〜2回
営業利益等	本／中間決算における利益金額	（ＣＦだけでなく）会計上も黒字が確保されているか	会計上の黒字	年1〜2回
純資産	本決算における純資産金額	十分な純資産が確保されているか	対前年比75〜100％	年1回
現預金残高	月次現預金残高	最低限必要な手元流動性が常に確保されているか	最低限預金以上	毎月末

【定期報告書類例】

書類（例）	タイミング（例）
監査済決算書類（連結・単体）	本決算、中間決算、四半期後2〜3ヵ月以内
コベナンツ遵守報告書	本決算、中間決算後2〜3ヵ月以内
年度事業計画	全事業年度末
事業計画達成状況を示す資料	本決算後2〜3ヵ月以内
月次資料（売上・EBITDA、KPI、試算表、資金繰表等）	翌月15日〜翌月末
預金口座残高一覧表	翌月15日〜翌月末
税務報告書（写）	提出後●日以内

4　レバレッジ・ローン活用にあたって金融機関が留意すべきこと

　プライベート・エクイティ・ファンドを活用したＭＢＯのような形で事業承継が行われる場合、上述のとおりレバレッジ・ローンによって資金調

達が行われるケースが多くなります。

　事業承継におけるプライベート・エクイティ・ファンドの活用は、単に事業承継方法の選択肢がふえるだけでなく、プライベート・エクイティ・ファンドの専門性を活用することで、たとえば、海外進出やＩＰＯ、Ｍ＆Ａ等による事業拡大を図ることができるのが大きなメリットの１つです。一方で、レバレッジ・ローンは買収資金を買収対象会社自身の借入とすることを前提としています。また、その借入金は買収対象会社のＣＦを元利金の弁済に優先充当させることで、金額を大きくすることを可能としているため、買収（＝事業承継）後の対象会社の有利子負債が買収前と比べて多額となっているケースが多くなります。つまり、上記のメリットを得るのと引き換えに、対象会社は事業承継前と比べて多額の負債を負うこととなり、さらにレバレッジ・ローンの融資契約によって、日々の事業運営に対してさまざまな制限がかかることに留意すべきです。

　プライベート・エクイティ・ファンドといったフィナンシャル・スポンサーを活用した事業承継を行う会社の経営陣等は、まず事業承継時点でのレバレッジ・ローンの金額をできるだけ少なくするよう、フィナンシャル・スポンサーと協議することが望まれます。そして、実行後は、早い段階で新体制での事業運営を軌道に乗せ、借入金の返済を進めることで早期のコーポレートローンでのリファイナンスを実施し、経営の自由度を得ることが重要です。それまでの間のレバレッジ・ローン契約上の制限は、新体制における組織体制整備に資すると考えて積極的に対応し、最後に結果として、フィナンシャル・スポンサーの株式売却（＝エグジット）時に、シナジーが見込める事業会社等といった戦略的な投資家を株主として迎えられるような形で事業承継を完結させることを目標とすべきであり、金融機関としてもその間の支援を行っていくことが望まれます。

（植坂謙治）

第3章　企業内承継

Question 37

SPCによる旧株主からの株式取得が完了した場合、その後の経営はどのように行われますか。

解　説

1　はじめに

　SPCを設立して対象企業の株式を取得するLBOの仕組みを利用する場合には、SPCと対象企業とを最終的に合併するか否かにかかわらず、いずれにしても、当該企業のオーナーとなった後継者は新しい資本構成のもとで対象企業を運営していくこととなります。LBOスキームは、対象企業の将来のキャッシュフローを原資として金融機関から借り入れた金銭を返済していく仕組みである以上、当該スキームを設計する段階において、対象会社の経営陣は、共同して投資するファンドがいる場合には、そのファンドとともに事業計画を精査し、当該企業の事業収益から生まれるキャッシュフローがどの程度あるか、どの程度安定的か、またどの程度の金額の借入であれば返済が可能なのかを見極める必要があります。この時、LBOファイナンスの出し手となる金融機関とも十分な協議を重ねておくことが不可欠です。

2　SPCと対象企業との合併

　Q35で既述したように、買収目的会社たるSPCが対象企業の株式を取得した段階においては、対象企業はSPCの100％子会社となります。この時のSPCの借入は、対象企業の資産や将来キャッシュフローを前提として金融機関から借り入れることができたものであることから、何ら事業運営の実体を持たないSPCは、子会社である対象企業が生み出すキャッシュフローを原資として金融機関に対して借入に対する金利を支払いかつ元本を返済していく必要があります。

　仮に、SPCと対象企業とを別々の法人として両社ともそのまま存在させる場合、親会社たるSPCは、借入金の返済原資を得るための手段として、①子会社たる対象企業から貸付を受ける、②剰余金配当を受ける、あ

るいは③経営指導料という名目で金銭の支払を受けるといった方法をとらねばなりません。ただし、いずれの方法であっても、ＳＰＣと対象企業という２つの会社を各々維持するためには余計なコストが必要となります。さらに、①の場合には利息の収受が必要であったり、証書貸付に対して高い印紙税を支払わねばならなかったり、②の場合は剰余金からの配当では返済原資としては不十分であることが一般的であり、かつ余計な税金を支払わなくてはならず、また、③の場合には返済原資に見合う金額の経営指導料をＳＰＣが対象企業から受け取ることは、その実態が十分ではないとして税務否認されるといったリスクも考えられます。また、２つの会社を両社とも存続させると、たとえば、対象会社が株主総会決議をしようとする場合、まずはＳＰＣにおいて総会を開催して決議をとったうえで、さらに対象会社においても改めて総会を開催して決議をとらねばならないといった二重の意思決定過程を経なくてはなりません。

このように、ＳＰＣと対象会社の両方を存続させることは、各社において意思決定のプロセスを経なければならない点で煩雑であり、経営の迅速性を妨げる要因となり得ます。こうした事情を考慮すると、ＳＰＣと対象企業とを合併することが一般的には必要となります。また、ＳＰＣと対象企業が合併されると、借入金の支払利息が費用となることから法人税の負担を軽減することもできます。

3　ＳＰＣと対象企業の合併の方法

ＳＰＣと対象企業を合併するにあたっては、①親会社たるＳＰＣを存続会社とする場合（いわゆる順合併）と②子会社たる対象企業を存続会社とする場合（いわゆる逆さ合併）のいずれもが考えられます。どちらの方法をとるかはさまざまな事情を考慮して決定することとなりますが、後述するように、のれんを計上しうる①の方法によることが一般的です。ただし、対象企業が許認可等を必要とする事業を営んでおりかつ存続会社たるＳＰＣが新たに許認可等を取得することが困難な場合や、不動産移転の登録免許税等のコストがかさむ場合等には、②の方法によらざるを得ないこともあり得ます。

(1)　ＳＰＣを存続会社とする場合

この方法を用いた際に、対象企業の取得価額がその時価純資産を上回った場合には、その差額はのれんという無形固定資産科目となり、のれんの

価値が持続すると思われる期間（20年以内）にわたって規則的に償却される必要があります。ただし、対象企業に繰越欠損金があるようなケースでは、親会社たるＳＰＣは何らの事業を営むものではない以上、対象企業と共同事業を営むものとは認められないことから、両社が合併するときに、ＳＰＣは対象企業の有する繰越欠損金を受け継ぐことができません。このとき、両者が直ちに合併すると、対象企業にある繰越欠損金によるタックスメリットを享受し得ないことから、こうした場合、繰越期間においては合併をしないという選択肢がとられることとなります。

(2) **対象企業を存続会社とする場合**

この合併方法による場合には、のれんを計上することができず、その結果として合併後の会社の株主資本は①の方法によるよりも小さくなります。対象企業の買収価格がその時価純資産額よりも大きい場合には、合併後の会社が債務超過に陥ることになります。合併後の会社が債務超過に陥ると想定される場合には、そもそも当初より金融機関からの借入が困難であり、そうした場合には、ＳＰＣと対象企業をそのまま親子会社として存続させ、あえて合併しないという方法を取らざるを得ないケースもあり得ます。

(3) **まとめ**

ＳＰＣと対象企業を合併する際に、いずれの合併方法をとるべきか、あるいはそもそも合併しない方が望ましいかの判断は極めて専門的なものであり、ファンドの出資を受ける場合にはファンドの担当者とあるいはそうでない場合には税務の専門家と相談することが望ましいといえましょう。

（香月由嘉）

3　企業内承継における税務上の留意点

Question 38

企業内承継を行う場合、どのような税金を、いつまでに支払えばよいのですか。後継者個人が引受けできない場合はどうすればよいですか。

解説

1　承継対象財産

　承継対象となる財産については、対象会社の株式等の承継と対象会社が利用している事業用資産（主に土地建物等の不動産）の承継とがあり、株式等についても上場株式等と非上場株式等があります。

　本項では、企業内承継（親族外である役員または従業員への承継もしくは取引先等外部からの招聘等による承継のことをいう）における、経営者（個人）所有の非上場株式等と不動産の承継について取り上げます。

　企業内承継において株式等や不動産の承継が相続の際に行われることは珍しく、その場合、経営者は後継者に遺贈する旨の遺言書を作成するか、後継者との間で死因贈与契約を締結しておく必要があります。

　企業内承継による株式等の移転は一般に売買（譲渡）で行われることが多く、後継者がその売買金額を調達できない場合、稀に贈与で行われることもあります。

　贈与の場合には、納税猶予・免除制度を適用する場合を除き、相続時精算課税制度は直系血族間でしか利用できないため、暦年課税制度の適用を受けることになります。株式等の贈与は株価によって高額に上ることもあるため、後継者の税負担額を抑える「非上場株式等に係る贈与税の納税猶予・免除制度」が用意されています（Q 105参照：租税特別措置法70条の7）。

　以下、非上場株式等および不動産の譲渡について説明します。

2　個人の譲渡所得課税

　経営者個人が、非上場株式等や不動産を譲渡するに際しては、所得税

（譲渡所得税等）の課税が生じます。譲渡所得は、「総収入金額－（取得費＋譲渡費用）」の算式で計算します。

　譲渡資産が贈与や相続で取得したもので所有者の取得費が不明の場合は、譲渡価格の5％が取得費とされるため、譲渡価額の大半が所得（利益）とされてしまいます（所得税基本通達38－16・48－8、租税特別措置法通達37の10・37の11共－13、租税特別措置法31の4、租税特別措置法通達31の4－1）。

(1) 非上場株式等の譲渡等

　非上場株式等の譲渡の場合は、株式等に係る譲渡所得等に対して20.315％（申告分離課税）の税率が適用されます（租税特別措置法37の10、復興財源確保法13条、地方税法附則35条の2第1項・5項）。

(2) 不動産の譲渡

　不動産の譲渡の場合は、譲渡した年の1月1日において所有期間が5年超のときは、不動産に係る譲渡所得に対して20.315％（申告分離課税）の税率が適用されます（租税特別措置法31条、復興財源確保法13条、地方税法附則34条1項・4項）。

　所有期間が5年以下のときは、不動産に係る譲渡所得に対して39.63％（申告分離課税）の税率が適用されます（租税特別措置法32条、復興財源確保法13条、地方税法附則35条1項・5項）。

　所得税は、譲渡があった年の翌年3月15日までに確定申告をして納税することになります。住民税は、普通徴収（納税通知書により申告年の6・8・10月および翌年1月の4回に分けて納付）または特別徴収（申告年の6月から翌年5月までの給料から天引き。原則的徴収方法）によって行われます（地方税法319条の2・320条・321条の3）。

3　法人に対する株式等の譲渡（後継者個人が引受けできない場合）

　譲受人が個人の場合、その取得資金を調達できたとしても、給与所得等に係る所得税（住民税を合わせると最高税率55％）差引後の手取額で返済しなければなりません。譲渡価額が多額になる場合、後継者である個人が譲受人となることは事実上困難です。

　このような場合、後継者である個人が設立した新設法人を譲受者とすることがあります。

　この場合、次のようなメリットがあるものの、留意しておく点もありま

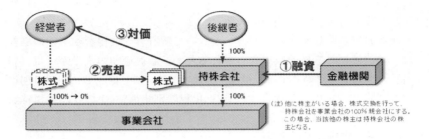

す（参考：中小企業庁『事業承継ガイドライン』72頁）。
(1) **メリット**
   ① 経営者が保有していた株式を売却することにより、自社株式を遺留分の対象から除外することができる
   ② 以後の株価上昇を、相続税対象財産から除外することができる
   ③ 経営者がキャッシュを手にすることにより、老後資金とすることができる。あわせて相続税財源とすることや他の相続人への配分財源となり円満な相続を実現できる
(2) **留意点**
   ① 経営者が株式を売却するときに譲渡税（20.315％）が発生する
   ② 譲渡税差引後の手取額が相続税の対象となる。結果、株式に対して譲渡所得税と相続税が二度に課税されることになる
   ③ 株式の譲渡価格は相続税評価額とは異なり、純資産額が高い先は売買価格が高額になって相続財産（相続税）が増加する場合がある（Q39参照）
   ④ 借入金の返済財源が事業会社からの配当となるため、事業会社が自己株式を取得するのと同様に事業会社の留保資金が社外流出することになり、事業会社の財政状況を悪化させることにつながる

（玉越賢治）

Question 39

株式譲渡時の時価について税務上の考え方を教えてください。

解説

利害関係のない純然たる第三者との取引であれば当事者間の取引価格が時価といえますが、同族関係者間での取引の場合、必ずしも純然たる第三者間取引とはいい切れません。

1　個人が個人に譲渡する場合の時価

公開市場等不特定多数間の競争により財産を取得した場合には、その価格が通常価額に比べて著しく低い価額であっても、原則として、取得側に対する課税はありません（相続税法基本通達7－2）。

しかし、非上場株式等の移転の場合、そのような公開市場で移転することはないため、個人間の利益移転の問題が発生します。

個人間の利益移転は贈与税の問題であるため、個人間の譲渡における時価は、相続・贈与時に適用する財産評価基本通達（以下「評基通」という）の規定に従うことになります（評基通178～189－7）。個人間の譲渡の場合、同族株主に該当するかどうかは、譲受者の立場で判定を行います。

まず、譲受人を株主の態様に応じ、同族株主等の支配株主は原則的評価方式で、従業員・取引先等の少数株主は特例的評価方式（配当還元価額）で評価します。

原則的評価方式では、会社を卸売業、小売・サービス業、その他の業種の別に、総資産価額および従業員数または取引金額に応じて、大会社、中会社、小会社に区分します。

大会社は、原則として、類似業種比準価額で評価します。

小会社は、原則として、純資産価額で評価しますが、それに代えて類似業種比準価額×0.5＋純資産価額×0.5で評価することもできます。

中会社は、さらに大・中・小に区分して、類似業種比準価額と純資産価額との併用方式で評価します。

なお、総資産の一定割合以上が株式等や土地等だったり、配当・利益・

簿価純資産の要素が特定の会社は、原則として純資産価額で評価しますが、同族株主以外の少数株主が取得した株式については、特例的評価方式である配当還元価額で評価します。

【会社の規模別の原則的評価方式】

会社の規模		評価方式
大会社		類似業種比準価額（ただし、純資産価額で評価することもできる）
中会社	大	類似業種比準価額×0.90＋純資産価額×0.10
	中	類似業種比準価額×0.75＋純資産価額×0.25
	小	類似業種比準価額×0.60＋純資産価額×0.40
小会社		純資産価額（ただし、類似業種比準価額×0.50＋純資産価額×0.50で評価することもできる）

> **同族株主（評基通（評基通188⑴）**
> 　次の①～③のグループで評価会社の株式等の議決権を合計で30％以上（50％超所有するグループがいる場合は、そのグループのみ）所有する場合の株主およびその同族関係者のことをいいます。
> ①　株主等
> ②　株主の個人である同族関係者
> 　　株主等の親族（配偶者、六親等内の血族、三親等内の姻族）等
> ③　株主の法人である同族関係者
> 　　株主等およびその同族関係者が議決権の50％超所有する会社

2　個人または法人が法人に譲渡する場合の時価

　個人または法人が、非上場株式等を法人に対して譲渡する際の税務上の時価は、相続・贈与時における財産評価の考え方を一部修正して準用することが認められており、その場合、同族株主に該当するかどうかは、株式を譲渡した個人等の譲渡直前の議決権割合により判定することになっています（所得税法基本通達59-6、法人税法基本通達2-3-4・4-1-6・9-1-14）。

　譲渡者が同族株主である場合は、上記1の原則的評価方式によることになりますが、会社規模の考え方、純資産価額を計算するうえでの土地等または上場有価証券の評価および含み益の取り込み方について、修正する必要があります。

（玉越賢治）

第4章

M&A

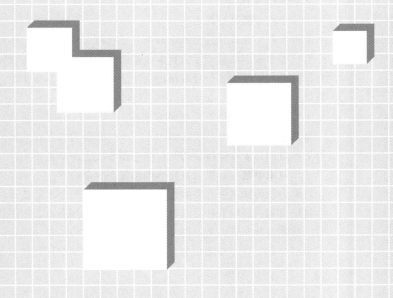

1　M&Aの方法

Question 40

事業承継としてのM&Aにはどのような方法があり、それぞれの方法にはどのようなメリット・デメリットがありますか。

解説

　一般的に、M&Aの方法としては、①株式譲渡、②事業譲渡、③合併、④会社分割、⑤株式交換といった方法が実施されています。以下、主として事業承継を行おうとする側のオーナー経営者から見たメリット・デメリット等について、説明します。

1　株式譲渡

(1) 定　義

　株式譲渡とは、株式を契約により譲渡することをいい、事業承継における企業外承継の場面では、承継先が対象会社に対して影響力を有するに至る程度の株式を移転することをいいます。

(2) メリット

① 　手続が簡易である

　原則として株式譲渡契約を締結して履行すれば足り、他の手法と比較しても一番手続が簡易です（対象会社の株式に譲渡制限が設定されている場合には、株主総会または取締役会決議が必要となりますが、それ以外には特に手続を必要としない）。

② 　直接対価を得ることができる

　事業承継を行おうとする側のオーナー経営者にとっては、株式譲渡の実行それ自体により直接金銭的対価を得ることができます。

③ 　対象事業（対象会社）への影響が少ない

　対象会社の株主としての地位が移転するにとどまることから、事業承継の対象事業（対象会社）への影響を最小限に抑えることができます。ただし、対象会社が取引先と締結している取引契約において、いわゆるチェンジオブコントロール条項として経営者の変更等が行われると取引先に解除

権が発生するような条項が定められている場合もありますので、注意が必要です（Q 49 参照）。

(3) デメリット
① 株式を全部保有していない場合には承継が困難
事業承継を行おうとする側のオーナー経営者が対象会社の株式の全部を適法に保有していない場合には、承継先を見つけることが困難であることから、事業承継を行うことが難しくなる可能性があります。

② 簿外債務や偶発債務も承継される
会社全体が承継の対象となることから、対象会社の簿外債務や偶発債務まで承継先が承継してしまうことになり、事業承継を行おうとする側のオーナー経営者が得ることができる対価が低く抑えられる等の可能性があります。

③ オーナー経営者が一定の責任を負担する可能性が高い
事業承継を行おうとする側のオーナー経営者が株式譲渡契約の当事者となることから、事業承継を行おうとする側のオーナー経営者自身が事業承継後も表明保証に基づく損害賠償責任等の一定の責任を負担することになる可能性が高くなります。

2 事業譲渡

(1) 定 義
事業譲渡とは、対象会社自身が取引行為として、「事業」を第三者に譲渡することをいいます。

(2) メリット
① 簿外債務や偶発債務を承継させないことも可能である
事業承継に際して、対象事業（対象会社）における簿外債務や偶発債務を承継させないようにすることが可能であり、事業承継の対価を低く抑えられないようにすることが容易となります。

また、事業譲渡は包括承継を行うものではないことから、事業承継に際して、承継する資産を限定したり、承継する労働契約（従業員）を選択したりすることが可能となります。

② 全株式を保有している必要がない
事業承継を行おうとする側のオーナー経営者が対象事業の属する会社の全株式を有していない場合であっても、総議決権の3分の2以上の株式を

有している場合には、全事業を承継させることが可能となります。
　③　オーナー経営者は責任を負担しない
　事業譲渡契約の当事者は事業承継を行おうとする側のオーナー経営者自身ではなく対象会社となることから、特に事業譲渡契約とは別個にその旨を合意しない限り、事業承継を行おうとする側のオーナー経営者自身は事業承継後に表明保証等の責任を負わされることとはなりません。
　(3)　デメリット
　①　個別の承継のための手続が別途必要となる
　事業譲渡は包括承継を行うものではないことから、契約の締結のみでは事業承継を実行させることができず、譲渡対象ごとの個別の承継のための手続が必要となりますが、この個別の承継のための手続の際、契約条件の変更を迫られたり、契約の相手方の意向によっては、契約関係を承継させることが不可能となるおそれがあります。
　また、許認可については承継届で済む場合もありますが、原則として個別に取得し直す等の手続が必要となります。他の手法でも各種許認可については個別に取得し直す等の手続が必要なこともありますが、事業譲渡は一番注意が必要です。
　②　清算手続等が別途必要となる
　対象会社の営んでいる事業の全部を譲渡した場合には、通常、事業譲渡の実行後に対象会社の清算手続等を別途実行する必要があります。
　③　直接対価を得られない
　事業承継により得られる対価は、事業譲渡契約の当事者である対象会社に帰属することになるから、事業承継を行おうとする側のオーナー経営者がこれらの対価を取得するためには、剰余金の配当等の手続を別途行うことが必要となります。

3　合併

(1)　定　義
　合併とは、2以上の会社が合一して1つの会社になることをいいます。
(2)　メリット
　①　直接対価を得ることができる
　事業承継を行おうとする側のオーナー経営者にとっては、合併それ自体により対価を得ることができます。合併の対価を金銭とした場合には、金

銭的対価を得ることもできます（ただし、合併対価は承継先の会社の株式とされることが一般的である）。

② 全株式を保有している必要がない

事業承継を行おうとする側のオーナー経営者が対象事業の属する会社の全株式を有していない場合であっても、総議決権の3分の2以上の株式を有している場合には、合併を実行することにより全事業を承継させることが可能となります。

③ オーナー経営者は責任を負担しない

合併契約の当事者は事業承継を行おうとする側のオーナー経営者自身ではなく対象会社となることから、特に合併契約とは別個にその旨を合意しない限り、事業承継を行おうとする側のオーナー経営者自身は事業承継後に表明保証等の責任を負わされることとはなりません。

(3) デメリット

① 対象会社の旧株主が承継先（合併の相手方）の株主となる可能性がある

通常、合併対価は承継先（合併の相手方）の株式とされることが一般的ですが、この場合には、事業承継を行おうとする側のオーナー経営者が承継先（合併の相手方）の株主となることとなります。このため、承継先（合併の相手方）が、このような状態が生じることを嫌がることがあります。

② 簿外債務や偶発債務も承継される

会社全体が承継の対象となることから、対象会社の簿外債務や偶発債務まで承継先（合併の相手方）が承継してしまうことになり、事業承継を行おうとする側のオーナー経営者が得ることができる対価が低く抑えられてしまう可能性があります。

③ 労働条件の統一等の調整手続が必要となる

すべての労働契約（従業員）が承継の対象となることから、労働条件の統一等の調整に時間と労力を要することとなるおそれがあります。

4 会社分割

(1) 定 義

会社分割とは、ある会社（対象会社）がその事業に関して有する権利義務の全部または一部を承継先（分割先）に承継させることをいいます。

(2) メリット
① 簿外債務や偶発債務を承継させないことが可能となる
　分割する「事業」の中に簿外債務や偶発債務を含まないようにすることにより、簿外債務や偶発債務を承継させないようにすることが可能です。また、分割する「事業」の中に含まれる資産を限定したりすることも可能となります。
② 全株式を保有している必要がない
　事業承継を行おうとする側のオーナー経営者が対象会社の全株式を有していない場合であっても、総議決権の３分の２以上の株式を有している場合には、全事業を承継させることが可能となります。
③ オーナー経営者は責任を負担しない
　会社分割契約の当事者は事業承継を行おうとする側のオーナー経営者自身ではなく対象会社となることから、特に会社分割契約とは別個にその旨を合意しない限り、事業承継を行おうとする側のオーナー経営者自身は事業承継後に表明保証等の責任を負わされることとはなりません。

(3) デメリット
① 清算手続が別途必要となる
　対象会社の営んでいる事業の全部を会社分割により承継させた場合には、通常、会社分割後に対象会社の清算手続等を別途実行する必要があります。
② 直接対価を得られない
　事業承継により得られる対価は、会社分割契約の当事者である対象会社に帰属することになることから、事業承継を行おうとする側のオーナー経営者がこれらの対価を取得するためには、剰余金の配当等の手続を別途行うことが必要となります。
③ 対象会社が承継先の株主となってしまう
　会社分割の対価を承継先（分割先）の株式とすることが多いですが、この場合には、対象会社が承継先（分割先）の株主となってしまうことから、承継先（分割先）がこれを嫌がることがあります。

5　株式交換

(1) 定　義
　株式交換とは、ある株式会社（対象会社）がその発行済株式の全部を承

継先（交換の相手方）に取得させることをいいます。
(2) メリット
① 直接対価を得ることができる
事業承継を行おうとする側のオーナー経営者にとっては、株式交換それ自体により対価を得ることができます。また、株式交換の対価を金銭とした場合には、金銭的対価を得ることもできます（ただし、通常は交換対価は承継先（交換の相手方）の株式とされることが一般的である）。
② 全株式を保有している必要がないこと
事業承継を行おうとする側のオーナー経営者が対象会社の全株式を有していない場合であっても、総議決権の3分の2以上の株式を有している場合には、全事業を承継させることが可能となります。
③ オーナー経営者は責任を負担しない
株式交換契約の当事者は事業承継を行おうとする側のオーナー経営者自身ではなく対象会社となることから、特に株式交換契約とは別個にその旨を合意しない限り、事業承継を行おうとする側のオーナー経営者自身は事業承継後に表明保証等の責任を負わされることにはなりません。

(3) デメリット
① 対象会社の旧株主が承継先（交換の相手方）の株主となる可能性がある
通常、交換対価は承継先（交換の相手方）の株式とされることが一般的ですが、この場合には、事業承継を行おうとする側のオーナー経営者が承継先（交換の相手方）の株主となることとなります。このため、承継先（交換の相手方）が、このような状態が生じることを嫌がることがあります。
② 簿外債務や偶発債務も承継される
会社全体が承継の対象となることから、対象会社の簿外債務や偶発債務まで承継先（交換の相手方）側が承継してしまうことになり、事業承継を行おうとする側のオーナー経営者が得ることができる対価が低く抑えられてしまう可能性があります。

（太田大三・近内京太・鷲野泰宏・名取恭子・木村一輝）

Question 41

金融機関が取引先にM&Aによる事業承継を勧める際と実施する際にはどのような点に注意すればよいですか。

解説

1 守秘

中堅・中小企業がM&Aによる事業承継問題の解決を志向する場合、顕在化したニーズのみならず、潜在的なニーズを含め、これらのM&A情報は、会社にとって、また当該会社の利害関係者（株主、従業員、取引先等）にとって、極端ないい方かもしれませんが、会社の存亡や利害関係者の人生に関わる重要な機密情報です。したがって、金融機関が、取引先にM&Aによる事業承継を勧める際、また実施する際には、以下の点に留意が必要です。

まず、金融機関においては、M&Aアドバイザリー業務を行う本部の担当部署のみならず、初期的に当該情報を入手することとなる支店においても、細心の注意をもってM&A情報を取り扱う必要があります。具体的には、当該情報の取扱いに関し、金融機関内における部署間の情報遮断のあり方やそれぞれの部署内での情報の使用・携行・受取・保管・保存方法等を定め、それらを厳格に励行することが重要です。

また金融機関としては、取引先においても、当該取引先の中でM&Aを進めていく方針であることを知る経営者や株主とその周辺の限られたメンバー以外にM&A情報が不用意に拡散しないように、情報管理の重要性を認識し、徹底されるよう努めなければなりません。

2 利益相反

M&Aの実行に際しては、できる限り安く譲り受けたい買い手とできる限り高く譲り渡したい売り手の間において、構造的に利益相反が生じます。その他にも、事案によっては、対象会社の役員と株主の間や買い手、売り手または対象会社と対象会社の債権者その他の利害関係者との間において、利益相反が生じることがあります。

アドバイザーには、各種の利益相反をクリアし、M&Aを成約に導いていく調整力が求められるわけですが、金融機関がアドバイザーとして関与するに際しては、さらに以下の点に留意が必要です。

金融機関が買い手および売り手の双方と契約を締結し、仲介者として関わる場合には、当事者双方があらかじめ許諾しており、法的には問題がないとしても、利益相反に対する十分な配慮と、一方の利益に偏らず、中立、公平な立場での助言が求められます。

個々の事案における対応は各金融機関の判断によるところではありますが、金融機関として、買い手または対象会社の債権者や株主の立場でもある場合には、さらに複雑に絡んだ利害関係の中で、取引先の利益を不当に害するおそれがないか適切に管理し、取引先の利益を適正に保護するよう留意する必要があります。

3 スケジュール

M&Aに限らず、事業承継には、経営の承継と資産の承継に時間がかかります。M&Aで、すぐに買い手が見つかれば、親族内承継や企業内承継に比べて短期間のうちに事業承継を実現することができるかもしれませんが、残念ながらM&Aですぐに買い手が見つかるという保証はありません。

したがって、金融機関が、取引先にM&Aによる事業承継を勧める際には、M&Aは実現の時期や実現可能性が不確定な戦略であること、無事に成約したとしても、業務の引継ぎを含めて、代表者の引退までには更に時間を要することを丁寧に説明のうえ、代表者の気力と体力、対象会社の業況に余裕がある状況下で、M&Aの交渉と業務の引継ぎが実施できるように助言することが望ましいと考えられます。

また実施する際には、アドバイザーとして、当事者の意向に沿ったスケジュール通りに業務を遂行していく必要があります。

(石川紘平)

Question 42

取引先がM＆Aによる事業承継を考えている場合、すでにある貸出金の回収や新たな貸出金等についてはどのように考え、注意すればよいですか。

解　説

1　金融機関にとってのビジネス機会

　取引先が事業承継を検討している場合、たとえばM＆A等を通じて事業承継が行われることによって、資本構成が大きく変更したり、経営者が変更したりする可能性があります。

　取引先が業況不振先であるような場合、信用力のある事業会社等に対して株式売却を行うことで事業承継と同時に取引先の信用力を回復させることが考えられます。また、取引先の信用力回復に伴って、すでにある貸出金の回収可能性が高まるだけでなく、リファイナンスを行うことも考えられます。あるいは、買い手企業に対して新たな資金を提供し、買い手企業を通じて既存貸出金の返済に充当させることも考えられます。

　このように、金融機関にとっては、しばしば貸出金の回収にあたって事業承継を関連づけて検討することがあります。また、取引先の業況が良好な場合も、取引先金融機関は事業承継を通じて新規貸出や追加貸出機会を獲得できる可能性があります。その中には、たとえば、MBOファイナンスの提供といったことも考えられます。

2　M＆A取引における利益相反（コンフリクト）

　しかし、M＆A取引が介在する場合、売り手である株主、貸出先である対象会社、買い手である事業会社・プライベート・エクイティ・ファンド等は、それぞれ利害関係が異なるため、取引先金融機関としては利益相反（コンフリクト）に注意する必要があります。

　一般的に、買収（事業承継）対象となる企業に対してすでに貸出金がある場合で、買い手側への買収資金提供を行う場合、売り手側と買い手側の利益は相反することから、当該金融機関内に情報隔壁（チャイニーズウォール）を立てる必要があります。

情報隔壁とは、売り手側と買い手側双方の非公開情報を知りうる立場にある金融機関内で、売り手側の貸出人として取得した情報が買い手側に伝わらないよう（買い手側の情報が売り手側に伝わらないようにすることも同様）、物理的に担当部署、あるいは担当者をまったく別にしたうえでお互いの情報が目や耳に触れないよう遮断し、それぞれの顧客にとって最大の利益が得られるために公正なM＆A取引がなされるよう、売り手と買い手のそれぞれの立場を保護することです。

　売り手側、あるいは買い手側にM＆Aのアドバイザーとして就任する場合も同様であり、アドバイザー同士はもちろん、それぞれ逆の立場に貸出人としてついている担当部署もしくは担当者との接触も遮断される必要があります。

　実際には、1つの取引に対して、多くの関係者の間で完璧な情報遮断を行うことは、コンプライアンス上極めて重要な手当である一方、金融機関内で行うのは大きな負担となる手続です。

　取引金融機関としては、情報隔壁を立てることが、社内体制あるいは人的要因によって困難な場合は、自社の利益のみを優先させることなく、取引先の利益を第一として、取引先のスムーズな事業承継取引を行えるよう支援することをまず優先して考えるべきです。そのうえで、利益相反を逸脱しない形で、貸出金回収や新規貸出等について検討を行うことが望まれます。

（植坂謙治）

2　事業承継としてのM&A

Question 43

事業承継の手段としてのM&Aについて、検討・準備段階からクロージングまでの全体の手続フローを教えてください。また、その手続の中での各関係者の関与についても教えてください。

解説

1　M&Aによる事業承継の全体フロー

　M&Aによる事業承継は、大きく分けて、①M&Aの検討・準備の段階、②M&Aの実行の段階、③M&A後（ポストM&A）の段階という3段階に分けられます。それぞれの段階に要する期間は、ケースバイケースですが、①の検討・準備の段階に数か月間から1年程度、②の実行の段階に半年間から1年程度、③のポストM&Aの段階では数年間程度の時間をかけるのが一般的です。以下において、それぞれの段階について各関係者の関与も含め説明します。

2　M&Aの検討・準備の段階

　M&Aによる事業承継を行うための検討・準備の段階では、大きく分けて、
　①　外部の専門家の選択・選定
　②　対象事業（対象会社）の実力の「磨き上げ」
　③　承継条件（何を／いくらで／どのように承継させるのか等）の検討
という3つの検討・準備を行うことが必要です。

(1)　**外部の専門家の選択・選定**

　M&A取引の全般についてアドバイスを行うM&Aアドバイザーや、法務・会計・税務等の各専門分野における専門家である弁護士、公認会計士、税理士等を、承継させようとする事業の規模や事業内容等の事情を考慮して、選択・選定することになります。とりわけ、M&Aアドバイザーは、M&Aの成約に向けた手続全体の舵取りを担うこととなるほか（詳細はQ 46を参照）、M&Aにおけるトラブルを可及的に回避するためにも

(詳細はＱ64を参照)、極めて重要です。

(2) 対象事業（対象会社）の実力の「磨き上げ」

円滑にＭ＆Ａによる事業承継を行うとともに、事業承継を行おうとする側のオーナー経営者が有利な条件で承継（対象事業（対象会社）の譲渡）を行うことができるように、あらかじめ承継させようとする対象事業（対象会社）について、問題点を調査・認識し、それに応じてさまざまな対応を策定し、実行する必要があります。いわゆる「磨き上げ」といわれているものです（詳細はＱ47参照）。

(3) 承継条件（何を／いくらで／どのように承継させるのか等）の検討

「磨き上げ」の結果をふまえて、選択・選定したＭ＆Ａアドバイザーと協議しながら、どのような条件で対象事業（対象会社）を承継させるのかということをあらかじめ検討します。特に重要となるのが、事業承継を行う際の対象事業（対象会社）の事業価値（売却対価）の検討です（詳細はＱ54参照）。

(4) 以上のＭ＆Ａの検討・準備の段階における留意事項

Ｍ＆Ａの検討・準備段階では、（事業承継を行うための）Ｍ＆Ａを行う予定であることが役員・従業員や取引先等に漏れると、動揺を与え、「磨き上げ」の甲斐なく却って事業価値を毀損するおそれがあります。このため、Ｍ＆Ａの検討・準備段階では、関与する者を限定して秘密が漏れないようにするとともに（関与者の限定）、仮に公に何らかの対応を行うとしても、中期経営計画策定のため等別名目で行うこととする等、Ｍ＆Ａのために行っているとはわからないようにしておく（情報の限定）ことが重要となります。

3　Ｍ＆Ａの実行の段階

Ｍ＆Ａの実行の段階は、一般的には、
① 承継先候補への打診・条件交渉開始
② 承継先候補によるデュー・ディリジェンス
③ 承継先候補との詳細な条件交渉
④ 承継先との間の最終合意（最終的な契約締結）
⑤ 事業承継の実行

という各手続を進めていくことが一般的です。以下においては、これらの各手続を進めていくうえでの留意点を説明します。

(1) 承継先候補への打診・条件交渉開始

承継先候補に打診して具体的な交渉に入る場合には、対象事業（対象会社）に関するさまざまな情報を記載した企業概要書（ノンネームシート）を開示したり、その後に、承継先候補によるデュー・ディリジェンスが行われたりすることが多いようです。これらの場合は、承継先候補に対して対象事業（対象会社）に関するさまざまな情報を開示することになりますので、通常、秘密保持契約（NDA）を締結することになります（詳細はQ 55参照）。

また、秘密保持契約の締結と同時か、秘密保持契約を締結した後の時点において、（事業承継を行うための）M&Aの具体的な交渉を行っていることを確認すること等を目的とした基本合意書を承継先候補との間で締結することもあります。この基本合意書は必ず締結されていなければならないというものではなく、締結するかどうかはケースバイケースです（詳細はQ 56参照）。

(2) 承継先候補によるデュー・ディリジェンス

承継先候補において、具体的な条件交渉を行うに先立ち、M&Aの成約に向けた最終的な判断材料を取得するために、対象事業（対象会社）の調査を行うことが多いようです（詳細はQ 57参照）。

(3) 承継先候補との詳細な条件交渉

承継先候補によるデュー・ディリジェンスが行われる等して、互いにM&Aの成約に向けた意向が合致した場合には、M&Aの詳細な条件交渉、要するに、M&Aの契約書の内容（契約書において規定する個別の条項の内容）について交渉を行うことになります（詳細はQ 58参照）。

(4) 承継先との間の最終合意（最終的な契約締結）

M&Aの契約書の内容について詳細な条件交渉を行った結果、双方の合意に至れば、最終合意の内容を明示するものとして、最終的なM&Aの契約書の締結に至ります（詳細はQ 59・60参照）。

(5) 事業承継の実行

最終的なM&Aの契約書が締結されれば、その後は、同契約書に基づき、必要とされる条件が整った段階で、事業承継の実行が行われることとなります（詳細はQ 62参照）。

(6) 以上のM&Aの実行の段階における留意事項

① M&Aアドバイザーとの信頼関係の構築

上記各手続を進めていくうえでは、Ｍ＆Ａの成約に向けた手続全体の舵取りを担うＭ＆Ａアドバイザーの協力が必要です。円滑に手続を進めていくためにも、Ｍ＆Ａアドバイザーとの信頼関係を構築することを心掛けるとともに、自らの希望を積極的に伝えたり、わからないことがあれば積極的に相談したりすることが必要です。

② 従業員や取引先に対する説明

　（事業承継を行うための）Ｍ＆Ａを実行するにあたっては、事業価値の維持向上の観点からも、従業員や取引先への説明をどのタイミングでどのように行うかが極めて重要な問題となります（詳細はＱ61参照）。

4　Ｍ＆Ａ後（ポストＭ＆Ａ）の段階

　Ｍ＆Ａ後には、主に承継先側の主導に基づいて、Ｍ＆Ａにより企図されたシナジー等の効果が生じるよう、種々の面での事業融合・企業融合のための対応策がとられることになります。このような対応策のため、別途アドバイザーを選定する場合もあります。もっとも、場合によっては事業承継を行った側の経営者が、一定の期間、顧問等の役職に就いて、事業融合・企業融合のための対応策に協力することもあります。

　また、多くのＭ＆Ａにおいては、金融機関の協力を得て行われることとなりますが、このことは、Ｍ＆Ａ後の段階においても変わりありません（詳細はＱ63参照）。

　　　　　　　　　　（太田大三・近内京太・鷲野泰宏・名取恭子・木村一輝）

Question 44

M＆Aによる事業承継について金融機関の役割・業務としてはどのようなことがありますか。また、そのためにはどのような体制整備や活動が必要ですか。

解説

1　金融機関の役割について

　後継者確保の困難化等の影響から、近年、M＆Aによる事業承継を検討する顧客は少なくありません。「取引先との距離」、「保有している情報量」、「人材・体制面」等から考えても金融機関は真っ先に相談に乗らないといけない役割と責任がある場合があります。事業承継がうまくいかなかった場合、培われた技術や地域の雇用等失うものが多く、M＆Aによる事業承継の業務は、日本経済あるいは地方経済を担う金融機関としても積極的に取り組むべき業務です。

　M＆Aによる事業承継について、取引先から真っ先に相談してもらうためには、普段から長期目線で取引先と付き合い、良好な関係を築く努力が必要です。企業の内部環境・外部環境について深堀り・正確な理解を行うことはもちろん普段から企業に寄り添ってさまざまな諸問題に対してコンサルティングを行う等取引先から信頼される存在となることが重要です。

2　金融機関の業務について

　M＆Aを進めていくために必要な手続は多岐にわたります。その中で、金融機関が一番存在感を発揮できる業務は「承継候補先の選定・提案」と「条件交渉支援」です。あらゆる業種・規模の会社と取引がある金融機関は、事業承継を希望している取引先の事業環境を理解していれば、どのような承継候補先へ提案するのがベストかを一番よくわかる立場にあります。加えて、取引先と強い信頼関係がある金融機関は、取引先の立場・気持ちを十分把握したうえでの条件交渉が可能です。

3　金融機関の体制整備・活動について

　M＆Aによる事業承継を希望する取引先の期待に応えるためには、当然

ですが、M＆A業務という専門的な業務に精通した部隊が必要です。M＆A業務を円滑に遂行するためには、知識もさることながら、「経験を積むこと」が大変重要となります。体制整備・人材育成に時間を要することに注意が必要です。

　また、M＆A業務は取引先の課題解決の１つの手段にすぎないという認識も重要です。金融機関がまず最優先にすべきことは「取引先の実態把握」です。取引先の実態を把握し、さまざまな問題点を把握する人材（部隊）や、取引先に寄り添い継続的にコンサルティングをしていく人材（部隊）の充実がますます重要になってくると考えられています。

　普段から取引先に寄り添い、継続的にコンサルティングを行っていれば、センシティブな領域であり、金融機関が話題にすることを躊躇してしまう「事業承継」の問題についても、能動的に問題提起を行うことが可能です。

（大石泰博）

Question 45

金融機関として取引先にはどのような場合にM＆Aによる事業承継を勧めるべきですか。また、どこに相談に行ってもらえばよいですか。

解説

1 M＆Aによる事業承継を勧めるにあたって

事業承継で悩まれている取引先は少なくありません。金融機関はできるだけ早い時期から事業承継をどう進めていくかを顧客と議論していく必要があります。議論の際には、自社株等取引先の資産の承継だけでなく、事業全体をどのように承継していくかという観点での議論が重要です。

詳細な外部環境・内部環境の分析を行い、会社の価値の源泉や将来性を十分に把握することはもちろんのこと、一番重要である「取引先の思い」に十分に耳を傾けたうえで、慎重に事業承継の方法を検討します。

検討の結果、親族あるいは社内に適任である後継者がいない場合や、今後の事業の将来性を考えると他社との連携を模索する必要がある場合等、外部の力を借りる必要があると判断した場合にM＆Aによる事業承継を検討すべきです。

2 相談できる機関について

M＆Aによる事業承継について相談に応じてくれるところはたくさんあります。銀行や証券会社等の金融機関やM＆Aの専門業者、税理士・会計士・弁護士等の士業の方、事業引継ぎ支援センター等の公的機関等さまざまな企業・団体がM＆Aのアドバイザリー業務全般を行っています。

会社によって得意業務はさまざまです。たとえば、全国展開しているM＆Aの専門業者は日本全国の情報を保有しており、幅広い承継候補先の探索に強みがありますし、税務・法務・会計のことであれば士業の先生の領域でしょう。M＆Aによる手続全般ではなく、相談したいことが個別具体的であるなら、どこに強みがあるかという観点で相談する機関を決めてもよいかもしれません。

M＆Aによる事業承継の手続全般についての相談であれば、まずは「一

番信頼できる会社・担当者」に相談するよう勧めるのがよいでしょう。Ｍ＆Ａによる手続を進めていく過程においては、当初想定していないさまざまな問題が起こります。そのような時に取引先のそばに寄り添いながら相談に乗り、解決に導くのがアドバイザーの役割です。普段からコミュニケーションが十分にとれる相手でなければ手続はスムーズに進みません。

　そして、その信頼できる会社は、普段から取引先と接点がある金融機関であるべきです。普段から取引先に寄り添い、さまざまなコンサルティングを行っていく中で、事業承継という難しい問題についてもＭ＆Ａというソリューションを提供することが求められています。

3　具体的なＭ＆Ａによる事業承継の手続について

　Ｍ＆Ａによる事業承継の手続は大まかに以下の流れで行うことが一般的です。

①　取引先の内部環境・外部環境の調査、Ｍ＆Ａの戦略策定
②　承継候補先の検討・企業価値についてのディスカッション
③　承継候補先の選定・提案
④　承継候補先との条件交渉支援
⑤　契約書作成アドバイス

　個別の手続ごとに専門的な知識と豊富な経験が求められます。加えて、手続全体のマネジメントもアドバイザーの大切な仕事の１つです。

（大石泰博）

Question 46

M&Aによる事業承継について外部の専門家に相談する場合、一般的にどのような契約内容になりますか。あわせてその費用についても教えてください。

解説

1　M&Aによる事業承継における外部の専門家

(1)　M&Aアドバイザー

　M&Aアドバイザーは、M&A取引の全般についてアドバイスを行います。特に事業承継を行おうとする側のオーナー経営者にとっては、さまざまなことを相談することになる外部の専門家となります。M&A仲介機関や金融機関、さらにはM&Aコンサルティング会社等がM&Aアドバイザーになることが多いようです。その役割は、M&Aの成約に向けて手続全体の舵取りを行う全面的なサポートであり、具体的な業務としては、ケースバイケースであるものの、一般的には、

① 事業の買主探し
② 売主と買主の交渉の仲介・アドバイス
③ M&Aの実行スケジュールの作成・管理・アドバイス
④ 契約書、覚書等法定書類の作成支援
⑤ デュー・ディリジェンス実施時の支援・アドバイス
⑥ クロージングの段取り

等多岐にわたります。（ただし、法務・会計・税務等の各専門分野については、後述するとおり、別途、弁護士や公認会計士・税理士等の士業にも依頼することになる）依頼する業務の範囲はM&Aアドバイザーの報酬の多寡にも関係しますので、本当に必要な業務は何か慎重に検討したうえで依頼する必要があります。とりわけ、アドバイザーとの間で依頼した業務に関してトラブルとなることもありますので、注意が必要です（詳細はQ 64参照）。

(2)　その他の専門家

① 弁護士

　弁護士は、法律の専門家として、M&Aのさまざまな場面で幅広い役割

を担うことになります。M&Aの検討・準備の段階では、手法の選択等の承継条件の検討における法的側面のチェックや、磨き上げを行う際の法的問題点の精査・認識や対応策の検討に携わります。また、M&Aの実行の段階では、秘密保持契約書、基本合意書および最終の承継のための契約書の検討のみならず、承継先が行う法務デュー・ディリジェンスへの対応や条件交渉、さらにはクロージングの際の諸条件が充足されているかの分析・検討等に携わります。また、クロージング後において不測の事態が生じた場合の対応を行う場合もあります。

② **公認会計士・税理士**

公認会計士や税理士は、会計・税務の専門家として、弁護士と同様にM&Aのさまざまな場面で幅広い役割を担うことになります。M&Aの検討・準備の段階では、手法の選択等の承継条件の検討における会計・税務面のチェックや、磨き上げを行う際の会計・税務上の問題点の精査・認識や対応策の検討に携わります。さらに、M&Aアドバイザーと協力しながら、承継させようとする対象事業（対象会社）の事業価値（売却価格）の算定を行う場合もあります。また、M&Aの実行段階では、承継先が行う財務・税務デュー・ディリジェンスへの対応等に携わります。さらに事業承継においては、事業承継そのもののみならず、事業承継の前後における事業承継を行おうとする側のオーナー経営者自身の会計・税務処理は欠かせない問題の1つです。このような問題への対応においても、公認会計士・税理士の協力を得る必要が生じることもあります。

2　M&Aアドバイザーとの一般的な契約内容

外部の専門家との間にいかなる契約を締結するのかは、事業承継におけるねらいやM&Aの内容等によって異なるところも多いですが、以下においては、外部の専門家として中心となるM&Aアドバイザーとのアドバイザリー契約において定められることの多い事項について説明します。

(1) アドバイザー業務の範囲

アドバイザリー契約の法的性質は、（準）委任契約ですから、契約の本質的要素である委任の範囲（アドバイザリー業務の範囲）と報酬の定めが明確に定められていることが重要です。委任の範囲（アドバイザリー業務の範囲）は、後に具体的にアドバイザーに依頼した業務がアドバイザリー契約の定めた業務の範囲に含まれているかについて争いが生じる可能性も

多いため、あらかじめ依頼者側において、どのような業務まで依頼するのかについて検討したうえで、明確に契約書において定めておくことが重要です。

(2) **当事者間の直接交渉の禁止**

M＆AアドバイザーにM＆A取引における承継先との交渉まで依頼する場合には、当該アドバイザーから承諾を得ることなく当事者間が直接交渉することを禁止する旨が合意されることが多いようです。緩衝材となるM＆Aアドバイザーの仲介を入れずに利害が対立する当事者間が直接交渉することによって、両者の関係が悪化しM＆Aが破談となることを防止する目的があります。

(3) **業務遂行過程における秘密保持義務と目的外使用禁止**

M＆Aによる事業承継の場合、秘密の保持は極めて重要です。アドバイザリー契約を締結したことを含め、業務遂行過程で知り得た相手方の秘密について第三者に開示することを禁止したり、M＆A成約という目的以外に秘密を使用することを禁止したりする旨が合意されることが多いようです。

(4) **アドバイザリー契約の専属**

アドバイザリー業務を他のM＆Aアドバイザーには依頼しないことを規定する場合が多いようです。

(5) **契約期間**

M＆Aアドバイザーにどのような業務を依頼するのかにもよりますが、依頼する業務に予想される時間に応じて、契約期間を定めておくことが必要です。どの程度の契約期間が適切であるのかということは、事業承継を行おうとしようとする対象事業（対象会社）の規模、性質や事業承継の手法（スキーム）によっても異なります。

(6) **損害賠償の範囲**

M＆Aアドバイザーが行うのはあくまでアドバイザー業務であり、実際のM＆Aに関する判断・意思決定をするのは事業者側であるという理由により、M＆Aアドバイザーのアドバイスに従って事業者に損害が発生しても、M＆Aアドバイザーに故意重過失がない限りM＆Aアドバイザーは損害賠償しない旨の規定が設けられることが多いようです。また、その賠償する範囲も、M＆Aアドバイザーが受領した報酬の範囲内とされることが多いようです。

3 M&Aアドバイザーの費用

　M&Aによる事業承継について、外部の専門家と締結する契約の法的性質は(準)委任契約となりますので、その履行のために必要となる諸経費については、すべて事業者側が負担することが一般的です。

　また、諸経費のほか、外部の専門家に対して支払う料金（報酬）が必要となります。この料金（報酬）の金額やその決定方法は外部の専門家によってさまざまですが、以下においては、外部の専門家として中心となるM&Aアドバイザーとのアドバイザリー契約において定められることの多い料金（アドバイザリー報酬）について説明します。

(1) アドバイザリー報酬

　M&Aアドバイザーに支払うアドバイザリー報酬はさまざまですが、一般的には、①着手金、②リテーナーフィー、③中間金、④成功報酬等に分けることができます。①着手金と④成功報酬の組み合わせが採用される場合が多いようです。なお、M&Aアドバイザーに対して支払う報酬には、M&A取引において当該アドバイザーとは別に専門的サポートを依頼することになる弁護士や会計士・税理士等の専門家の費用は含まれないことが一般的です。アドバイザリー契約において、この点が明確になっているか否か、留意しておく必要があるでしょう。

(2) 着手金

　着手金とは、アドバイザリー業務の着手時に支払う報酬のことです。金額的には、数十万円から数百万円というのが一般的といわれています。なお、着手金についてはM&Aが成約に至らなくても返却されません。

(3) リテーナーフィー

　リテーナーフィーとは、アドバイザリー契約締結後に月額固定報酬として支払う報酬のことです。案件によっては、リテーナーフィーを要求される場合があります。なお、リテーナーフィーについてもM&Aが成約に至らなくても返却されません。

(4) 中間金

　中間金とは、アドバイザリー業務の着手後、成約に至るまでの間に、所定の条件に基づいて支払う報酬のことです。所定の条件には、一定期間経過を内容とするもののほか、M&A手続の進捗に応じることを内容とするものもあるようです。なお、中間金についてもM&Aが成約に至らなくて

も返却されません。

(5) **成功報酬**

　成功報酬とは、M&Aが成約された際に支払う報酬のことです。レーマン方式という取引金額に対する超過累進料率で定める場合もあるようです。なお、M&Aが成約する前の中間段階（基本合意書締結時等最初の大きな節目に達した段階）で、その成果に対する報酬が定められることもあります。

　成功報酬の算定方法は取引金額と料率により決定することが通常ですが、取引金額に含まれる範囲、料率が変更される取引金額の幅や料率逓減のスタートとなる率についてはケースバイケースです。このため、アドバイザリー業務を依頼する際には、成功報酬の算定方法について正確に確認する必要があります。

（太田大三・近内京太・鷲野泰宏・名取恭子・木村一輝）

3　M&A準備としての「磨き上げ」

Question 47

M&Aを行う準備としての「磨き上げ」とはどのようなことをするのですか。

解　説

「磨き上げ」とは、M&Aを円滑に遂行させるとともに、よりよい譲渡条件を獲得するために、承継候補先との交渉を開始する前に、承継させようとする事業（会社）の問題点を調査・認識し、その対応策を策定・実行することです。

1　「磨き上げ」の目的

「磨き上げ」の目的は2つあります。
(1)　円滑なM&Aの遂行
M&Aの成立を阻害する要因を取り除くとともに、M&Aの成立後、承継先による事業運営が円滑に行えるように経営環境を整えます。
(2)　よりよい譲渡条件の獲得
承継先の選択肢を広げ、承継先からよりよい譲渡条件を獲得するために、承継させようとする事業（会社）の経営内容を改善し、価値を向上させます。「磨き上げ」によって、承継させようとする事業（会社）の中長期的成長を導くベストな承継先への円滑なM&A遂行を、事業者サイド主導で実現します。

2　「磨き上げ」のタイミング

「磨き上げ」は、M&Aのプロセスにおいて、承継候補先とのコンタクト開始前に行います。「磨き上げ」において発見した問題点やその解決の状況、改善された経営内容に基づいて、承継させようとする事業にふさわしい、有力な承継候補先を洗い出すとともに、適切な取引ストラクチャーや譲渡条件（譲渡対価を中心に、事業や役職員の継承条件等）を事業者サイド内部において想定しておきます。

3　「磨き上げ」の具体的作業

「磨き上げ」の具体的作業には2つのステップがあります。

(1) 第1ステップ：問題点の調査・確認

外部の専門家の協力のもと、承継させようとする事業（会社）について、事業、財務、法務、労務等の観点から、M&Aの障害となったり、事業（会社）の価値を高める事項の有無について調査します。この作業はセラーズ・デュー・ディリジェンスと呼ばれています。

「磨き上げ」の問題点となる事項は、主に2つのタイプに分かれます。

① M&Aの阻害要因となる問題点

M&Aの阻害要因となる問題点とは、このまま放置すると、M&A取引の遂行が困難になったり、取引条件に大きな制約が課されるおそれのある重大な懸念事項を意味します。例として、株主が誰かわからない、会社の各種手続が適法になされていない、主要取引先との契約書がない等が挙げられます。

② 承継事業の評価を向上させるための課題

承継事業の評価を向上させるための課題とは、M&A取引自体の直接的な阻害要因にはならないものの、承継事業の価値を向上させたり、あるいは、承継候補先の範囲を広げるために、改善されるべき課題を意味します。例として、利益率の改善のための不採算事業の廃止、資本効率向上のための不要・遊休資産売却、経営管理の高度化等が挙げられます。

昨今、大手企業を有力な承継候補先として念頭に置く場合、経営管理体制の充実は大きな加点要素となります。また、同じく経営管理の高度化において、承継事業の強みの源泉を見出し、表現し、そして、候補先にシナジーを十分期待させるために使える状態にする作業、所謂、見えざる価値の「見える化」は重要性を増しています。顧客情報や取引情報、研究開発への取組み状況等をデータ整備し、隠れた価値を発見しやすい環境を整えます。

中小企業の事業承継においてもM&Aがより一般的な選択肢となっている現在、候補先にとって、承継事業が他社にない強みを持っていること、そして、その強みを自社の経営資源と融合することでシナジーが期待できることは、必須となってきているといっても過言ではありません。

(2) **第2ステップ：対応策の策定・実行**

第1ステップで発見された各問題点に対して、対応策を策定し、実行します。

③ **M＆Aの阻害要因となる問題点への対応**

M＆A実行前に治癒が可能な問題点に対しては、速やかに対応策を実行します。一方、現時点での対応策の実行が困難な問題点については、その問題に起因して将来起こりうる事象に対して、責任の所在と対処方針について方針を明確にしておきます。

ただし、承継させようとする会社の株主において、M＆Aに対する意見が真二つに対立していたり、短期間に治癒することが困難で、予想される株式の譲渡対価に対して大きな規模の偶発債務を有している場合等においては、現状におけるM＆Aの検討を中止することもあります。

④ **承継事業の評価を向上させるための課題への対応**

承継事業の評価を向上させるための課題には、M＆Aに際して短期間で実行できるものと、組織浸透を要する事項等、時間を要するものがあります。また、M＆A後に承継先と共同で実行したほうが効率的な事項もあります。

いずれの場合も、対応策の実行に際して要する時間、費用、人員を具体化しておき、重要度が高いものから実行します。

4　「磨き上げ」の作業者

「磨き上げ」を実際に行う作業者は、承継させようとする事業（会社）の社内関係者に加え、外部の専門家に協力依頼することが一般的です。社内関係者は、M＆Aを検討していることが社内外に広まらないように、経営者と管理担当部署の一部に限定します。外部の専門家は、調査において必要とされる専門性によって、弁護士、公認会計士、税理士、弁理士、司法書士、行政書士、経営コンサルタント、M＆Aアドバイザー等が登場します。

（岡本行生）

Question 48

企業概要書とはどういうものですか。具体的に教えてください。

解説

1　企業概要書とは

　企業概要書とは、対象事業（会社）について、承継候補先への開示を前提に記述した書面を総称して呼ぶもので、大別すると、承継候補先と守秘義務契約の締結前に開示される「ノンネームシート」と、締結後の「インフォメーション・メモランダム」があります。

2　ノンネームシート

　ノンネームシートは、承継候補先との折衝プロセスの入口で使われる書面で、「ティーザー」や「案件概要書」とも呼ばれます。守秘義務締結前の書面であるため、対象事業（会社）が特定されないように工夫した記述が求められます。

(1)　**ノンネームシートの目的**

　M&Aアドバイザーが、対象事業（会社）に興味を持ちそうな承継候補先に対して、その興味の強弱をヒアリングし、次のプロセスへ進むべき候補先を選定することが目的です。

(2)　**ノンネームシートの開示**

　承継候補先との間で、守秘義務契約を締結する前に開示します。多くの場合、数十社に対して、ノンネームシートによる案件打診が行われます。

(3)　**ノンネームシートの作成**

　M&Aアドバイザーが、対象事業（会社）の情報に基づき、類似会社等の業界状況を鑑み、対象事業（会社）が特定されないように記載します。

(4)　**ノンネームシートにおける対象事業（会社）に関する記載内容**

　以下の項目について、対象事業（会社）が特定されないように工夫し、箇条書程度の内容で、1枚の紙面にまとめます。

① 　対象事業（会社）概要

本社所在地、事業内容、社歴、従業員数、資本金、株主構成、売上高、営業利益等を記載します。特定を避けるため、対象事業（会社）の業界状況によって、たとえば、本社所在地：西日本、従業員数：50～100名、売上高（直近期）：10～30億円等と、大まかな記載に留めます。

② 対象事業（会社）の特徴

対象事業（会社）の特徴について簡潔に記載します。たとえば、「取引の多くが大手顧客との継続的な取引で構成されている」等。

③ 取引スキーム

対象事業（会社）の承継方法についての想定スキームを記載します。たとえば、「対象会社株式のすべてについて現金対価による株式譲渡」等。

3　インフォメーション・メモランダム

インフォメーション・メモランダムとは、承継させようとする事業（会社）の詳細な経営情報を記載したもので、承継候補先にとって対象事業（会社）を評価する基礎資料となるため、できる限り正確に記載するとともに、その魅力を余すところなく表現します。「インフォメーション・パッケージ」、略語として「IM（アイエム）」とも呼ばれます。

以下に、インフォメーション・メモランダムの内容について記載します。

(1) インフォメーション・メモランダムの目的

インフォメーション・メモランダムは、承継候補先との条件交渉における根拠資料であるとともに、複数の承継候補先に対してM＆Aプロセスを公平かつ効率的に進めるための共通資料です。承継候補先が深い興味を持つように、対象事業（会社）の経営成績情報に留まらず、さまざまな魅力や成長の可能性についても記載します。

(2) インフォメーション・メモランダム」の開示

インフォメーション・メモランダムは、対象事業（会社）が一般には公開していない機密情報を含んでいるため、事業者と承継候補先間で守秘義務契約締結後に開示します。通常、複数の承継候補先に対して、同時期に開示することになります。

(3) インフォメーション・メモランダムの作成

インフォメーション・メモランダムの開示を受けた候補先は、対象事業（会社）への理解を深めるため、インフォメーション・メモランダムに基づき質問を行い、対象事業（会社）に対する一次的な評価を行います。こ

の時、複数の候補先、あるいは、候補先の雇うM＆Aアドバイザーからの質問に対して、事業者サイドは対応することとなりますが、事業者自体が的確に回答することは、時間的にも専門的にも容易ではありません。そのため、M＆Aを効率的に進めるために、事業者もM＆Aアドバイザーを雇うことが一般的となってきており、多くの場合、インフォメーション・メモランダムの作成もM＆Aアドバイザーが担います。

　M＆Aアドバイザーは、後述するセラーズ・デュー・ディリジェンスの結果をふまえて、候補先や取引ストラクチャーを想定したうえで開示する情報を整理し、インフォメーション・メモランダムを作成します。不誠実な情報開示を行うとM＆Aプロセスに影響するため、インフォメーション・メモランダムには、対象事業（会社）の魅力を表現するばかりでなく、重大なリスクや財務修正事項等についても誠実に記載しておきます。

(4)　**インフォメーション・メモランダムの内容**

以下の項目について、写真や図を用いてわかりやすく記載します。

① **エグゼクティブサマリー**

承継候補先へのラブレター的な部分です。対象事業（会社）の魅力について、わかりやすく、印象に残るようポイントを記載します。

② **会社概要**（社名、本社所在地、事業所、代表者名、資本金、設立、従業員数、沿革、グループ企業一覧、機関等）

③ **株式情報**（株式種類、株主構成、潜在株式情報、資本政策推移等）

④ **役員情報**（役付、管掌、略歴等）

⑤ **組織**（組織図、各部署の役割・人員構成、ガバナンスと報告体系、従業員の年齢・勤続年数分布、会議体運営状況等）

⑥ **会社規則**（規則・規程一覧、運営状況等）

⑦ **事業に必要な許認可**（保有している許認可、資格、関連規制等）

⑧ **事業概要**（市場環境、競合状況、事業系統図、事業戦略、マーケティング、生産体制、研究開発、主要仕入先、主要販売等）

対象事業の帰属市場、将来見通し、競争状況を俯瞰し、対象事業の事業戦略、主要製品・サービス毎の売上推移および製品戦略を記載します。主要な取引先や仕入先等についても記載します。ただし、候補先が、同業他社、取引先や仕入先の場合、日常取引に影響を及ぼす、あるいは同様の事業を企図される可能性があるときは、記載情報を個別に制限します。また、顧客の個別取引情報、製品・サービスの個別情報（価格や仕入・取引

先情報)、個別のマーケティング戦略情報、研究開発情報については、インフォメーション・メモランダムには具体的に記載せず、定性的な動向を記載します。

⑨ **経営成績**(過去の財務情報・修正情報、現行期の状況)

事業者作成の計算書類として、過去3年分の貸借対照表、損益計算書、および主要な科目明細を記載します。そのうえで、回収不能な売掛金の計上や退職給付引当金が未計上である場合等、事業者の財政状態を大きく修正すべき事項があれば修正財務諸表を記載します。会計税務処理自体は正しくても、対象事業(会社)の正味の収益実態を表現できていない場合には、修正事項をM&Aアドバイザーの立場としてコメントします。また、候補先は足元の業績に敏感になりがちなので、開示時点までの現行期の経営成績についても、月次残高試算表を基に現行期の事業進捗を記載します。

⑩ **主要資産**(事業用の主な有形資産(土地、建物、設備)および無形資産(知的財産権、技術・ノウハウ)について)

⑪ **銀行取引情報**(借入条件、担保・保証の状況等)

⑫ **事業計画**(現行期計画、中期計画について)

今後の事業計画がどのような戦略に基づいて策定されているか、事業計画の実現性はどうか、必要な経営資源を有しているか、種々の視点において、候補先が納得する説明が求められます。候補先では、記載された事業計画を基に、対象事業(会社)単体の将来見通しが評価されることになります。企業価値算定において中心的な手法のDCF法(ディスカウントキャッシュフロー法)において、将来キャッシュフローの重要な参考数値となるため、対象事業(会社)評価に大きく影響します。

⑬ **主要なリスク**

偶発債務、訴訟やクレーム、労使紛争等、対象事業(会社)の事業継続やM&A取引において障害となりうる主要なリスクについて記載します。

⑭ **今後のプロセス**

インフォメーション・メモランダムを開示した後のプロセスについて記載します。たとえば、○○まで企業概要書に基づく質疑応答、必要に応じ追加資料の開示対応、○○までに買収条件を記載した意向表明書の提出、○○まで優先交渉先選定、○○までバイヤーズ・デュー・ディリジェンス対応、○○までに譲渡契約書の締結、○○までにクロージング等と、今後のM&Aプロセスの希望スケジュールを記載します。　　　　(岡本行生)

Question 49

セラーズ・デュー・ディリジェンスとはどのようなものですか。

解 説

1 セラーズ・デュー・ディリジェンスとは

(1) セラーズ・デュー・ディリジェンスの意味

セラーズ・デュー・ディリジェンス(以下「DD」という)とは、売主側が、自らの事業(会社)を対象に行うDDのことであり、買主側が行うDDと区別して、セラーズDDと呼んでいます。

(2) 一般的なセラーズDDの活用場面と目的

一般的には、セラーズDDは、入札により対象事業(対象会社)が売却される場合に、行われることが多いです。

このような場合に行われるセラーズDDは、売主の負担軽減を目的として行われます。入札手続による売却においては、多数の者が対象事業(対象会社)の購入を検討することになりますが、買主となろうとする者が個別にDDを行えば、資料の開示等で売主に多大な負担が生じることになります。そこで、セラーズDDが行われます。売主が対象事業(対象会社)のDDを行ったうえで、その結果を入札参加予定者に提供し、入札参加予定者はその結果に基づいて入札参加の有無や入札価格を決定することとし、入札参加予定者によるDDを実施しないこととするのです。これにより、入札参加予定者は、対象事業(対象会社)のDDに対する負担を軽減することができます。

この入札による買主の決定が行われる場面としては、たとえば、民事再生手続が考えられます。

(3) 事業承継におけるセラーズDDの位置づけ

事業承継においてもセラーズDDが行われることがあります。

事業承継におけるセラーズDDは、主に、①対象事業(対象会社)の問題点を発見し、円滑かつ有利に事業承継を行う、②承継後も対象事業(対象会社)が事業を続けることができるかを検討する、③事業承継を行おう

とする側が表明保証違反による損害賠償義務を負うことを避けること等を目的として行われます。なお、企業概要書やインフォメーションパッケージ作成のための資料ともなります。

　まず、①ですが、事業承継においては、「磨き上げ」の一環として、セラーズＤＤが行われることがあります。承継先候補によるＤＤにより、対象事業（対象会社）に大きな問題点が発見されれば、Ｍ＆Ａの話自体が消滅してしまったり、そうでなかったとしても、事業価値（売却対価）が低廉となったりすることがあります。そこで、承継先候補によるＤＤに先立ってセラーズＤＤを行うことにより、対象事業（対象会社）の問題点を発見し、その問題を治癒したうえで、承継先候補によるＤＤやＭ＆Ａ条件の交渉を行うことで、Ｍ＆Ａの話自体が消滅したり、事業価値（売却価格）が低廉となることを防ぎます。

　また、②ですが、Ｍ＆Ａにより対象事業（対象会社）を承継先に承継しようとする場合、何らの対策も講じなければ、対象事業（対象会社）が従前行っていた取引が継続することができなくなる可能性があります（たとえば、対象会社と取引先が締結していた取引契約において、いわゆるチェンジオブコントロール条項、特に、オーナー経営者の変更等のＭ＆Ａによって、取引先に解除権が発生するような条項がある場合には、Ｍ＆Ａによる事業承継により、当該取引が継続することができなくなる可能性もある）。このような場合は、事業承継を行おうとする側にとっても、対象事業（対象会社）のうち一部を切り出して承継を行う必要が生じたり、事業価値（売却対価）そのものに影響が生じたりすることもあり、対策を講じる必要があります。そこで、セラーズＤＤを行うことにより、事業承継を行おうとする側にとって、事業承継に伴う事業継続の可能性を検討して予め対策を講じたり、切り出す範囲を適切に選択することができるようになります。

　さらに、③については、Ｍ＆Ａ契約においては、売主は表明保証を求められることが多く、事業承継を行おうとする側が対象事業（対象会社）の問題点を把握しておらず、安易に表明保証を行うことによって、表明保証違反による損害賠償義務を負うことになりかねません（たとえば、対象会社に簿外債務があったが、事業承継を行おうとする側のオーナー経営者も承継先もこれに気がつかず、事業承継を行おうとする側のオーナー経営者が簿外債務がない旨の表明保証を行ったところ、簿外債務が発見され、事

業承継を行おうとする側のオーナー経営者が損害賠償義務を負うリスクがある）。セラーズDDによって、対象事業（対象会社）の問題点を把握したうえで、当該問題点については表明保証の対象としないように承継先と交渉することができます。

　また、M&A契約においては、売主が、買主によるDDに対して完全かつ正確な情報を提供したことの表明保証を求められることが一般的ですが、売主が正確だと思って提供した自らの対象事業（対象会社）についての情報が、実際には正確な情報ではなかったことにより、表明保証違反による損害賠償義務を負うことになりかねません。そこで、セラーズDDによって、事業承継を行おうとする側も自らの対象事業（対象会社）の情報を確認し、正確であることが確認された情報を承継先に開示することによって、開示した情報が誤っていたことによる表明保証違反となるような事態を避けられます。

　　　　　（太田大三、近内京太、鷲野泰宏、名取恭子、木村一輝）

第4章　M&A

Question 50

セラーズ・デュー・ディリジェンスの内容と留意点について教えてください。

解 説

1　調査の内容

(1) **調査項目**

基本的にバイサイドが行うデュー・ディリジェンス（以下「DD」という）の調査項目と変わらず、たとえば、以下のようなDDを行うことが考えられます。

・財務DD（損益構造の把握や収益力分析等を目的として行うDD）
・法務DD（契約関係の有効性、資産を適法に所有しているか、紛争・訴訟がないかの把握等を目的として行うDD）
・税務DD（税務処理に誤りがないかの把握等を目的として行うDD）
・許認可DD（事業に必要な許認可を取得しているかの把握等を目的として行うDD）
・ビジネスDD（事業価値の評価を行うために、事業内容、取引関係等について調査を行うDD）
・人事DD（人員構成、年金・退職金等の人事制度、組織文化等の問題点の把握等を目的として行うDD）
・環境DD（土壌や地下水汚染等の環境問題の有無の把握等を目的として行うDD）
・知的財産DD（知的財産に関する瑕疵等の発見、知的財産の事業における位置づけの把握等を目的として行うDD）
・システムDD（ITインフラの整備状況やITに関わる統合の問題点の把握等を目的として行うDD）
・人権DD（事業活動が人権侵害を伴うものではないかの把握等を目的として行うDD）

(2) **調査項目の取捨選択**

入札手続におけるセラーズDDは、買主に代わってDDを行う側面があ

ります。一般的に買主は上記(1)の調査項目について網羅的にＤＤを行う以上、その代替となるセラーズＤＤにおいても上記の項目について網羅的に行うことが考えられます。

　しかし、事業承継におけるセラーズＤＤにおいては、これらを網羅的に行うのではなく、事前にＤＤの実施方針（調査項目や方法等）を専門家と十分に協議して、ＤＤの範囲を限定して行うことが一般的です。

　まず、上記１のように事業承継におけるセラーズＤＤの目的の１つは対象事業の問題点を発見する点にあります（Ｑ49参照）。事業承継を行おうとする側としては、対象事業（対象会社）に関して、すでにある程度情報を把握しているほか、対象事業（対象会社）の事業特性を把握しており、対象事業（対象会社）が抱える問題点の所在について予測を立てることが比較的容易です。そのため、問題となりそうな項目について重点的にＤＤを行い、問題となりそうない項目については、簡単なＤＤにとどめたり、または、ＤＤを行わないことによって、作業時間と費用を節約することができます。

　また、上記のように事業承継におけるセラーズＤＤの目的としては、事業承継後の事業の継続可能性、特に事業継続に必要な契約においてチェンジオブコントロール条項があるかの確認や切り出す範囲の検討が挙げられます（Ｑ49参照）。事業承継を行おうとする側としては、対象事業（対象会社）の契約についてある程度情報を把握しているため、重要な契約や問題になりそうな契約に絞ってＤＤを行うことができます。

　加えて、上記のように事業承継におけるセラーズＤＤの目的としては、表明保証違反を回避する点にあるため、専門家と相談し、表明保証条項として一般的な事項について重点的に調査を行うことができます。

　このように、問題となりそうない項目については、簡単なＤＤにとどめたり、または、ＤＤを行わないことによって、作業時間と費用を節約することができます。

　金融機関は、対象事業（対象会社）についての情報を定期的に取得しているため、外部の第三者の目から見て、セラーズＤＤが必要と思われる項目について指摘することにより、円滑なＭ＆Ａを支援することができます。

2　セラーズＤＤを行うにあたっての留意点

(1)　目的に関する心構え

　事業承継の際に行われるセラーズＤＤは、あくまで事業を行うにあたって、円滑な事業承継を実施することを最大の目的としたものです。いたずらに問題点を見つけ出すこと自体を目的とするものではなく、最終的に問題点を解決することを念頭において調査を実施する必要があることに留意しておく必要があります。

　したがって、①　問題点を作り上げた従業員や役員の責任を問うために行うものではない（従業員や役員の責任追及は、一応切り離して考える）、②　常に問題を解決するためにはどうしたらよいかということを念頭において実施する、③　問題点を先送りしたり隠したりするのではなく、事業承継の実施までに解決することを視野に入れて実施するといった心構えが必要となります。

(2)　役員・従業員に対する配慮

　セラーズＤＤを行うためには、対象会社の役員・従業員に対する配慮が必要となります。たとえば、①　役員や従業員の日常業務への支障を軽減する、②　役員や従業員の（将来への）不安の増大による混乱を防止する等の配慮が必要となります。

(3)　情報漏洩の防止

　セラーズＤＤを行うことにより、役員や従業員に、オーナー経営者その他の事業承継を行おうとする側が対象事業（対象会社）を事業承継しようとしていることが知れるところとなります。役員や従業員を通じて、当該対象事業（対象会社）が承継されようとしているという情報が社外に流出することを防止する必要があります。

（太田大三・近内京太・鷲野泰宏・名取恭子・木村一輝）

Question 51

中小企業の同族会社において、「磨き上げ」を行う課題としてはどのようなことがありますか。

解説

1　磨き上げの際の課題

　最も基本的な課題は、同族経営者のワンマン経営によって、社内の情報共有体制や合理的な意思決定プロセスが不十分な状態となっており、必要情報の確認が困難であることが挙げられます。そして、Ｍ＆Ａの遂行に障害となりうる同族会社特有の課題として、対象事業（会社）と同族経営者との間で利益や資産の混同が生じていることがあります。さらに、それらの修正を含めた「磨き上げ」の対応策について、同族経営者の受入が難航するということも大きな課題となっています。

　以下に、上記の課題とその背景を説明します。

2　中小企業の同族企業の特徴

　同族会社は、外部株主や社外役員の経営関与がほとんどなく、経営者の交替も起こりにくいため、同族経営者による長年のワンマン経営に陥りがちです。即断即決という長所はあるものの、独断での意思決定が日常茶飯事となることで、合議して意思決定する組織的プロセスが備わらず、結果として、社内の情報共有やドキュメントを整備する意識が欠如しがちです。また、同族経営者に権限が集中し、反対意見を述べにくい雰囲気が醸成されているため、次世代の管理職が社内で育ちにくいという企業風土の場合も多く見受けられます。

　このような同族企業の特徴は、「磨き上げ」における問題点の発掘や対応策の実行を困難にさせているとともに、同族企業ならではの「磨き上げ」事項を生じさせています。

3　セラーズ・デュー・ディリジェンスにおいて調査に必要な情報の確認の困難性

　ドキュメント化されているべき情報を喪失している、そもそも保存して

いない、あるいは、意思決定に必要な会議すら開催していない状況に遭遇し、何が事実なのか、対象事業（会社）の調査だけでは確認が困難な場合に直面することがあります。また、調査している事象について、経営者の記憶が曖昧で、事実自体が把握できなかったり、後に、相手方が保持している書面によって思いもよらない事実に直面することもあります。事実確認のため、社内関係者への確認にとどまらず、事実に関係していた可能性のある既退職者や、場合によっては相手方にまで、慎重に問い合わせの範囲を広げることもあります。

このような情報の管理状況自体が承継候補先を不安にさせてしまうため、できる限りあるべき情報のドキュメント整備を行い、かつ組織的な経営管理に基づいた事業運営ができるよう、各役職の権限と責任を明確化し、稟議や意思決定プロセスを定めることが求められます。

また、上記の改善を形骸化させず組織に定着させることで、組織的な意思決定のメカニズムを醸成するとともに、ワンマン経営者から各役職者への権限の委譲が進み、円滑な事業承継につなげるようにします。

4 対象事業（会社）と同族経営者との間の利益や資産の混同

中小企業の同族会社における特徴的な課題として、同族経営者、あるいは、同族経営者が別途支配する会社と、対象事業（会社）の間において、利益や資産の混同がよく見受けられます。会社の利益を損ねるものとしては、不明瞭な交際費や自宅住居費の会社負担等の費用の付替、会員権、不動産、自動車等の会社資産の個人的利用、会社からの資金の借入や会社にとって不利益な取引等があります。背景や実態を慎重に理解し、派生する税務問題を鑑みながら対応策を策定し、可能な限りM＆A成立前に解決を図る必要があります。

同様に、承継会社と親密な関係にある会社との間の不適切な取引も、同族会社では起こりがちです。過去の貸し借りの清算が長年の取引に付加されていたり、不要な取引による利益誘導等さまざまなケースがあります。同族経営者が自ら開示してくれる場合はよいですが、そうでない場合にはセラーズ・デュー・ディリジェンスにおいて、不適切と思われる取引をできる限り見つけ出す必要があります。客観的なベンチマークとの比較や社内書類の読み込みを積み上げます。

対象が発見されると、コンプライアンス上、承継先にとってM＆Aの

阻害要因になりかねませんので、弁護士等と連携し解決に導きます。ただし、多くの場合、長年の歴史をふまえた取引となっており、現時点のコンプライアンスにのみ焦点を当てても、かえって他の取引での不利益が生じたり、感情的な反発を誘発しかねません。

　日本的、かつ同族会社としてのウェットな取引背景をしっかりと理解し、双方が納得する条件を提示しないと「磨き上げ」の効果が生まれません。そのうえで、今後、同様な取引が安易に形成される可能性を低減するために、競争状態の組み込まれた取引メカニズムの構築や、社内承認プロセスの多重化等を織り込み、改善に努めることが重要となっています。

　一方、会社のために、金融機関借入の連帯保証をしたり、個人資産を担保提供していることも通常よく見受けられます。経営実態や金融機関との関係を把握したうえで、承継先と連携してM&A成立後に速やかな整理を図ることが一般的です。

　人的な関係の公私混同も同族会社の特徴です。同族株主の親族、近親者が、役員、顧問、従業員になっているケースで、実際の勤務実態がない等、不適切な雇用関係が継続している場合が見受けられます。まったく不適切な実態の場合もあれば、過去の経緯等から当面はやむを得ないと思える場合もさまざまです。しかしながら、M&Aの実行が遅かれ早かれ不可避であるならば、一時的な補償を提供する等によって恒常的な関係を清算することが望まれます。

5　同族経営者の「磨き上げ」対応策への不服

　上記に述べたいわゆる公私混同の修正をはじめ、「磨き上げ」におけるさまざまな問題点に対して提示される対応策について、同族経営者は、自らを否定する意見と受け取り、その結果、「磨き上げ」自体に非協力的となることも散見されます。同族経営者と接する場合には、「磨き上げ」の作業者は、特に、過去を真っ向から否定したり、責任追及的な発言や行動にならないように細心の注意を払うことが大切です。

　その事実がなぜ問題点となるのか、そして、対応策の実行が対象事業（会社）の価値を向上させ、かつ承継先との条件交渉もより円滑に有利に進めることにつながることを、外部専門家はしっかりと説明し、経営者に納得してもらうことが大切です。事業承継を円滑に進めるために、熱意を持って「磨き上げ」に取り組まなければなりません。

（岡本行生）

Question 52

「磨き上げ」について、社内でできること、外部の専門家等に協力を依頼することはそれぞれどんなことがありますか。

解説

　対象事業（会社）の問題点の調査を行うセラーズ・デュー・ディリジェンスは、高い専門性と経験が求められるため、外部の専門家等へ依頼することが一般的といえます。また、問題点への対応策の策定、事業者に対する対応策の説明や受入の説得についても、円滑に進めるために外部の専門家が行うことが通常となってきています。

　一方、社内が「磨き上げ」作業で行うことは、問題点の調査が適切に進められるように、会社の基本的な情報や重要な経営情報を整備しておき、そして、問題点への対応策の実行を担うことです。

1　外部の専門家等とは

　事業承継におけるM&Aにおいては、M&A取引全体のプロセス管理、承継候補先の発掘・交渉、取引実行の支援を主な業務として担う外部の専門家として、M&AアドバイザーをM&Aプロセスのスタート時点から起用することが多くなってきています。「磨き上げ」に向けては、事業者はM&Aアドバイザーと相談し、セラーズ・デュー・ディリジェンスをどの範囲で行うかを決定します。

　セラーズ・デュー・ディリジェンスでは、弁護士、公認会計士、税理士、司法書士、行政書士、社会保険労務士、弁理士、不動産鑑定士、経営コンサルタント等の専門性が求められますが、特に法務と財務面の調査はほぼ不可欠であり、弁護士と公認会計士もしくは税理士を起用することが通常です。

　最近、上場企業のコンプライアンス違反や内部統制、経営管理の不適切さが大きな問題に発展する事例が多いため、法務、財務面の調査の重要性は増しており、より深い調査が求められる傾向があります。その他の調査は、対象事業（会社）の事業の特性を鑑み、各専門家に協力依頼することになります。

2　「磨き上げ」における外部の専門家の役割

　問題点の調査や対応策の策定においては、専門性と客観性が重要な要素であり、各専門家をインハウスでそろえている大企業でない限り社内のみで完結することは困難です。同時に、策定された対応策を、事業者をはじめとした関係者に理解してもらうとともに実行を受け入れてもらわなければなりません。この際、対応すべき問題点の原因や対応策の実行に対して、直接的な利害関係のない第三者からの客観的説明が必要となりますが、これも外部専門家の担う重要な役割です。

3　外部の専門家に協力依頼する主な具体的事項

(1) **株主に関する事項**（M&Aアドバイザー、弁護士）
　・M&Aに向けた株主への事前説明および理解促進
　・M&Aへの議決権集約に向けた株主間契約の締結および株式の集約

(2) **法務に関する事項**（弁護士、弁理士、司法書士、行政書士）
　・株式の適法性確認と対応策の策定
　・会社の基本的事項（決議や登記手続、諸規則・規程の整備、許認可の届出等）の有効性確認と対応策の策定
　・取引契約の整備状況およびM&Aに影響する特殊事項の確認と対応策の策定
　・重要な事業用資産（土地、建物、設備等の有形資産、および知的財産権、技術・ノウハウ等の無形資産）の権利の確認と対応策の策定
　・コンプライアンス状況（各種法令遵守状況、内部統制状況、反社会的勢力との繋がりの有無）の確認と対応策の策定

(3) **財務に関する事項**（公認会計士、税理士）
　・会計・税務処理の適正性確認と対応策の策定
　・簿外債務（引当未計上の退職金、未払残業代等）や偶発債務（訴訟等）の有無の確認と対応策の策定
　・不適切取引（循環取引等）や不利益取引（不当な値引、過大仕入、不適当な経費の支出等）の有無の確認と対応策の策定
　・不要資産、遊休資産、および不良資産の有無の確認と対応策の策定
　・財務構造（負債の圧縮、利益剰余金の払出、資産管理会社と運営会社への分割等）の改善点の確認と対応策の策定

(4) **組織・人事・労務に関する事項**（弁護士、社会保険労務士、人事コンサルタント）
- 組織および役職の職務権限内容、稟議・合議プロセスの状況確認と対応策策定
- 労務環境（勤怠実態、職場環境等）の状況確認と対応策の策定
- 幹部候補生や管理職の育成、人事評価や人材採用状況の確認と改善策策定

(5) **事業に関する事項**（経営コンサルタント、M&Aアドバイザー）
- 不採算な事業、製品・サービス、および事業所の調査と対応策の策定
- 事業計画の作成状況の確認と策定支援

(6) **経営管理に関する事項**（弁護士、公認会計士、経営コンサルタント、M&Aアドバイザー）
- 経営管理状況の確認と高度化支援（月次での損益ならびに経営指標管理の体制構築、不正防止への内部統制体制の整備）
- 見えざる価値（魅力的な取引先属性、販売網の強さ、研究開発の厚み等の対象事業の隠れた強み）の見える化支援

4　社内でできること

　社内でできることには、これまで述べた外部の専門家への協力を求める事項について、調査で必要となる情報や事実について、社内外に分散している情報も含め、できる限り整備しておくことがあります。特に「磨き上げ」の効率化や経営管理の高度化につながる重要な作業としては、以下の事項が挙げられます。
- 株主総会や取締役会、重要な経営会議の議事録の整備
- 重要な契約書や社内諸規則・規程の一覧整理や手続促進
- 社員の出退勤時間を把握する仕組みの構築
- 月次試算表の早期作成体制の整備および予実管理体制の運営
- 事業セグメントや製品・サービス毎の収益データの整備
- 顧客や仕入先の属性情報や取引情報の整理

　発見された問題点への対応策実行作業の多くは社内で担います。上記の情報整備は、対応策実行に際しても有益であり、経営環境の効率的な整備に寄与します。

（岡本行生）

Question 53

金融機関は「磨き上げ」についてどのような役割がありますか。また、他の専門家等とどのように連携をとっていったらよいですか。

解 説

1 金融機関の役割

(1) 中長期的な準備

金融機関の法人営業担当者は、通常の銀行取引を通して、すでに取引先の内容に一定の理解があり、さらに社外の人間として客観的な視点で取引先を評価できます。そして、取引先(オーナー経営者)がM&Aによる事業承継の検討に入る意思決定をする以前から、取引先に対して日常的に助言できる立場にあります。ここが他のM&Aアドバイザーとの大きな違いです。

したがって、将来のM&Aの可能性に備えて、取引先の弱みとなる部分のうち特に準備に期間を要する事項について、「磨き上げ」を助言し、またサポートすることができます。たとえば、以下のような項目については中長期的な準備が必要となります。また、ここに挙げたものは主に事業承継を円滑にするためのものです。

① 株式の集約

オーナー経営者と意思疎通が容易ではない家族以外の株主が存在する場合、将来の経営権譲渡(M&A)の障害になる可能性があります。承継先は発行済みの全株式の譲受けを希望することが一般的ですが、特に業歴の長い企業においては、過去数代にわたっての親族内承継の結果、相続等にもより、現在は疎遠となっている親戚が一部の株式を保有しているケースが見られます。これら株主からの株式集約には時間がかかることが多く、具体的なM&Aプロセスに入る前に解決しておくために早期に解決に着手する必要があります。

② 個人名義の事業関連資産の整理

会社の事業上の重要な資産(工場の敷地、商標・意匠等)のうち個人名義になっているもの(特に現経営者名義でないもの)については、買取り

等会社名義に変更しておく必要があります。
③ 重要な契約等における瑕疵の治癒
事業を継続していくうえで特に重要な契約に瑕疵（契約書の未締結、更新未了等）がある場合、相手先によっては時間をかけて契約書の締結等の交渉をすることになります。
④ 経営管理資料の充実
イ　部門別損益

承継候補先がM&Aを検討する際に重視する情報でありながら、多くの企業で正確に把握、整理されていないものとして、部門別損益が挙げられます。具体的には、事業別損益、事業所（店舗）別損益等で、過去数期および進行期のそれらの数値が月次で把握されていることが望ましいと考えられます。したがって、M&Aの検討が具体化する前に社内での計数管理の体制を構築し、一定期間の数値情報を把握しておく必要があります。

ロ　事業計画

事業計画もM&A検討時に重視される資料です。経営者にとって日常業務のほかに、第三者の検証に耐えうる計画を策定することは大きな負担です。金融機関の法人営業担当者は日頃から取引先の財務状況、事業環境、将来見通し等を注視しており、事業計画の策定について有効な助言ができると考えます。一般的に事業計画は将来3期程度、設備投資計画とセットで作成します。

(2) 財務状況の改善
金融機関の法人営業担当者に知見があり、比較的助言しやすい事柄に財務状況の改善提案があります。これは、よりよい承継条件で事業承継を行うためのものですが、これもまた効果が出るまでに時間のかかるものもあります。
① 損益の改善
現在の主要な企業価値評価の手法や旧来からの投資判断の基準（利益での回収年限等）では、利益金額は非常に重要な計算上の数値となります。したがって、近い将来のM&Aの検討可能性が高まっている場合には、オーナー関連の費用等、見直し可能な費用の削減等は積極的に提言していくべきです。
② 借入金の削減
借入金（より正確には純有利子負債）も企業価値評価において重要な計

算上の数値になります。たとえば、運転資金の減少による借入金削減をめざす場合は、在庫水準の適正化（減額）、商取引の決済条件の変更（買掛サイトを長く、売掛サイトを短く。ただし、事業に影響が出ないように慎重に対応）が考えられます。また、運転資金のサイト差の短縮はＤＣＦ法による評価にも有利です。

③　非事業用資産の換価または時価の把握

　非事業用不動産（遊休不動産を含む）や非上場会社の株式等は承継候補先から保守的に評価されることが多く、換価して現預金としたほうが、評価上、有利に働く可能性があります。Ｍ＆Ａに備えて換価することに抵抗感がある場合は、それらの資産を売却する場合の具体的な買い手候補とその想定売買価格等、現実的で説得力のある情報を持っておくことが有効です。不動産の売却または想定売買価格のヒアリング等において、金融機関は不動産会社を紹介する等の協力ができます。

(3)　**管理人材の派遣**

　中小企業では一般的に管理部門の人員を最小限に抑えており、その結果、財務・経理、労務、法務・コンプライアンス等に弱みを抱えています。ところが、Ｍ＆Ａのプロセスではこれら管理分野で最も多くの問題が発見されます。金融機関は、管理部門を統括する人材として前もって自社のＯＢを紹介する等、総合的な支援をできる可能性があります。

２　他の専門家との連携

　金融機関が磨き上げの助言を行うに際しては、自社顧問の専門家（弁護士、会計士、税理士等）に内容を照会しながら検討することで提案の精度を高めることができます。また、通常、取引先各社にはそれぞれ顧問契約をしている専門家がいますが、それら専門家が必ずしも事業承継やＭ＆Ａに精通しているわけではないため、Ｍ＆Ａを見据えた磨き上げをする場合は、金融機関としてＭ＆Ａに精通した専門家を取引先に紹介することも求められます。

（金井　厚）

4　承継手法・対価

Question 54

M&Aにおいて事業（会社）の価値の算定方法としてはどのようなものがありますか。

解説

　株式市場に上場している会社と異なり、非上場の会社には株式市場による株価がありませんので、その会社の資産や利益等に着目して価値を算定することになります。

　M&Aにおいて、事業（会社）の価値の算定方法としては、何に着目して評価を行うかによっていくつかの算定方法があります。中小企業庁による「経営承継法における非上場株式等評価ガイドライン」では以下のような評価方法が解説されています。なお、詳細な算定方法については上記のガイドラインを参照ください。

評価の分類	評価方法
収益方式	・収益還元方式
	・DCF方式
	・配当還元方式
純資産方式	・簿価純資産方式
	・時価純資産方式
	・国税庁方式
比準方式	・類似会社比準方式
	・類似業種比準方式
	・取引事例方式

1　収益方式

　収益方式は、評価対象の会社から将来獲得されると予想される利益やキャッシュフローによって価値を算定する方法です。収益還元方式、DCF方式、配当還元方式は、それぞれ将来の利益、キャッシュフロー、配当金を元にして算定を行います。通常は3～5年程度の期間について得られ

る利益やキャッシュフローを想定し、その合計額を一定の割引率により現在価値に引き直して評価を行います。したがって、収益方式の評価には、将来の利益やキャッシュフローの予想と、どのような割引率を用いるかについての判断が重要となります。

2 純資産方式

純資産方式は、評価対象の会社の貸借対照表の資産から負債を差し引いた純資産価額により評価を行う方法です。簿価純資産方式は帳簿上の金額により評価を行うのに対して、時価純資産方式は各資産等を時価評価して評価を行います。

国税庁方式とは、相続税法における相続財産の課税評価額を算定するために定められた「財産評価基本通達」のうち、取引相場のない株式の評価についての規定を用いた評価方法です。

評価対象の保有する資産には、土地や建物、機械設備等評価の仕方が難しかったり複数の異なる評価があることがあります。また、その資産を売却した場合の価値（処分価額）と、その資産と同様の資産を買う場合の価値（再調達価額）が異なる場合もありますので、時価評価についての判断が評価額に影響します。

3 比準方式

比準方式は、評価対象の会社と類似する上場会社の株価や、評価対象会社の過去の売買価額を参考にして評価を行う方法です。

類似会社比準方式は評価対象と類似する上場会社との比較により評価を行うのに対して、類似業種比準方式は、評価対象の会社の業種に着目し、その業種全体の標準値との比較により評価を行います。国税庁方式においても、その評価体系の中で類似業種比準方式による評価方法が取り入れられています。類似会社比準方式や類似業種比準方式の評価にあたっては、純資産や利益、配当等の財務数値が用いられます。

取引事例方式は、評価対象の会社が、過去適正な価格で売買されたことがある場合に、そのときの売買価額を基準にして評価を行う方法ですが、非上場会社においては、適切な取引事例があるケースはかなり限定的です。

4 各評価方法の折衷による評価

　上記の各評価方法には以下のような長所と短所があります。そのため、複数の評価方法による評価額を折衷して最終的な評価額とすることも多く行われます。

評価方法	長　　所	短　　所
収益方式	・収益力やキャッシュフローが評価に反映されるので、投資回収の判断ができる。	・将来の利益やキャッシュフローを確実に予測することが困難。 ・資産内容が評価に反映されない。
純資産方式	・資産内容が評価に反映される。 ・帳簿を元に調整して試算しやすい。	・収益性やキャッシュフローが反映されない。 ・時価評価の難しい資産がある。
比準方式	・市場による価値を評価に反映できる。	・妥当な比較対象がないことがある。 ・比較対象の選定に恣意性が働く余地がある。

5 年買法による評価

　上記のそれぞれの評価方法を行うのには、評価対象の会社について、多くの情報が必要となり、また算定にはある程度の時間と手間を必要とします。そうしたことから、中小企業・小規模事業のM&Aにおいては、簡易に計算した時価純資産に一定ののれん代（年間の利益を一定年数倍にしたもの、3～5年分程度が多い）を加えた金額を評価額とする年買法という方法を用いることも多く行われています。

　中小企業庁の「事業引継ぎガイドライン」では次頁のような算定事例が紹介されています。

事業評価算定事例：時価純資産＋のれん代（東京都事業引継ぎ支援センターの例）

1. 時価純資産の算出

時価純資産	
簿価純資産	200
土地の含み損	▲30
保険の解約返戻金	+10
退職給付引当金の未計上	▲20
合計　時価純資産	160	---①

2. のれん代の計算

損益計算書	
売上高	500
経常（営業）利益	30

景況や業種、成長性によっても異なるが、実質利益の1～3年分をのれん代として計上するケースがある。

経常利益 30 × 2年分　＝　②のれん代 60　---②

3. 企業価値の算出

①時価純資産 160　＋　②のれん代 60　＝　企業価値 220

（岩松琢也）

5　M&Aの実行

Question 55

承継先候補との具体的な交渉に入るにあたって行うべきことについて具体的に教えてください。

解　説

1　はじめに

　M&Aの実行の段階は、一般的には、①承継先候補への打診、②承継先候補によるデュー・ディリジェンス、③承継先候補との条件交渉、④承継先との間の最終合意（最終的な契約締結）を経て、⑤事業承継の実行に至るという手順をとるのが通常です（詳細はQ 43参照）。このうちの①の承継先候補への打診は、通常、ノンネームタームシートを開示し、秘密保持契約を締結したうえ、さらに詳細な情報（インフォメーション・パッケージ等とも呼ばれる）を開示することにより進められます。

2　ノンネームタームシートの開示

　まず、承継を行おうとする側は、通常、事業の譲受けに興味をもちそうな承継先候補に対し、仲介業者等を介して、ノンネームタームシートを開示します。ノンネームタームシートとは、承継先候補に事業の買収に興味を持ってもらうために作成する、承継事業の概要、事業内容、財務情報の概要、企業規模、事業内容、事業承継の理由、希望スキームや希望売却額等を記載した書面をいいます。

　ノンネームタームシートの開示は、承継先候補の第一次的な探索をすることを目的として、秘密保持契約を締結せずに行われます。そのため、対象事業（対象会社）が特定されるほどに詳細な記載は避けるのが一般です。ただし、あまりに抽象的ですと承継先候補が興味を持ちにくいため、対象事業（対象会社）の業界や地域内でのシェア等の魅力となる部分については、特定されない程度に具体的に記載することについて検討が必要です。

3　秘密保持契約の締結

　次に、事業承継を行おうとする側（対象会社のみ、または対象会社とそのオーナー経営者）は、承継先候補に詳細な情報を開示するのに先立ち、承継先候補との間で秘密保持契約を締結します。事業承継を行おうとする側は、その後に実施されるデュー・ディリジェンスにおいて詳細に開示する情報はもとより、自社が事業承継を検討しているという事実自体についてもライバル企業等に知られたくないと考えることが通常です。そのため、個別の企業名を記載した企業概要書（インフォメーション・パッケージ）の開示に先立ち、秘密保持契約を締結することになります。

　秘密保持契約においては、承継先候補に対して事業承継を行わないこととなった場合であっても、開示した情報を対外的に開示されたり、事業承継の目的以外の目的に利用されたりすることにより、対象会社に不利益が生じることを防止するため、おおむね以下のような内容を定めます。

(1)　秘密保持の対象

　秘密保持の対象となる「秘密情報」には、通常、事業承継を行おうとする側が承継先候補との間でM＆A交渉を行っている事実と、M＆A交渉の過程において承継先に開示した情報（または承継先が知り得た情報）を含めます。なお、開示情報については、開示した情報のすべてを秘密保持の対象とする場合と、開示した情報のうち特に秘密であることを明示して開示した情報等に限定する場合とがありますが、デュー・ディリジェンスにおいて広範かつ詳細な情報を開示することからは、前者によるほうが適当なことが多いといえます。

(2)　秘密保持義務および目的外使用の禁止

　秘密保持契約においては、「秘密情報」を、M＆A交渉に必要な役員・従業員を除く従業員や、取引先等の第三者へ開示、漏洩することを禁止し、あわせて秘密情報をM＆Aの検討以外の目的で使用することを禁止することが通常です。

(3)　秘密保持のための処置

　秘密保持のための措置として、「秘密情報」の開示先をM＆A交渉に必要な範囲の関係者に限定するとともに、開示先に同様の秘密保持義務を課すことや、「秘密情報」の管理体制を構築すること等を定めることが通常です。

(4) 秘密情報の廃棄・返還

秘密情報の廃棄・返還については、M&A交渉が終了した場合のみならず、M&A交渉の途中であっても対象会社からの要求した場合に、承継先候補が秘密情報を廃棄し、または返還する義務を定めることもあります。

(5) 秘密保持義務の存続期間

秘密保持義務の存続期間については、承継先が永久に秘密保持義務を負うと定める場合と、一定期間を定める場合とがあります。

(6) その他

その他、情報を開示する事業承継を行おうとする側は、開示した情報の正確性・確実性については保証しないという条項や、承継先候補は承継対象事業に従事する従業員に対して雇用の勧誘その他一切の利益誘導行為を行うことを禁止する旨の条項等を定めることがあります。

4　企業概要書（インフォメーション・パッケージ）の開示

秘密保持契約を締結した後、事業承継を行おうとする側は、承継先候補に対し、より詳細な情報を記載した企業概要書（インフォメーション・パッケージ）を開示します。ここには、企業の実名、沿革や、より具体的な企業の財務数値、事業の詳細（営業関係、設備関係）、人事・財務に関する情報等が記載されることになります。

承継先候補は、企業概要書（インフォメーション・パッケージ）の内容を検討したうえ、さらに前向きに買収交渉を進めようと考えるときには、事業承継を行おうとする側に対し買収に関する意向表明書を提出し、具体的な交渉に進んでいくことになります。

（太田大三・近内京太・鷲野泰宏・名取恭子・木村一輝）

Question 56

M&Aの基本合意書についてその意義と記載事項について教えてください。

解説

1　基本合意書の意義

(1) 基本合意書とは

　基本合意書とは、M&Aの実行の段階において、承継先候補への打診を行った後の条件交渉の初期の段階、すなわち詳細な条件交渉の前段階、または詳細な条件交渉の途中段階において、M&Aを成約に導くため、M&Aに向けた今後のプロセスやスケジュール等の基本的事項を当事者双方で確認することを目的として締結するものです。条件交渉の初期の段階で締結するものですので、その内容はM&Aの実施やその内容を確約するものではありません。このため、基本合意書の規定の多くについては法的拘束力を持たせないこととすることも多くあります。

(2) 基本合意書の締結の要否

　基本合意書は、M&Aを行ううえで必ず締結しなければならないものではありません。基本合意書を締結する理由は、

- ・M&Aの交渉過程の初期段階において双方の認識を整理することができる
- ・その時点で合意に達している事項につき、一方当事者からの要望によってこれを覆すことを（事実上）防止する
- ・M&Aの今後のプロセスやスケジュールを明確にできる

といったメリットが基本合意書の締結に存在しているからです。もっとも、実務的には、基本合意書の文案を交渉するだけで時間がかかってしまうというデメリットが発生することもありますので、このようなメリットを享受するか否かをケースバイケースで判断して、基本合意書の締結を検討することになります。

　なお、基本合意書を締結するか否か、締結するとしてもいかなる内容を盛り込むか否かや、法的拘束力を持たせるか否かといった判断について

は、法律的な検討が必要になることから、専門家と協議しながらこれを判断することが適当です。

(3) 基本合意書の法的拘束力について

基本合意書という名前であったとしても、交渉当事者間の合意を証するものとして作成・締結される書面である以上、特に法的拘束力がないものとして作成・締結されない限り、法的拘束力を有することは当然のことです。一方で、初期の段階で締結される基本合意書の内容はM&Aの実施やその内容を確約するものではないことから、実務上、特に法的拘束力を持たせないことを明記して締結される場合も多くあります。

特に中小会社についてM&Aの方法による事業承継を行おうとする場合には、承継先候補側にとってみれば、対象事業（対象会社）にいかなる問題点が存在するか否かを確認するデュー・ディリジェンス（以下「DD」という）が未実施の段階においては、いつでもM&Aの取引を解消することができるようにしておくことが重要であることはいうまでもありません。

2　基本合意書の記載事項

基本合意書には、通常、以下のような内容を記載するか否かを検討することになります。

(1) 基本合意書締結時点で合意に達している事項のうち重要な事項

M&Aの交渉過程の初期の段階において合意した事項のうち、特に重要な事項については、双方の認識を整理するためにも、記載することが多いです。具体的には、M&Aの対象とする事業、M&Aの手法（スキーム）、M&Aのスケジュール、暫定価格・暫定比率等が挙げられます。

(2) 独占交渉権の付与に関する事項

独占的交渉権とは、事業承継の場面においては、当該承継先候補側が、一定期間、当該事業承継を行おうとする側のオーナー経営者との間で、独占的にM&Aに関する交渉をすることができる旨の権利のことです。この独占交渉権を付与することとした場合は、基本合意書に記載することになります。この場合には、その付与期間中は、当該事業承継を行おうとする側のオーナー経営者は、他の承継先候補との間で当該対象事業のM&Aについて合意することができないのみならず、具体的な交渉を行うこともできないということになります。

このような独占交渉権を承継先候補に付与することは、当該事業承継を行おうとする側のオーナー経営者としてみれば、少なくとも基本合意書の有効期間中は他の承継先候補者との競争原理を働かせることができず、Ｍ＆Ａ交渉の主導的立場を当該承継先候補に譲ることになる側面があることは否定できません。しかし一方で、独占的交渉権を承継先候補に付与することにより、Ｍ＆Ａを本格的に進めることの言質を当該承継先から事実上とることができるというメリットもあるといわれていますし、そのようなケースにおいては今後のスケジュールを立てやすくなるということもあります。

　なお、独占交渉権の付与期間は、Ｍ＆Ａのスキームや規模等によって決定されることになりますが、通常は、当該Ｍ＆Ａ交渉の具体的なスケジュールを勘案しながら、数か月間程度の期間を定めることが多いようです。

(3)　ＤＤの実施に関する事項

　基本合意書を締結してからＤＤを実施する場合には、そのＤＤに関する基本的事項を記載することになります。具体的には、その実施スケジュール、その対象範囲、開示された資料の正確性を開示側が保証するか否か、開示側のＤＤに対する協力義務等が挙げられます。

(4)　承継を行おうとする側に課される義務に関する事項

　Ｍ＆Ａの成約に向けた交渉を実施している段階においても、承継を行おうとする側（対象会社またはオーナー経営者）としては対象事業（対象会社）を支配し、かつ対象事業（対象会社）を遂行（経営）していることから、交渉の前提条件が崩されることのないよう、当該承継を行おうとする側において対象事業（対象会社）を遂行（経営）するうえでの義務の内容を記載することになります。これは、当該事業承継を行おうとする側に対して対象事業（対象会社）に大きな影響が生じた場合には、交渉の前提条件が崩されることになり、それまでの交渉がすべて無に帰してしまうことにもなりかねないからです。このような事業承継を行おうとする側に課す義務のことを、「善管注意義務」と総称することもあります。

　当該事業承継を行おうとする側のオーナー経営者に課す義務の内容としては、①対象事業（対象会社）を遂行（経営）するにあたって、善良なる管理者としての注意義務をもって対象事業（対象会社）を遂行（経営）するべき義務のみとする場合もありますが、これに加えて、②当該承継を行

おうとする側が（承継先候補の承諾なく）一定の行為を行うことを禁止する義務を設けることもあります。

通常、②当該承継を行おうとする側が行うことが禁止される行為としては、
- 営業上の取引条件の大幅な変更
- 大規模な新規借入や既存債務の繰上げ返済
- 重要な事業の全部または一部の譲渡
- 大規模な設備投資または処分
- 第三者との業務提携・資本提携
- 従業員の大規模な解雇

等が挙げられます。

(5) 秘密保持に関する事項

基本合意書とは別に秘密保持契約書を締結する場合も多いですが、未締結の場合には、Ｍ＆Ａ交渉を行っていることや、交渉過程において開示・受領される情報について秘密を保持することを記載することになります（Ｑ55参照）。

(6) 法的拘束力の有無に関する事項

基本合意書に定めるさまざまな条項につき、それぞれ法的拘束力を持たせるか否かが明らかとなるように法的拘束力の有無を記載することが多いです。基本合意書はＭ＆Ａの交渉過程の初期の段階で締結されるものであることから、多くの条項について法的拘束力を持たせないことを明記する場合が多いですが、その一方で、基本合意書に定めるさまざまな条項の中でも、特に法的拘束力を持たせることを検討すべき条項もあります。

一般的には、独占交渉権の付与に関する条項や、交渉当事者に一定の行為を禁止する条項（当該承継を行おうとする側に課される善管注意義務を含む）、秘密保持条項等は、基本合意書の中でも特に法的拘束力を持たせることが適当である場合が少なくないと思われます。

なお、ある条項に法的拘束力を持たせることとした場合、その条項に違反して相手方に損害を与えた場合には、損害賠償責任を負う可能性があることに留意すべきです。

(7) 違約金に関する事項

基本合意書に定めるさまざまな条項につき、法的拘束力を持たせるだけでなく、違約金を定めることもあり、この場合には違約金の対象となる条

項やその金額を記載することになります。違約金を定めることで、当事者双方が基本合意書に定める条項を遵守する傾向が強まります。自らが負担しなければならなくなるリスクもありますので、違約金を定める場合は、違約金の金額を含め専門家（とりわけ弁護士）と協議しながら検討することが必要です。

(8) **保証金に関する事項**

違約金では基本合意書に定める条項の遵守への期待が不十分と目される場合には、あらかじめ一定額の保証金を預かる場合もあり、この場合は保証金の金額や返還に関するルールを記載することになります。一種の担保となりますので、Ｍ＆Ａの成約に向けた交渉を一方的に破棄されることを抑止できる傾向がより強まります。

(9) **基本合意書の有効期間**

基本合意書に定めるさまざまな条項につき、法的拘束力を持たせた場合には、その有効期間は極めて重要な事項となりますので、その有効期間を記載することになります。もっとも、個別の条項ごとに求められる有効期間が異なる場合もあり、その場合は個別に有効期間を記載することになります。

（太田大三・近内京太・鷲野泰宏・名取恭子・木村一輝）

Question 57

承継先候補によるデュー・ディリジェンスはどのような点について行われるのですか。また、デュー・ディリジェンスを受けるにあたり、どのような点に留意して対応すべきですか。

解 説

1 承継先候補によるデュー・ディリジェンス

　承継先候補が行うデュー・ディリジェンス（以下「ＤＤ」という）とは、Ｍ＆Ａ取引において承継先が、事業承継の実行の是非や事業承継を行うにあたっての条件に関する判断材料を取得するために、対象会社や対象事業の調査を行うことです。

　Ｍ＆Ａを行う場合において、承継先候補側としては、対象事業（対象会社）の実態を十分に把握して、当該事業を承継するか否かを決定したり、その価値を評価する必要があります。

　このため、当該対象事業（対象会社）の実態を把握するために、承継先候補はＤＤを実施することになります。実施するＤＤの内容は、承継対象となる対象事業（対象会社）の規模や業種等の事情に加えて、承継先候補においてどの程度の時間・費用を費やすか否かによって異なってくることになります。例を挙げれば、

・財務ＤＤ（損益構造の把握や収益力分析等を目的として行うＤＤ）
・法務ＤＤ（契約関係の有効性およびＭ＆Ａをしても有効か、資産を適法に所有しているか、紛争・訴訟がないかの把握等を目的として行うＤＤ）
・税務ＤＤ（税務処理に誤りがないかの把握等を目的として行うＤＤ）
・許認可ＤＤ（事業に必要な許認可を取得しているか、Ｍ＆Ａにより引き継げるかの把握等を目的として行うＤＤ）
・ビジネスＤＤ（事業価値の評価を行うために、事業内容、取引関係等について調査を行うＤＤ）
・人事ＤＤ（人員構成、年金・退職金等の人事制度、組織文化等の問題点の把握等を目的として行うＤＤ）
・環境ＤＤ（土壌や地下水汚染等の環境問題の有無の把握等を目的とし

て行うDD）
- 知的財産DD（知的財産に関する瑕疵等の発見、知的財産の事業における位置づけの把握等を目的として行うDD）
- システムDD（ITインフラの整備状況やITに関わる統合の問題点の把握等を目的として行うDD）
- 人権DD（事業活動が人権侵害を伴うものではないかの把握等を目的として行うDD）

といった各種のDDの中から、必要となるDDを承継先候補において選択したうえで、実行するということになります。

上記に挙げた各種のDDのうち、M&Aの場面において通常行われるものが財務DDです。M&Aにおける事業価値（売却対価）の算定のために、収益性、キャッシュ・フロー、資産の評価等を調査する財務DDを行う必要があるからです。

また法務DDや税務DDも行われる頻度が高いDDです。法務DDは主として法的な観点から対象事業（対象会社）のリスク、M&Aをしても有効か否かや偶発債務の発生の有無を調査するものであり、税務DDは主として対象事業（対象会社）における税務リスクの有無を調査するものです。

それ以外のDDを実施するか否かは、ケースバイケースです。

2　承継先候補によるデュー・ディリジェンスを受けるにあたっての留意点

承継先候補によるDDを受けるにあたって、以下のような基本方針に基づいて対応することに留意しておく必要があります。

(1) 正確性が担保された情報を可能な限り早期に開示する

事業承継を行おうとする側としては、承継させようとする対象事業（対象会社）の情報のうち、自らに都合が悪い情報（たとえば、対象事業（対象会社）の価値を下げる情報）については、開示したくないというインセンティブ（意向）が働きます。

しかし、DDにおける情報開示については、最終的なM&A契約において、適切に開示を行ったこと等が表明保証の対象とすることを求められることも多く、不正確な情報開示や、事実を隠匿することは、結果的に事業承継を行おうとする側にとって不利益な結果となることが一般的です。情報を非開示とすることは、承継先候補のM&A取引に対する熱意を下げることにつながったり、開示されなかった項目については承継先候補として

は最悪のケースを想定して対象事業（対象会社）の価値を算定することにもつながります。また、情報を小出しにすることは、結果的に、ＤＤの期間を長期化させることにもつながります。

このため、Ｍ＆Ａ取引による事業承継を行う場合には、正確性が担保された情報を、可能な限り早期に開示するということが、一番の基本方針になることに留意する必要があります。なお、下級審の裁判例において、ＤＤの局面において、売主側は買主側に対して、虚偽の情報を開示してはならないという消極的な意味における情報開示義務を負担すると判示しているものもあります（大阪地判平成20・7・11判例時報2017号154頁）。

したがって、事業承継を行おうとする側としては、このような情報開示が可能となるような、ＤＤの受入体制を構築する必要があります。

(2) 社内外への情報漏洩による混乱や日常業務への支障を回避する

承継先候補によるＤＤに適切に対応するためには、対象事業（対象会社）に属する複数の従業員に多くの作業負担をかけることになります。

このため、事業承継を行おうとする側において承継先候補によるＤＤを受け入れた際に、従業員による作業過程で社内外への情報が漏洩することにより無用の混乱を招いてしまったり、ＤＤに対応することで手いっぱいになってしまうことにより通常の日常業務に支障が生じてしまうことがあります。

したがって、事業承継を行おうとする側としては、ＤＤに対応できるだけの従業員や設備等の体制を適切に整えることによって、これらの混乱や支障が生じることを回避することが必要となります。

(3) 秘密保持の徹底

承継先候補によりＤＤが実行されることは、事業承継を行おうとしているということになりますが、このような情報が社内外に漏洩してしまった場合には、さまざまな不利益が生じる可能性があります。

一方、ＤＤに適切に対応するためには、対象事業（対象会社）の規模等にもよりますが、事業承継を行おうとしている側のオーナー経営者のみで対応することは困難であり、前述したように、ＤＤに対応できるだけの人員体制を適切に備える必要があります。しかし、多くの従業員がＤＤに対応することは、それだけ情報漏洩のリスクが大きくなります。

このため、ＤＤの対応にあたっては、対応する従業員等に秘密保持の必要性を徹底することが必要となります。

（太田大三・近内京太・鷲野泰宏・名取恭子・木村一輝）

Question 58

M&Aの契約書は一般的にどのようなことが記載されますか。

解説

事業承継に用いられるM&Aの手法としては、①株式譲渡、②事業譲渡、③合併、④会社分割、⑤株式交換といった方法があります（Q 40参照）。これらの契約書には、通常、以下の内容を記載します。

1　株式譲渡契約

事業承継の手法としては株式譲渡が実務上最も多く用いられます。この株式譲渡契約書には、概要、以下の内容を規定します。

(1) **株式を譲渡する旨および譲渡対価に関する条項**

株式譲渡契約は売買契約ですので、最低限、譲渡対象となる株式を特定したうえ、それを譲渡すること、その対価として料金を支払うことを定めることが必要です。対価の定めとしては、契約締結時に確定額と定める場合のほか、クロージング日までの一定の財務諸表の数値（純資産額等）の変動を反映させた数値としてクロージング時点で確定される場合と、当該財務諸表の数値の変動によりクロージング後に料金調整をする場合があります。

(2) **クロージングに関する条項**

次いで、クロージング（契約債務の履行）に関する条項を設けることが必要です。具体的には、代金支払時期および株式の権利移転時期とこれらに必要な手続を定めます。

株式取得のために必要な手続は、株券発行会社（株券の交付）、株券不発行会社（譲渡の合意）、上場会社（振替口座簿への記録）ごとに異なるため、慎重な検討が必要です。また、非公開会社における株式の譲渡による取得の取締役会の承認手続、株式譲渡後の名義書換手続についても視野に入れて条項を定めておく必要があります。

(3) **表明保証条項および補償条項**

表明保証条項とは、M&A最終契約において、事業承継を行おうとする側が承継先に対し事実として開示した内容が真実かつ正確であることを表

明し、承継先に対して保証する条項です。これは、承継先が対象会社の株式価格算定に際して前提とした事実の存在・不存在を事業承継を行おうとする側が保証するという性質を有するものです。

表明保証条項において、いかなる事項につき事業承継を行おうとする側の表明保証が求められるかはケースバイケースですが、一般的に求められることが多い事項は、以下のようなものです。

- 対象会社が有効に成立し、かつ、株式譲渡契約を締結する権限があること
- 株式譲渡契約の締結および履行に必要な手続を完了していること
- 事業承継を行おうとする側が譲渡対象の株式を保有していること
- 対象会社の財務諸表が真実であり誤りがないこと
- 第三者との間で、対象会社の財務状況、経営環境等に重大な悪影響を及ぼすべき事象は生じていないこと
- 株式譲渡契約の締結および履行が対象会社と取引先との取引契約について期限の利益喪失事由または解除事由等を構成するものではないこと等

承継先に対し表明保証した事実に誤りがあった場合には、その結果承継先に生じた損害等について補償する旨の補償条項が設けられるのが通常です。この場合表明保証違反に基づく補償義務については、上限額、下限額（1事象当たりの額と累計額のいずれの場合もある）および補償期間を定めるのが通常です。

(4) 誓約事項

契約締結後、クロージングまでの間に、事業承継を行おうとする側に対し、対象会社に大きな影響を与えるような行動をとることを禁止するための一定の義務（善管注意義務）を課すこと等のさまざまな義務を課すことがあります。

(5) （クロージングまたは当事者の義務履行の）前提条件

クロージングまたは当事者の義務が発生するための前提条件を規定する場合があります。たとえば、事業承継を行おうとする側が善管注意義務条項に違反していないこと、表明保証に反するおそれが生じていないこと、対象会社の特定の役職員が譲渡実行後も在籍する旨の意思が確認されることや株式譲渡の実行につき、取引先との契約において必要となる取引先の承諾を取得したこと等を前提条件として定める例があります。

(6) その他の条項

債務不履行や表明保証違反による契約解除は、株式譲渡のクロージング後には認められないと定める例が多いといえます。これは、クロージングにより会社の経営状況について変動が生じることから、これを元に戻すのが困難なためです。その他にも、秘密保持条項、完全合意条項、準拠法や管轄等の一般的な規定が設けられるのが通例です。

2 事業譲渡契約

(1) 事業譲渡約束と対価の支払約束

事業譲渡契約においては、譲渡対象となる事業およびそれを構成する資産・負債および権利義務の内容と、対価についての定めが必要です。このうち、譲渡の対象となる資産等については、具体的に特定できる形で記載する必要があります。この際、譲渡の対象となる事業の資産・負債がクロージング日までに変動する場合には、時点によって特定することが考えられます。

(2) クロージングに関する条項

次いで、クロージングに関する条項を設けることが通常です。具体的には、代金支払時期、資産・負債および権利義務の移転時期とそのために必要な手続を定めます。事業譲渡では個別の財産権移転手続（動産の引渡し、不動産の登記、債権の譲渡通知、免責的債務引受けの同意等）が必要ですので、そのための手続を定めておくことも必要となります。

(3) 従業員の取扱いに関する条項

対象事業に従事していた従業員の取扱いについては、事業譲渡契約において定めることが通常です。従業員との雇用関係を承継対象とする場合には、従業員の個別の同意を得る必要がありますので、それを売主の義務として規定する場合もあります。また、承継後の雇用条件についての規定が設けられる場合もあります。

(4) 競業避止義務の有無・期間

事業譲渡においては、事業承継を行おうとする側には事業を譲渡した日から20年間、同一の市町村内およびこれに隣接する市町村の区域内において事業を行ってはならないという競業避止義務が課されています（会社法21条1項）。特約がない限りこの規定が適用されることをふまえ個別の案件ごとに、競業避止義務の免除や期間短縮をしたり、逆により長期の期

間を定めたりする場合があります。

(5) **その他**

以上のほか、表明保証に関する条項、誓約事項に関する条項、クロージングの前提条件に関する条項やその他の一般条項等を設けることが多いですが、その内容は株式譲渡の場合とほぼ同様です。

3 合併契約

事業承継の手法として合併の方法を用いる場合には、通常吸収合併の方法が用いられます。これは、新設合併の方法による場合、対象会社の有していた許認可のみならず承継先の有していた許認可も新たに取得する必要が生じる場合がある等、煩雑な手続が必要になるためです。吸収合併契約書には、概要、以下の事項を定めます。

(1) **法定事項（会社法749条1項）**
① 吸収合併を実施する株式会社の商号および住所（1号）
② 合併の条件（消滅会社の株主に対し交付する株式ないし新株予約権等の対価の種類・総額等や割当に関する事項、存続会社の資本金および準備金の額に関する事項）（2号～5号）

なお、クロージング時点の事業承継を行おうとする側の財務数値（純資産額等）を基礎として対価の調整を行う場合には、その算定式を規定する必要があります。
③ 吸収合併の効力発生日（6号）

(2) **法定事項以外の事項**

法定事項以外の事項としては、以下の事項を定めることが多いといえます。
① 株主総会決議が必要となる場合には、株主総会決議があることが効力発生要件となること
② 合併の効力発生日までは、善良な管理者の注意をもって事業を遂行すること

4 会社分割契約

事業承継の手法として会社分割の方法を用いる場合には、合併において吸収合併が用いられるのと同様の理由により、通常吸収分割の方法が用いられます。

吸収分割契約書には、会社法758条1項により、以下の事項を記載しなければなりません。
　① 分割当事会社の商号および住所（1号）
　② 承継会社が分割会社から承継する権利義務（資産、債務、雇用契約その他の権利義務）に関する事項（2号）
　③ 分割対価に関する事項（承継会社から分割会社に交付される対価の種類、内容、数、額、算定方法、増加する資本金・準備金等に関する事項、分割対価が新株予約権である場合の新株予約権の割当てに関する事項等）（3号～6号）
　④ 吸収分割の効力発生日（7号）
　⑤ 効力発生日に行う剰余金の配当等に関する事項（8号、会社法施行規則178条）
　それ以外の事項としては、以下の事項を定めることが多いといえます。
　① 株主総会決議が必要となる場合には、株主総会決議があることが効力発生要件となること
　② 分割の効力発生日までは、善良な管理者の注意をもって事業を遂行すること

5　株式交換契約

　事業承継の方法として株式交換の手法を用いる場合、会社法768条1項により、株式交換契約書に、以下の事項を記載しなければなりません。
　① 株式交換を実施する株式会社の商号および住所（1号）
　② 株式交換の条件（株式交換完全子会社の株主に対し交付する株式ないし新株予約権等の対価の数・額または算定方法や、各株主に対する割当に関する事項、株式交換完全親会社の資本金および準備金の額に関する事項）（2号～5号）
　③ 株式交換の効力発生日（クロージング日）（6号）
　それ以外の事項としては、以下の事項を定めることが多いといえます。
　① 株主総会決議が必要となる場合には、株主総会決議があることが効力発生要件となること
　② 交換の効力発生日までは、善良な管理者の注意をもって事業を遂行すること

　　　　　　　　　　　（太田大三・近内京太・鷲野泰宏・名取恭子・木村一輝）

Question 59

M&Aの契約にあたって各手法の留意すべき点を教えてください。

解説

会社が営んでいる事業の全部を承継する手法としては、株式譲渡、事業譲渡、合併、会社分割、株式交換等が考えられますが、以下の点について、留意する必要があります。

1 株式譲渡契約

株式譲渡契約においては、しばしば、株式譲渡対価の定め方や表明保証条項の定め方をめぐって、交渉上大きな争いになります（この点は、多かれ少なかれほかの契約についても当てはまる）。

株式譲渡対価の定めについては、確定額で定めることが難しい場合には、対象会社の一定の財務諸表上の数値を基礎として後に調整するという方法を試みることが有益です。この場合の定め方としては、Q58でも述べたとおり、クロージング日までの一定の財務諸表の数値（純資産額等）の変動を反映させた数値としてクロージング時点で確定される場合と、当該財務諸表の数値の変動によりクロージング後に料金調整をする場合があります。

次に、表明保証条項については、承継先はできるだけ無限定での表明保証を受けたいのが通常です。これに対して、事業承継を行おうとする側からは、表明保証条項の射程を限定すべく、すでに開示した事項については表明保証違反を生じないこと、表明保証違反を重要なものに限定することや、一定の事項を事業承継を行おうとする側が「知る限り」または「知りうる限り」において表明保証することといった形で限定することを要求することが多くあります。この場合には、往々にして厳しい交渉問題となりますが、違反があった場合の補償金額の上限額・下限額の定めとセットで全体の損得を判断し、妥協点を探るのがよいでしょう。

2　事業譲渡契約

　事業の全部の譲渡、事業の重要な一部の譲渡および事業の全部の譲受けを行うためには、株主総会の特別決議を要します（会社法467条）。そこで、特に事業の一部の譲渡を行うときには、それが「事業の重要な一部の譲渡」として、株主総会の特別決議を要するものとならないかを慎重に検討する必要があります。この点、まず、事業譲渡により譲り渡す資産の帳簿価額が当該株式会社の総資産額の5分の1（これを下回る割合を定款で定めた場合にあっては、その割合）を超えない場合には、特別決議を要しないとされています（同条1項2号）。さらに、これに該当しない場合には、対象事業の量的側面および質的側面から実質的に「重要な一部」の譲渡といえるかを判断するものとされています。学説においては、量的側面として、売上高、利益、従業員数等の諸要素が総合的に見て事業全体の10％程度を越える場合、質的側面として、対象事業が沿革等から会社のイメージに大きな影響ある場合といった基準が唱えられています（江頭憲治郎『株式会社法〔第7版〕』960頁）。

　そこで、事業譲渡をするにあたっては、対象事業やこれに属する資産を吟味し、「重要な一部の譲渡」に当たる可能性がある場合には、念のため特別決議を経るようする必要があります。

3　合併契約

(1)　補償契約

　吸収合併契約においては、対象会社は、合併により消滅してしまうことになります。したがって、承継先としては、合併後において事前の調査結果とは異なる事実が発覚した場合であっても、被った損害をてん補することができません。

　このため承継先は、対象会社ではなく、事業承継を行おうとする側であるオーナー経営者に対して、対象会社との吸収合併契約とは別途、対象会社の社内手続、財務諸表等の適正性についての表明保証を求めるとともに、これに反した場合には損害賠償義務を課すという内容の法定外契約である、補償契約の締結を求めてくることがあります。

　この場合、事業承継を行おうとする側としては、株主責任を超える義務を課されることとなってしまいますので、やむを得ない場合以外にこのよ

うな契約の締結を拒絶することが望ましいことはいうまでもありません。しかし、場合によっては拒絶した場合には事業承継を行うことができない場合等も考えられます。このような場合には、補償契約の内容を専門家と十分な協議を行いながら、可能な限り、事業承継を行おうとする側であるオーナー経営者が負うべき負担を軽減する等の方策を検討していくことになります。

(2) 前提条件

さらに上記の法定外契約において、対象会社の社内手続、財務諸表等の適正性についての表明保証の違反がないこと等を合併の前提条件とする旨を定める場合もあります。しかし、このような定めがあってもすでに法定の吸収合併契約を締結し、必要な手続を履践した場合には、前提条件の不充足にかかわらず、合併契約の効力は生じてしまいます。そこで、合併契約においても、前提条件の不充足を解除事由等とする旨の定めが必要となりますが、どの範囲でこのような定めの効力が認められるかについては慎重な検討が必要です。

4 会社分割契約

Q58にて述べたとおり、吸収分割契約書においては、承継先が事業承継を行おうとする側から承継する権利義務（資産、債務、雇用契約その他の権利義務）に関する事項を定める必要があります（会社法758条1項）。この2号記載事項について、吸収分割によって事業承継を行おうとする側の債務を承継先が承継する場合には、承継先のみが債務を負担する免責的債務引受けの方法と、事業承継を行おうとする側も債務を負担する並存的債務引受の2種類があります。このいずれを採用するかにより、必要とされる債権者保護手続の範囲が異なり、株主に与える影響も大きく代わるため、吸収分割契約においていずれを採用するのかについて定めておく必要があります。

次に、会社分割の効力は包括承継ですので、吸収分割契約において承継の対象とされた契約上の地位は、会社分割により、法律上当然に承継先に承継されます。そして、たとえ、契約において契約上の地位の移転に相手方の承諾を要するとの定めがあったとしても、その定めにかかわらずに会社分割により契約上の地位が移転します。もっとも、契約の定めによっては、その移転が債務不履行にあたる場合もあるため、会社分割契約におけ

る定めは慎重な確認が必要です。

　さらに、事業承継を行おうとする側が有していた許認可について、承継先に承継されるかは許認可を定める法令によることになります。したがって、許認可については、法令を確認のうえ、承継すべき許認可を特定する必要があります。

5　株式交換契約

　株式交換契約の場合も、吸収合併の場合と同様に、承継先から事業承継を行おうとする側であるオーナー経営者に対して、株式交換契約とは別に、補償条項や前提条件を定める法定外契約の締結を求めてくることがあります。この場合、事業承継を行おうとする側であるオーナー経営者としては、補償契約の内容を専門家と十分な協議を行いながら、可能な限り、負うべき負担を軽減する等の方策を検討していくことになります。

　　　　　　　　（太田大三・近内京太・鷲野泰宏・名取恭子・木村一輝）

Question 60

M&Aの契約の締結手続はどのように行われますか。また、留意する点はありますか。

解 説

1 株式譲渡の場合

(1) 売 主

株式譲渡契約は、対象会社（譲渡会社）と承継先（買主）との契約ではなく、対象会社（譲渡会社）の株主（売主）と承継先（買主）との間の契約となります。株式譲渡契約に定めるべき法定記載事項もなく、対象会社（譲渡会社）の株主（売主）が個人であれば、株式譲渡契約を締結するために必要な手続はありません。

もっとも、対象会社（譲渡会社）の株主（売主）が法人である場合に、株式譲渡契約締結が「重要な業務執行」に該当する場合には、取締役会設置会社においては取締役会決議が必要となり（会社法 362 条 4 項）、取締役会非設置会社においては、取締役の過半数による決定が必要となります（同法 348 条 2 項）。さらに、譲渡する株式の帳簿価額が会社の総資産額の 5 分の 1 を超える場合等の一定の場合には株主総会決議が必要となります。

(2) 買 主

承継先（買主）が法人である場合に、株式譲渡契約締結が「重要な業務執行」に該当する場合には、取締役会設置会社においては取締役会決議が必要となり（同法 362 条 4 項）、取締役会非設置会社においては、取締役の過半数による決定が必要となります（同法 348 条 2 項）。

2 事業譲渡の場合

(1) 対象会社（譲渡会社）の手続の概要と留意点

対象会社（譲渡会社）の事業を、承継先（譲受会社）に譲渡する契約であり、当該契約が「事業の全部譲渡」（会社法 467 条 1 項 1 号）または「事業の重要な一部の譲渡」（同条条 1 項 2 号）に該当する場合（以下、ま

とめて「事情譲渡」という）には、対象会社（譲渡会社）は、以下の、会社法に定められた手続を行わなければなりません。なお、「事業の全部譲渡」または「事業の重要な一部の譲渡」に該当するかは専門的な判断が必要ですので、専門家に相談する必要があります。

① 事業譲渡契約書の作成

対象会社（譲渡会社）と承継先（譲受会社）は、事業譲渡契約を締結するために、事業譲渡契約書を作成する必要があります。

② 取締役会による事業譲渡契約（書）の締結の決定手続

当該譲渡契約の締結が、重要な業務執行に該当する場合には、取締役会設置会社においては取締役会決議による決定（同法362条4項）、取締役会非設置会社においては取締役の過半数による決定が必要です（同法348条2項）。

③ 事業譲渡契約（書）の締結

事業譲渡契約（書）の締結は業務執行行為であるため、代表取締役により、事業譲渡契約書の調印を行う必要があります。

④ 株主総会による承認

対象会社（譲渡会社）は、事業譲渡の効力発生日の前日までに株主総会の特別決議によって事業譲渡契約の承認を行わなければなりません（同法467条）。

ただし、承継先（譲受会社）が対象会社（譲渡会社）の特別支配会社である場合には、株主総会の承認は不要です（同法468条1項。略式事業譲渡）。

⑤ 株式買取請求

株主総会で事業譲渡に反対した株主等には株式買取請求が認められており、当該請求がなされた場合には、会社は、買取請求の対象となった株式を「公正な価格」で買い取る必要があります（同法469条）。対象会社（譲渡会社）は、株式買取請求を行使する機会を確保するために、効力発生日の20日前までに、事業譲渡をする旨等を株主に対して、通知（公開会社の場合等には公告で可）しなければなりません（同条3項）。略式事業譲渡の場合は、株式買取請求は認められません（同条2項2号括弧書）。

(2) 承継先（譲受会社）の手続の概要と留意点

対象会社（譲渡会社）の事業を承継先（譲受会社）に譲渡する契約であり、以下の手続を行わなければなりません。

① 事業譲渡契約書の作成
② 取締役会による事業譲渡契約（書）の締結の決定手続
③ 事業全部譲受契約（書）の締結
④ 株主総会による承認、株式買取請求

　譲り受ける事業が、対象会社（譲渡会社）の事業の全部に該当するときは、承継先（譲受会社）は、事業全部譲受けの効力発生日の前日までに株主総会の特別決議によって株式交換契約の承認を行わなければなりません（同法467条1項3号）。

　ただし、承継先（譲受会社）が対象会社（譲渡会社）の特別支配会社である場合（同法468条1項。略式事業全部譲受け）および対価として交付する財産の帳簿価格の合計額が純資産額の5分の1を超えない場合（同条2項。簡易事業全部譲受け）には株主総会の承認は不要です。

　また株主総会で事業の全部譲受に反対した株主等には株式買取請求が認められており、当該請求がなされた場合には、会社は、買取請求の対象となった株式を「公正な価格」で買い取る必要があります（同法469条）。会社は、株式買取請求を行使する機会を確保するために、効力発生日の20日前までに、事業全部譲受をする旨等を株主に対して、通知（公開会社の場合等には公告で可）しなければなりません（同条3項）。略式事業全部譲受および簡易事業全部譲受けにおいては、株式買取請求は認められません（同条2項2号括弧書・469条1項2号）。

3　合併の場合

　合併には吸収合併と新設合併がありますが、新設合併の手法は、吸収合併と比較して登記免許税額が高いこと、営業の許認可がいった取消しとなることが多い等の理由により、事業承継の場面ではほとんど用いられないため、吸収合併の手続について解説します。吸収合併契約は事業承継の対象会社（消滅会社）と承継先（存続会社）の契約であり、会社法に定められた手続を行わなければなりません。

(1) （通常の）吸収合併
① 対象会社（消滅会社）側の手続の概要と留意点
　対象会社（消滅会社）は、概ね以下の順序に従って各手続をふむ必要があり、各手続の留意点は以下のとおりです。
　イ　吸収合併契約書の作成

対象会社と承継先（存続会社）は、合併契約を締結する必要があり（会社法748条）、合併契約書を作成する必要があります。合併契約においては、存続会社および消滅会社の商号および住所等の法定記載事項があるため（同法749条）、法定記載事項については漏れなく合意し、契約書に記載する必要があります。
　ロ　取締役会等による吸収合併契約（書）の締結の決定手続
　吸収合併契約（書）の締結について、取締役会設置会社においては取締役会決議による決定、取締役会非設置会社においては取締役の過半数による決定が必要となります。重要な業務執行については、取締役会設置会社においては取締役会決議による決定、取締役会非設置会社においては取締役の過半数による決定が必要とされているところ（同法362条4項・348条2項）、吸収合併契約は会社の帰趨を左右する契約であり、その契約の締結は重要な業務執行に該当するからです。
　ハ　吸収合併契約（書）の締結
　吸収合併契約（書）の締結は業務執行行為であるため、代表取締役等により、吸収合併契約書の調印を行う必要があります。
　ニ　事前開示事項の本店備置き
　対象会社（消滅会社）は、備置開始日から吸収合併効力発生日までの間、吸収合併契約等の一定の事項を記載または記録した書面または電磁的記録を本店に備え置かなければなりません（同法782条、同法施行規則182条）。
　ホ　株主総会による承認
　対象会社（消滅会社）は、吸収合併の効力発生日の前日までに原則として株主総会の特別決議によって吸収合併契約の承認を行わなければなりません（同法783条。ただし、略式合併手続の例外については後述参照）
　ヘ　株式買取請求・新株予約権買取請求権
　株主総会で吸収合併に反対した株主等には株式買取請求が認められており、当該請求がなされた場合には、対象会社（消滅会社）は、買取請求の対象となった株式を「公正な価格」で買い取る必要があります（同法785条1項）。対象会社（消滅会社）は、株式買取請求を行使する機会を確保するために、効力発生日の20日前までに、吸収合併をする旨、存続会社の商号および住所を買取請求権を有する株主に対して、通知（公開会社等は公告で足りる）しなければなりません（同条3項）。

また、新株予約権者には新株予約権買取請求が認められており、当該請求がなされた場合には、対象会社（消滅会社）は、買取請求の対象となった新株予約権を「公正な価格」で買い取る必要があります（同法787条1項）。対象会社（消滅会社）は、新株予約権買取請求を行使する機会を確保するために、効力発生日の20日前までに、すべての新株予約権者に対して、吸収合併をする旨、承継先（存続会社）の商号および住所を通知または公告しなければなりません（同条3項）。

　ト　債権者異議手続

　対象会社（消滅会社）の債権者は吸収合併について異議を述べることができ（同法789条1項）、異議が述べられた場合には、対象会社（消滅会社）は、合併をしてもかかる債権者を害するおそれがないときを除き、弁済するか、相当の担保を提供するか、またはその債権者に弁済を受けさせることを目的として信託会社等に相当の財産を信託する必要があります（同条5項）。

　対象会社（消滅会社）は、債権者の異議申出の機会を確保するために、吸収合併をする旨等の一定の事項を公告し、かつ知れている債権者に対して個別に催告をしなければなりません（同条2項）。

　チ　株券・新株予約証券の提出手続

　対象会社（消滅会社）の株券は効力発生日をもって無効となること等から、株券を発行している対象会社（消滅会社）は株主から株券の提出を受けることとされています。具体的には、対象会社（消滅会社）は、効力発生日までに株券を提出しなければならない旨を効力発生日の1か月前までに、公告し、かつ株主および登録株式質権者に対して通知しなければなりません（同法219条1項6号）。また、新株予約権についても同様の手続をとる必要があります（同法293条1項3号）。

　リ　合併登記

　対象会社（消滅会社）は、効力発生日において解散されることになるため、対象会社（消滅会社）は効力発生日から2か月以内に本店の所在地において解散の登記をしなければなりません（同法921条）。

　②　承継先（存続会社）の手続の概要と留意点

　承継先（存続会社）は、概ね以下の順序に従って各手続をふむ必要があります。留意点は上記①と同様です。

　イ　合併契約書の作成（同法748条）

ロ　取締役会等による合併契約の承認（同法362条4項・348条2項）
　ハ　合併契約書の締結
　ニ　事前開示事項の本店備置き（同法794条、会社法施行規則191条）。
　ホ　株主総会による承認（会社法795条。ただし、後記簡易合併・後記略式合併参照）
　ヘ　株式買取請求（同法797条）
　ト　債権者異議手続（同法799条）
　チ　合併対価の割当て
　　吸収合併契約で定められた対価の交付を行う必要があります。
　リ　合併登記（同法921条）。
　ヌ　事後開示事項の本店備置き（同法801条）

(2) 簡易合併

　会社法においては、一定の要件を満たす場合には、承継先（存続会社）について、株主総会による承認を得ずに合併を行うことが認められています（簡易合併。同法796条2項）。また、簡易合併においては、反対株主の買取請求権も認められません（同法797条1項柱書ただし書）。合併対価の価額が承継先（存続会社）の純資産額の5分の1以下である場合には、原則として、簡易合併を行うことができます。

(3) 略式合併

　会社法においては、一定の要件を満たす場合には、対象会社（消滅会社）および承継先（存続会社）の双方について、株主総会の承認を得ずに合併を行うことが認められています。（略式合併。同法784条1項・796条）。承継先（存続会社）と対象会社（消滅会社）のうち、一方が他方の特別支配会社（ある株式会社の総株主の議決権の10分の9（これを上回る割合を当該株式会社の定款で定めた場合にあっては、その割合）以上を他の会社および当該他の会社が発行済株式の全部を有する株式会社その他これに準ずるものとして法務省令で定める法人が有している場合における当該他の会社）である場合には、原則として、略式合併を行うことができます。また、略式合併においては、反対株主の買取請求権も認められません（同法785条2項2号括弧書・797条2項2号括弧書）。

3　株式交換の場合

　株式交換契約は対象会社（株式交換完全子会社）と承継先（株式交換完

全親会社）の契約であり、会社法に定められた手続を行わなければなりません。

(1) （通常の）株式交換
① 対象会社（株式交換完全子会社）の手続の概要と留意点
対象会社（株式交換完全子会社）は、概ね以下の順序に従って各手続を踏む必要があり、各手続の留意点は以下のとおりです。

イ　株式交換契約書の作成

対象会社（株式交換完全子会社）と承継先（株式交換完全親会社）は、株式交換契約を締結する必要があり（会社法767条）、上記のとおり、株式交換契約書を作成する必要があります。株式交換契約においては、対象会社（株式交換完全子会社）と承継先（株式交換完全親会社）の商号および住所等の法定記載事項があるため（同法768条）、法定記載事項については漏れなく合意し、契約書に記載する必要があります。

ロ　取締役会による株式交換契約（書）の締結の決定手続

取締役会設置会社においては取締役会決議による決定、取締役会非設置会社においては取締役の過半数による決定が必要となります。なぜならば、重要な業務執行については、取締役会設置会社においては取締役会決議による決定、取締役会非設置会社においては取締役の過半数による決定が必要とされているところ（同法362条4項・384条2項）、株式交換契約は会社の帰趨を左右する契約であり、重要な業務執行に該当するからです。

ハ　株式交換契約書の締結

株式交換契約（書）の締結は業務執行行為であるため、代表取締役等により、株式交換約書の調印を行う必要があります。

ニ　事前開示事項の本店備置き

対象会社（株式交換完全子会社）は、備置開始日から株式交換効力発生日までの間、株式交換契約等の一定の事項を記載または記録した書面または電磁的記録を本店に備え置かなければなりません（同法782条、会社法施行規則184条）。

ホ　株主総会による承認

対象会社（株式交換完全子会社）は、株式交換の効力発生日の前日までに株主総会の特別決議によって株式交換契約の承認を行わなければなりません（会社法783条）。

ヘ　株式買取請求・新株予約権買取請求権

　株主総会で合併に反対した株主等には株式買取請求が認められており、当該請求がなされた場合には、会社は、買取請求の対象となった株式を「公正な価格」で買い取る必要があります（同法785条1項）。対象会社（株式交換完全子会社）は、株式買取請求を行使する機会を確保するために、効力発生日の20日前までに、吸収分割をする旨、対象会社（株式交換完全子会社）の商号および住所を買取請求権を有する株主に対して、通知（公開会社の場合等には公告で可）しなければなりません（同条3項）。

　また、新株予約権者のうち、株式交換契約に承継先（株式交換完全親会社）の新株予約権の交付を受ける旨を定められている新株予約権者等には新株予約権買取請求が認められており、当該請求がなされた場合には、対象会社（株式交換完全子会社）は、買取請求の対象となった新株予約権を「公正な価格」で買い取る必要があります（同法787条1項）。対象会社（株式交換完全子会社）は、新株予約権買取請求を行使する機会を確保するために、効力発生日の20日前までに、新株予約権買取請求の対象者に、株式交換をする旨、承継先（株式交換完全親会社）の商号および住所を原則として通知しなければなりません（同法787条3項）。

ト　債権者異議手続

　対象会社（株式交換完全子会社）が発行する新株予約権付社債の新株予約権について承継先（株式交換完全親会社）の新株予約権が割り当てられる場合には、当該社債権者は、株式交換に異議を述べることが認められています（同法789条1項3号）、異議が述べられた場合には、会社は、株式交換をしてもかかる社債権者を害するおそれがないときをのぞき、弁済するか、相当の担保を提供するか、またはその債権者に弁済を受けさせることを目的として信託会社等に相当の財産を信託する必要があります（同条5項）。

チ　株券・新株予約証券の提出手続

　対象会社（株式交換完全子会社）の株券は効力発生日をもって無効となること等から、株券を発行している対象会社（株式交換完全子会社）は株主から株券の提出を受けることとされています。具体的には、対象会社（株式交換完全子会社）は、効力発生日までに株券を提出しなければならない旨を効力発生日の1か月前までに、公告し、かつ株主および登録株式質権者に対して通知しなければなりません（同法219条1項7号）。また、

新株予約権についても同様の手続をとる必要があります（同法293条1項6号）。
　　リ　事後開示事項の開示
　対象会社（株式交換完全子会社）は、承継先（株式交換完全親会社）と共同して、効力発生日後遅滞なく、一定の事項を記載しまたは記録した書面または電磁的記録を効力発生日から6か月間、本店に備え置かなければなりません（同法791条）。
　② **承継先（株式交換完全親会社）の手続の概要と留意点**
　承継先（株式交換完全親会社）は、概ね以下の順序に従って各手続をふむ必要があります。
　　イ　株式交換分割契約書の作成（同法767条・768条）
　　ロ　取締役会による株式交換契約（書）の承認
　　ハ　株式交換契約（書）の締結
　　ニ　事前開示事項の本店備置き（同法794条、会社法施行規則193条）
　　ホ　株主総会による承認（会社法795条）
　　ヘ　株式買取請求（同法797条）
　　ト　債権者異議手続（同法799条）
　　チ　株式交換対価の交付
　　　株式交換契約で定められた対価の交付を行う必要があります。
　　リ　事後開示事項の本店備え置き（同法801条）
　(2)　**簡易株式交換**
　会社法においては、承継先（株式交換完全親会社）について株主総会による承認を得ずに株式交換を行うことが認められています（簡易株式交換。同法796条2項）。簡易株式交換合併においては、反対株主の買取請求権も認められません（同法797条1項柱書ただし書）。株式交換の対価の価額が承継先（株式交換完全親会社）の純資産額の5分の1以下である場合には、原則として、簡易株式交換を行うことができ、承継先（株式交換完全親会社）においては株主総会による承認が不要となります。
　(3)　**略式株式交換**
　会社法においては、対象会社（株式交換完全子会社）および承継先（株式交換完全親会社）について、株主総会の承認を得ずに株式交換を行うことが認められています（略式株式交換。同法784条1項・796条1項）。対象会社（株式交換完全子会社）と承継先（株式交換完全親会社）のう

ち、一方が他方の特別支配会社である場合には、原則として、略式株式交換を行うことができ、特別支配会社ではない会社においては株主総会による承認が不要となります。また、略式株式交換においては、特別支配会社の株主には反対株主の買取請求権も認められません（同法785条2項2号括弧書・797条2項2号括弧書）。

4　会社分割の場合

　会社分割には吸収分割と新設分割がありますが、合併と同様、新設分割の手法が事業承継の場面ではほとんど用いられないため、吸収分割の手続について解説します。吸収分割契約は対象会社（分割会社）と承継先（承継会社）の契約であり、会社法に定められた手続を行わなければなりません。

(1) （通常の）吸収分割

①　対象会社（分割会社）の手続の概要と留意点

　対象会社（分割会社）は、概ね以下の順序に従って各手続をふむ必要があり、各手続の留意点は以下のとおりです。

　イ　吸収分割契約書の作成

　対象会社（分割会社）と承継先（承継会社）は、吸収分割契約を締結する必要があり（会社法757条）、上記のとおり、吸収分割契約書を作成する必要があります。吸収分割契約においては、分割会社（売主）および承継会社（買主）の商号および住所等の法定記載事項があるため（同法758条）、法定記載事項については漏れなく合意し、契約書に記載する必要があります。

　ロ　取締役会等による吸収分割契約（書）の締結の決定手続

　吸収分割契約（書）の締結について、取締役会設置会社においては取締役会決議による決定、取締役会非設置会社においては取締役の過半数による決定が必要となります。なぜならば、重要な業務執行については、取締役会設置会社においては取締役会決議による決定、取締役会非設置会社においては取締役の過半数による決定が必要とされているところ（同法362条4項・348条2項）、吸収分割契約は会社の帰趨を左右する契約であり、その締結は重要な業務執行に該当するからです。

　ハ　吸収分割契約書の締結

　吸収分割契約（書）の締結は業務執行行為であるため、代表取締役等に

より、吸収分割契約書の調印を行う必要があります。
　ニ　事前開示事項の本店備置き
　対象会社（分割会社）は、備置開始日から吸収分割効力発生日までの間、吸収分割契約等の一定の事項を記載または記録した書面または電磁的記録を本店に備え置かなければなりません（同法782条、会社法施行規則183条）。
　ホ　株主総会による承認
　対象会社（分割会社）は、吸収分割の効力発生日の前日までに株主総会の特別決議によって吸収分割契約の承認を行わなければなりません（会社法783条。ただし、簡易分割・略式分割の例外については後述参照）。
　ヘ　株式買取請求・新株予約権買取請求権
　株主総会で分割に反対した株主等には株式買取請求が認められており、当該請求がなされた場合には、対象会社（分割会社）は、買取請求の対象となった株式を「公正な価格」で買い取る必要があります（会社法785条1項）。対象会社（分割会社）は、株式買取請求を行使する機会を確保するために、効力発生日の20日前までに、吸収分割をする旨、分割会社の商号および住所を買取請求権を有する株主に対して、原則として通知しなければなりません（同条3項）。
　また、新株予約権者のうち、分割契約に承継先（承継会社）の新株予約権の交付を受ける旨が定められている新株予約権者等には新株予約権買取請求が認められており、当該請求がなされた場合には、対象会社（分割会社）は、買取請求の対象となった新株予約権を「公正な価格」で買い取る必要があります（同法787条1項）。対象会社（分割会社）は、新株予約権買取請求を行使する機会を確保するために、効力発生日の20日前までに、新株予約権買取請求の対象者に、吸収分割をする旨、承継会社の商号および住所を原則として通知しなければなりません（同条3項）。
　ト　債権者異議手続
　対象会社（分割会社）の債権者のうち、吸収分割後に対象会社（分割会社）に対して債務の履行を請求することができない債権者は、吸収分割について異議を述べることができ（同法789条1項2号）、異議が述べられた場合には、対象会社（分割会社）は、吸収分割をしてもかかる債権者を害するおそれがないときを除き、弁済するか、相当の担保を提供するか、またはその債権者に弁済を受けさせることを目的として信託会社等に相当

の財産を信託する必要があります（同法789条5項）。
　チ　新株予約証券の提出手続
　承継先（分割会社）が新株予約権発行会社であって、吸収分割により承継会社の新株予約権の交付を受ける新株予約権について新株予約権証券を発行しているときは、対象会社（分割会社）は、効力発生日までに株券を提出しなければならない旨を効力発生日の1か月前までに、公告し、かつ株主および登録株式質権者に対して通知しなければなりません（同法293条1項4号）。
　リ　吸収分割登記
　対象会社（分割会社）は、効力発生日から2か月以内に本店の所在地において変更の登記をしなければなりません（同法923条）。
　ヌ　事後開示事項の本店備置き
　対象会社（分割会社）は、承継先（承継会社）と共同して、効力発生日後遅滞なく、承継先（承継会社）が承継した権利義務等の一定の事項を記載しまたは記録した書面または電磁的記録を効力発生日から6か月間、本店に備え置かなければなりません（同法791条）。

② **承継先（承継会社）の手続の概要と留意点**
　承継先（承継会社）は、概ね以下の順序に従って各手続をふむ必要があります。下記イ〜エおよびヌの留意点は上記①と同様です。
　イ　収分割契約書の作成（同法757条・758条）
　ロ　取締役会による吸収分割契約（書）の承認
　ハ　吸収分割契約（書）の締結
　ニ　事前開示事項の本店備置き（同法794条、会社法施行規則192条）
　ホ　株主総会による承認（会社法795条。ただし、後記簡易分割・略式分割参照）
　エ　株式買取請求（同法797条）
　ト　債権者異議手続（同法799条）
　チ　吸収分割登記（同法923条）
　リ　分割対価の交付
　吸収分割契約で定められた対価の交付を行う必要があります。
　ヌ　事後開示事項の本店備置き

(2) **簡易分割**
　会社法においては、一定の要件を満たす場合には、株主総会による承認

を得ずに会社分割を行うことが認められています（簡易分割）。

① 対象会社（分割会社）の簡易分割

承継先（承継会社）に承継させる資産の帳簿価額の合計額が対象会社（分割会社）の総資産額の5分の1を超えない場合には、原則として、簡易分割を行うことができます（会社法784条2項）。対象会社（分割会社）において簡易分割が行われる場合には、株主総会による吸収分割の承認は不要であり（同条同項）、また、株式買取請求権も認められません（同法785条2項2号）。

② 承継先（承継会社）の簡易分割

分割に際して交付する分割対価の価額が承継先（承継会社）の純資産額の5分の1を超えない場合には簡易分割を行うことができます（同法796条2項）。承継先（承継会社）において簡易分割が行われる場合には、株主総会による吸収分割の承認は不要であり（同条同項）、また、株式買取請求権も認められません（同法797条1項ただし書）。

(3) 略式分割

会社法においては、一定の要件を満たす場合には、対象会社（分割会社）および承継先（承継会社）について、株主総会の承認を得ずに吸収分割を行うことが認められています（略式合併。同法784条1項・796条1項）。対象会社（分割会社）と承継先（承継会社）のうち、一方が他方の特別支配会社である場合には、原則として、略式分割を行うことができ、特別支配会社ではない会社においては株主総会による承認が不要となります。また、略式分割においては、反対株主の買取請求権も認められません（同法785条2項2号括弧書・797条2項2号括弧書）。

（太田大三・近内京太・鷲野泰宏・名取恭子・木村一輝）

Question 61

M＆Aを行う場合、従業員や取引先に対する説明はいつ、どのように行えばよいですか。

解説

1 　従業員や取引先に説明を行うか否かの判断において考慮すべき事情

　M＆Aによる事業承継を実行するにあたっては、従業員や取引先への説明をどのタイミングでどのように行うかが重要な問題となります。具体的には、以下のような事情を考慮して判断していく必要があります。

(1) **事業価値を毀損する可能性**

　従業員や取引先に対して早期にM＆Aを行おうとしているという情報を開示すると、あらぬ憶測等や混乱を生じさせ、取引先が取引を断ってきたり、従業員が退職したりしてしまうケースも多く見られます。このような場合には、事業価値が毀損されてしまうことになります。

(2) **「買い叩かれる」可能性**

　従業員や取引先に対して情報を開示した結果、対外的に情報が漏れてしまうと、取引先や従業員のみならず、世間的にも当該事業の属する会社はM＆Aを行うはずだと見られてしまうことから、結果的に「買い叩かれてしまう」可能性があります。

(3) **インサイダー取引の誘発のおそれ**

　いかなる承継先候補との間で交渉を行っているかについての情報まで結果的には対外的に開示されてしまうことになりますと、事業承継を行おうとする対象会社や承継先候補が上場会社であるような場合には、従業員や取引先によりインサイダー取引を誘発させてしまうおそれがあります。

2 　具体的な交渉を行う前に情報を開示するか否か

　上記(1)～(3)のような懸念があることから、一般的には、承継先候補との具体的な交渉に入る前に、全従業員向けや全取引先向けに説明を実施することはありません。

　もっとも、従業員に関しては、承継先候補によるデュー・ディリジェン

スに応じて情報を開示する作業や、具体的な交渉の際のさまざまな作業を実施する必要があることから、まったく情報を開示しないままでは交渉を進めることはできません。このため、M&Aを実行するために必要不可欠な少人数の役員・従業員に限って、説明を実施することが通常です。

一方取引先ですが、取引先の中には、事業承継後も当該取引先との取引が継続しなければ事業そのものが継続できないような取引先が存在する場合もあります。このような取引先が存在する場合には、詳細な情報までは開示しないとしても、あらかじめ一定程度の説明を行っておくこともあり得ます。

3 最終契約締結後の従業員・取引先への説明

(1) 従業員に対する説明

特に法令等（労働契約承継法等）に基づき事前に従業員に情報を開示するための手続が必要となるような場合（下記④、⑤）を除き、M&Aの最終契約が締結されてから実行されるまでの間に、全従業員に対して情報を開示することが通常です。

① 説明の担当者

M&Aの最終契約が締結された後に従業員に対して説明を行う場合には、可能な限り、実際に事業承継を行った経営者自身またはこれに準じる立場の者が説明を行うことが適切と考えられます。なぜなら、これまで対象となる事業に従事していた従業員からすれば、事業承継が実施されることは極めて大きな関心事となりますので、経営者自身が説明を行うことによって無用な混乱を避けられるからです。

② 説明の方法

説明の方法としては、特に従業員の人数が多くてそれが困難であるような場合を除き、書面やメール等で説明を行うのではなく、従業員を一堂に集めて説明を行うことが望ましいといえます。

③ 説明内容

説明する内容としては、従業員に対してM&A契約の詳細な内容まで説明を行うことはほとんどありません。通常は、事業承継を行うに至った背景・経緯、M&A契約の相手方に関する概括的な説明、M&A契約の概要の説明を行うとともに、従業員の不安を解消して混乱を回避するという観点から、特に従業員の今後の処遇に関する事項（従業員の処遇につき承継

先との間で何らかの合意を行っている場合にはその内容を含む）について説明を行うことが一般的です。

④　会社分割の場合

会社分割を行う場合、分割会社は、会社分割に伴う労働契約の承継等に関する法律（労働契約承継法）および商法等改正法附則5条に基づき、従業員との協議や従業員への通知をする必要があります。すなわち、分割会社は、分割契約等について株主総会の決議による承認を要するときは当該株主総会の日の2週間前の日の前日、分割契約等について株主総会の決議による承認を要しないときは、吸収分割契約が締結された日または新設分割計画が作成された日から起算して2週間を経過する日までに、順次、「労働者の理解と協力を得る」措置（労働契約承継法7条）、労働者との協議（商法等改正法附則5条）および分割に関する事項や労働契約の承継に関する通知（労働契約承継法2条）を行う必要があります。

⑤　事業譲渡の場合

事業譲渡の場合には、厚生労働省の定める「事業譲渡又は合併を行うに当たって会社等が留意すべき事項に関する指針」に基づき、労働組合等や承継予定労働者との間で、当該労働者の真意に基づく同意を得るために十分な時間的余裕をみて事前の協議を行うことが求められます。

(2)　取引先への説明

取引先に対する情報の開示も、従業員に対する説明と同様、特に契約に基づき事前に取引先に情報を開示するための手続が必要となるような場合（下記③の融資契約に定めがある場合等）を除き、M＆Aの最終契約が締結された後に実施することが通常です。

その説明の方法や内容等については、承継対象事業を遂行するうえで当該取引先がどの程度の重要性を有しているかによって、以下のとおり、異なります。

①　通常の取引先

まず、通常の取引先については、M＆A取引の実行前後に、書面により通知を行うこともありますが、特に説明を行わないこともあります。特に株式譲渡のように支配権のみが移転するような場合には、特に必要がない限り、取引先に対する説明は行わないのが通常です。

②　重要な取引先

一方、重要な取引先については、M＆A取引を実行する前の段階で、代

表者や担当者が取引先に赴き、説明を行うことが一般的です。また、特に重要な取引先については、事業承継の実行後の円滑な事業の遂行のため、担当者のみならず、承継先の従業員が同行して、取引先にあいさつを行うこともあります。

③　金融機関

金融機関との融資契約等の取引契約においては、金融機関に対するＭ＆Ａを行うことについて事前の説明や承諾を必要としている場合も多くあります。たとえば、融資契約において、金融機関の同意がない限り、合併・会社分割等の組織再編行為や重要な資産・事業の第三者への譲渡を行わない旨の誓約事項（コベナンツ）を定める例があります。このような場合、Ｍ＆Ａ取引を実行する前の段階で代表者や担当者が金融機関に赴き、説明を行うことになります。

もっとも、あまりにも早期に説明に行くと対象事業に対する将来性に疑念を抱かせてしまい、融資取引にマイナスの影響が及ぶリスクがありますので、そのような事前説明を行う場合であっても、ある程度Ｍ＆Ａ交渉が熟してきた頃に説明を行うのが望ましいでしょう。

④　債権者保護手続

会社法は、合併や一定の会社分割等、類型的に債権者の利害に影響を及ぼす可能性のある組織再編を行う場合には、効力発生日の１か月以上前から官報による公告と知れている債権者への個別の催告（原則）を行い（会社法789条２項・799条２項・810条２項）、債権者から異議があれば「債権者を害するおそれがないとき」を除き弁済等の措置を講じる必要があります（同法789条５項・799条５項・810条５項）。

（太田大三・近内京太・鷲野泰宏・名取恭子・木村一輝）

Question **62**

M&A契約を締結した後の対価の受領と会社（事業）の引渡しはどのように行われますか。また、留意する点はありますか。

解 説

1 クロージング

対価を受領し、会社（事業）の引渡しを実行することをクロージングといいます。通常は、売主、買主双方の関係者が、売主または買主の事務所、どちらかの取引金融機関の会議室等で一堂に会して行われます。株式譲渡スキームによる場合、クロージング当日の原則的な手順は以下のようになります。

① 買主による（売主が準備した）クロージング関連書類（後述）の確認
② 買主による対価の売主の金融機関口座への（買主の取引金融機関宛）送金指示
③ 売主による対価の（売主の取引金融機関宛）着金確認
④ 株主名簿書換え（株券発行会社の場合な株券の引渡し）
⑤ 売主から買主へのクロージング関連書類、重要物（後述）の引渡し

ただし、実務上は、プレクロージング（後述）等を活用して、買主が前日に送金予約を行い、当日は売主による着金確認からスタートすることが多くなっています。

2 クロージング当日のその他の手続

クロージングと同日に行われる可能性のあるその他の手続には以下のものが挙げられます。

(1) 臨時株主総会、取締役会

一般的にクロージングと同日に代表者および取締役の交代が行われます。このとき、譲渡対象会社では新役員選任の臨時株主総会、代表取締役選任の取締役会が開催されます。

(2) **借入金の返済**（借り換え）

譲渡対象会社において既存の借入金の返済が予定されている場合、たとえば、買主からの返済資金の貸付（または買主の取引金融機関への借り換え）、担保・保証の解除（変更）等の手続が行われます。

(3) **役員退職金の支払**

旧取締役の退任に伴い、役員退職金の支払が行われます。特にオーナー経営者については、退職金が対価の一部を構成することもあり、後日の支払であっても、クロージングの一環として確実にフォローする必要があります。

3 クロージング関連書類等

(1) **クロージング関連書類**

株式の譲渡制限のある会社の場合は、譲渡承認決議のあった取締役会議事録、譲渡承認請求書・承諾書等、役員の退任が予定される場合は、辞任届等が関連書類となります。また、借入金が返済される場合は、その手続書類（たとえば担保・保証に関わるもの）が関連書類となります。

さらに、クロージングに際しての前提条件が設定されている場合は、その前提条件が充足されていることを証する書面もこれに含まれます。

(2) **重要物**

一般的には、実印、印鑑カード、通帳、小切手帳等がクロージング日に引き渡される重要物となります。

4 留意点

(1) **クロージングの開始時間**

複数の株主に対価を支払うケースや複数の金融機関に借入金を返済するケース等では、金融機関への送金指示と着金確認が並行・連続し、その結果、手続に時間を要することがあります。したがって、金融機関の当日送金の可能な時間を意識し、また、同日に役員・代表者の変更登記を行う場合の法務局への移動時間を確保するため、クロージング手続は午前中に完了するように朝からスタートします。

(2) **プレクロージングの設定**

クロージング日の当日に関連書類に不足や不備が発見された場合は、クロージングができないリスクもあります。このため、クロージングの前日

または数日前にプレクロージング日を設定して、売主・買主同席のもと、事前に関連書類の確認を行い、前提条件がある場合は、その充足・不充足を確認します。また、主に買主側の司法書士による関連書類の事前確認も有効です。

(3) 許認可、主要な契約

事業譲渡スキームの場合には、関連する許認可、主要な契約がクロージング日から承継会社において有効となるよう特に配慮する必要があります。したがって、それぞれの許認可、主要な契約の承継が事後の手続で足りるのか、事前に手続をする必要があるのかについて、M&Aプロセスの早い段階で確認しておくべきです。

(4) 金融機関のクロージングへの協力

クロージング時の対価の授受において、スムーズな送金、着金確認の方法の提案や実行のサポート等は金融機関が存在感を発揮できる事項です。特に債務整理的な要素を含む案件では、送金、着金確認が連続化、複雑化するケースもあり、クロージング当日の資金の流れの整理や事前の送金事務の手配等では一定の役割を担うことができます。

5 クロージング後の銀行取引

当該クロージングをもって譲渡対象会社との銀行取引（主に貸付）を解消するか、その後も銀行取引を継続するか（継続したいか）、金融機関としては早期に明確な方針（希望）を決め、M&Aの初期段階から積極的に関わりながら、譲渡対象会社はもちろん、譲受候補先にも、プロセスの当初からその意思表示をすることが重要です。そのような意思表示をすることで金融機関の意向が前提条件として考慮される可能性が高まります。

（金井　厚）

Question 63

M＆Aの契約と実行後、事業の引継ぎを円滑に行うにはどうすればよいですか。引継ぎ後、金融機関としてはどのような点に留意すべきですか。

解　説

1　事業の円滑な引継ぎ

　M＆Aは、M＆Aの契約と実行により終わりを迎えるわけではなく、むしろ、その日から事業の引継ぎと新たな体制での経営がスタートします。したがって、M＆Aの契約と実行後、事業の引継ぎを円滑に行うには、M＆Aの契約と実行以前のできるだけ早い段階から、M＆Aによりめざすシナジー効果を明確に意識し、それを具現化するための統合計画、事業計画を策定する必要があります。

　M＆Aの交渉段階においては、取引条件やM＆Aの成立そのものに意識が集中しがちですが、トップ面談や現地視察の実施に際しては、企業文化や風土の違いを認識し、ソフト面でいかにして融合を果たしていくかを、また、デュー・デリジェンスの実施に際しては、最終的な取引条件またはM＆Aの実施の可否を決定するための形式的な手続としてではなく、経理、総務、労務、ビジネス等の多岐にわたるハード面の統合のために必要な情報の収集と、シナジー効果の最大化を図るための戦略を練る機会としてとらえ、昇華させることで、ＤＡＹ１（新体制発足の初日）に向けた準備を整えていくことが重要です。

　M＆A後においては、策定した計画に基づき統合プロセスを進めていくこととなりますが、事業環境の変化等から想定外の事態が発生し、計画どおりに進捗しない場合には、適宜必要な修正を加え、対応していくＰＤＣＡサイクルを回していかなければなりません。また、M＆Aによりめざすシナジー効果が、M＆Aの契約と実行後、３か月、半年、１年で、どの程度実現できているのかを定期的に検証し、評価することも忘れてはいけません。

　そして何よりも、組織は人であり、技術やノウハウ、素晴らしい製品やサービスを生み出し、取引先や顧客の期待に応える原動力は、譲渡企業に

属する有能な従業員であるということを前提に、M&Aの存在がオープンになった時点で従業員に走る衝撃の大きさと、不安に駆られ、誤解する者も出てくる可能性があることを予期しておかなければなりません。そういった事態に陥らないように、経営トップや経営幹部が強いリーダーシップをもってビジョンを明確に示し、変えるべきところと変えるつもりのないところを具体的に発信、伝達することで、不安や誤解を払拭すると同時に、迅速な統合によるM&Aの成功に向けた第一歩をふみ出すことが重要です。

M&Aは、経営課題の解決、経営戦略の実現のための手段であって、目的ではありません。したがって、M&Aは、真の統合によりめざすシナジー効果を享受してはじめて成功といえることを、M&Aの当事者のみならず、それを支援する金融機関としても理解しておかなければなりません。

2 金融機関としての留意点

金融機関としては、M&Aの契約と実行後、買収企業と譲渡企業のそれぞれとの関係において、以下の点に留意が必要です。

まず、買収企業との取引がある（またはM&Aを機に開始する）場合、特に買収資金に係る融資を行うに際しては、買収企業が譲渡企業をグループに取り込むことによる影響と成長戦略に係る事業計画の検証による慎重な判断が必要であり、買収企業のオペレーションが機能し、想定どおりの統合が実現できているかをモニタリングする必要があります。

譲渡企業との関係においては、まずもってM&A後も取引を継続（またはさらに拡大）するか否かについて、M&Aが必ずしも成功するとは限らないことも考慮のうえで、金融機関としての慎重な判断が求められます。そのうえで、M&A後も取引を継続（またはさらに拡大）する場合においては、買収企業との取引と同様、譲渡企業において、経営者や株主が代わり、運営や業績に多少の変化が生じていくことを念頭に、金融機関として支援をしていく必要があります。

（石川紘平）

Question 64

M&Aにおけるトラブルは主にどのようなことがありますか。また、その対処法について教えてください。トラブルに巻き込まれないようにするにはどうしたらよいですか。

解説

1　M&A契約が締結されなかった場合や実行されなかった場合のトラブルと回避方法

(1)　**発生しがちなトラブル**

承継先候補が、対象事業（対象会社）の買収を望み、デュー・ディリジェンスを実施したうえで長時間の交渉を行う等、多額の費用を支出したにもかかわらず、最終的に契約が締結されなかった場合や実行されなかった場合には、不満を持つ当事者が、相手方やアドバイザーに対して、その費用の賠償を請求するというトラブルに発展する場合があります。

そして、判例上、相手方の契約交渉中の態度いかんによっては、相手方に対するこれらの費用の賠償請求が認められる場合があります。

(2)　**契約締結上の過失責任**

この請求の根拠として主張されるものの1つに、契約締結上の過失責任があります。これは、契約締結交渉の過程において、交渉の進捗度合いや一方当事者の言動により、相手方に契約締結は確実であるとの信頼が生じた場合には、正当な理由がないにもかかわらず契約を締結しないときは、その一方当事者は、信義則上、契約が締結されると相手方が信じたことにより発生した損害（信頼利益）につき、賠償義務を負うとするものです（最判昭和59・9・18金融・商事判例711号42頁等参照）。

(3)　**独占交渉義務・誠実交渉義務違反**

もう1つの根拠には、基本契約上の独占交渉義務や誠実交渉義務の違反があります。つまり、M&A契約の締結に先立って締結される基本契約において、相手方に対して独占交渉権を付与する条項や相互に誠実交渉義務を課す条項を定める場合がありますが、相手方がこれらの条項に違反したと主張して損害賠償を求める場合があります。たとえば、有名な住友信託銀行対UFJホールディングス事件（東京地判平成18・2・13金融・商事判例1237号7頁）では、住友信託銀行は、UFJホールディングスに対し、

基本合意書に基づく独占交渉義務および誠実協議義務に基づき損害賠償請求を行っています。

(4) トラブルを避ける方法

まず、金融機関がアドバイザーとしてM&Aに関与する場合には、金融機関は、契約締結の支障となりうる事象を早期に発見するように努めるとともに、何らかの支障となりうる事象を発見したときには、速やかに、かつ正確に依頼者に伝達することが肝要です。これは、デュー・ディリジェンスを会計事務所や法律事務所等の第三者に委託する場合も同様で、これらの委託先に対して、重要事実の発見時には、報告書の提出を待たずに開示をするよう要請しておくことが有効です。

このようにして依頼者がその時々の状況に応じて正しく手続、交渉を続行するかについて判断することができるような状況を確保します。さらに、金融機関としては、アドバイザーとして、依頼者が適時にM&A交渉を続行しないとの判断になった場合には速やかにそれを相手方に伝えることも重要となります。

次に、金融機関がM&Aの資金を融資する形で関与する場合には、間違ってもM&Aが実行されない場合に融資を実施してしまうことのないよう、M&Aのクロージングと融資の実行を同時に行うことが必要です。

3 M&Aが実行された場合のトラブルと回避方法

(1) 発生しがちなトラブル

① M&A実行後における新たな事実の判明・発生

M&Aが実行された場合、契約交渉時や実行前には前提としていなかった事実が判明ないし発生することによりトラブルが生じる場合があります。たとえば、株式譲渡や事業譲渡の実行後に、承継対象事業において損害賠償債務や未払残業代等の簿外債務が判明したり、保証債務等の偶発債務が現実化したり、重要な役職員が離職してしまったり、債権者から事業譲渡等が詐害行為取消請求や破産法上の否認請求を受けたりすることがあります。このような場合、損害を受けた承継先は、承継元に対し株式譲渡契約や事業譲渡契約に基づき、債務不履行責任や表明保証責任に基づき損害賠償請求をし、トラブルに発展することになります。このようなケースにおいて、金融機関がM&A資金の融資を行っていた場合には、金融機関も資金の返済についての不安が生じることになり、トラブルに巻き込まれ

る結果となります。
② アドバイザリーに対する報酬拒絶・損害賠償
　承継先が、自らのアドバイザーに対して、アドバイザリー契約の報酬の支払を拒絶したり、債務不履行等を理由として損害賠償請求をしたりする場合もあります。
　この点に関する裁判例として、東京地裁平成18年9月14日判決（ＬＬＩ／ＤＢ判例秘書登載）では、営業譲渡の譲受人が譲渡人からの開示資料に重大な誤りがあったとして、自らのアドバイザーのＭ＆Ａ仲介業者に対して債務不履行責任を追及したのに対し、裁判所は、仲介業者は、譲受人において譲受財産や帳簿等の調査をしうる程度の資料を入手し、これを提供すべき義務を負っているにすぎず、これを超えて譲受人において、譲渡人が提供する資料等についてその内容を精査し、不適正な情報、資料が原告提示されないようにする義務まで負うものと認めることはできないとして、その請求を棄却しました。
　一方、東京地裁平成25年7月24日判決（判例タイムズ1403号184頁）では、対象会社の破産管財人が、対象会社のアドバイザーの助言に従って行った事業譲渡が破産法上の否認行為に当たるとして、当該アドバイザーに対して損害賠償請求を行った事案において、裁判所は、アドバイザーが、対象会社が事業譲渡時点において支払不能の状態にあったことを認識し、あるいは、認識しないことに過失があり、また、当該事業譲渡には否認のリスクがあることを認識していたことから、当該アドバイザーが、否認対象行為に該当する事業譲渡を提案したことについて、債務不履行があるとして、請求の一部を認めています。
(2) トラブルを避ける方法
　① このようなトラブルを避けるために、株式譲渡契約や事業譲渡契約において、クロージングの前提条件や表明保証条項、あるいは価格調整条項において、Ｍ＆Ａの実行後に判明・発生しうる事象に対応できるようにしておくことが行われています。さらに、承継先がクロージング日に代金全額を支払った場合には、承継先から資金が直ちに流出することにより、表明保証違反等に基づく補償請求をしても回収ができないということもあり得ます。そこで、これに対応するため、料金支払を分割払とすることや、エスクローサービスを利用すること（補償請求の行使可能期間中、代金額のうちの一定額をエスクロー事業者に預託すること）が考えられます。

しかしながら、表明保証に基づく補償や価格調整等の金銭的な補償は、重大な事象に対して有効な手当てとならない場合も多く、かといってM＆A契約を解除しようにも、M＆Aの実行によりすでに人事や取引先の関係をはじめとした大きな影響が生じているため、解除が現実的でない場合も多いです。このような事態を未然に防止するためには、契約締結・実行に至る以前に十分なデュー・ディリジェンス等を通じた対象会社の調査をしておくことが肝要です。

　②　次に、アドバイザーとして関与する金融機関がアドバイザリー契約に関するトラブルに対応するためには、アドバイザリー契約において金融機関の負う債務の内容を明確にしておくことが重要です。特に具体的に委任を受ける事項については、可能な限り明確かつ限定的に記載するのがよいでしょう。もっとも、アドバイザリー契約が（準）委任契約である以上、基本的には、金融機関がその事務処理をするにあたり善管注意義務を負うことは免れないところです。そして、この善管注意義務は、当該業界における平均的な知識・能力の水準を基本としますので、金融機関がアドバイザリー契約の不履行責任を負わないためには、日頃広く関連知識を収集し、業界の平均的水準を上回る知識・能力の習得とこれに基づくサービスの提供を行うことが肝要です。

　　　　　　　（太田大三・近内京太・鷲野泰宏・名取恭子・木村一輝）

第4章　M&A

Question 65

M&Aにおける承継先にM&A資金を融資するにあたり、金融機関として留意すべき点はありますか。

解　説

1　M&A資金融資の方法〜リコース・ローンとノン・リコース・ローン

　金融機関が、M&Aの実行に必要な資金を融資する方法には、①承継先の信用力に依拠して行われる場合（リコース・ローン）と、②対象事業（対象会社）の事業価値のみの信用力に依拠し、承継先の信用力には依拠せずに行われる場合（ノン・リコース・ローン）とがあります。ノン・リコース・ローンは、承継先が設立した対象事業（対象会社）の買収主体となるSPCに対して融資を実行する等の方法により行われます。

　これらの融資は、多くの場合、①融資の申込を受けた金融機関が、主要な契約条件の概要を記載した融資に関する法的拘束力を生じさせない「意向表明書（インディケーション・レター）」を発行し、その後、②対象会社の信用力の精査等をしたうえで、一定の法的拘束力を生じさせる「コミットメント・レター」を発行し、③最終的なM&A契約の条件の確定を経て、「融資契約書」を締結して実行されます。

　金融機関がこれらの融資をする場合の最大の留意事項は、いかにその信用力を確認し、返済の担保を確保するかという点にあることはいうまでもありませんが、特に②のノン・リコース・ローンではより慎重な対応が求められるため、以下ではノン・リコース・ローンを行う場合を念頭に留意点を解説します。

2　信用力の正確な評価およびその確認

　第1に、M&Aにおける融資、特に、ノン・リコース・ローンは、対象事業（対象会社）の事業価値に信用力を見いだして与信をする以上、対象事業（対象会社）の事業価値を正確に評価、確認することがなによりも重要です。とりわけ、事業価値評価の前提となる事実の認識について、誤りが生じないよう、十分に注意する必要があります。実務上、多く問題とな

るのは、以下のような問題が融資後に判明する場合です。
① 簿外債務　第三者に対する契約、不法行為や製造物責任に基づく債務、従業員に対する未払賃金等の簿外の債務の存在が判明すること
② 偶発債務　対象会社の保証債務等の偶発債務が事後的に発生すること
③ 許認可の欠缺・瑕疵　対象会社が対象事業の許認可を有していないことが判明し、あるいは事後的に行政官庁から停止または取り消されること

このようなことが事後的に判明することのないよう、融資契約の締結前、または法的拘束力のあるコミットメント・レターの提出に先立ち、承継先の実施したデュー・ディリジェンスの報告書や資料の開示を受け、疑問点については、承継先に問い合わせ、資料の提示を求める等の方法により、問題がないことを十分に確認することが重要です。金融機関がＭ＆Ａ契約の締結に先立って、各レターを提出し、または融資契約を締結する場合には、融資実行の前提条件に、上記のような問題が発覚しないことを定めておき、問題の発覚時に融資義務を負わない旨の措置を講じておくことが必要です。

3　融資契約上の対応

第2に、コミットメント・レターや融資契約においては、金融機関が、対象事業（対象会社）の信用力を継続的に確認することをできる旨の条項を定めたうえで、Ｍ＆Ａ契約の実行前に信用力がないことが判明した場合に融資義務を負わない旨の措置を講じるとともに、Ｍ＆Ａ契約の実行後に信用力が減じることを防止するための措置を講じることが必要です。具体的には、融資契約において以下のような条項を定めるのが通常です。
① 融資実行の前提条件　融資実行の前提条件として、借主によるＭ＆Ａの適法性・適式性（機関決定等）を確認するための書類等の提出、既存借入金の返済、表明保証の充足等を定めます。
② 表明保証　財務諸表の真実性等信用力の前提となるさまざまな事実の真実性を借主が表明保証することを定めます。
③ 誓約事項（コベナンツ）　Ｍ＆Ａの実行後に対象会社の信用力が低下することのないよう、借主による財務諸表の提出義務、純資産額の確保義務、第三者からの借入や新株発行の制限、資金の貸付人口座へ

の集中義務等を定めます。

4　十分な担保の取得

　第三に、対象会社の返済を担保するため、対象会社のすべての主要な資産に担保権を設定するのが通常です。具体的には、対象会社の不動産（抵当権）、預金債権（質権）、保有株式（質権）はもとより、担保に適する在庫品や車両等の動産（譲渡担保・自動車抵当等）、保証金や保険金債権（質権）、売掛債権（質権・譲渡担保）等がないかどうかを確認し、あればこれらに担保権を設定することが必要です。さらに、グループ会社が存在する場合には、その連帯保証を取得することも検討が必要となります。

　　　　　　　（太田大三・近内京太・鷲野泰宏・名取恭子・木村一輝）

Question 66

社会福祉法人の事業承継をM＆Aで行う場合の留意点を教えてください。

解説

1　社会福祉法人とは

社会福祉法人とは、社会福祉事業を行うことを目的として、社会福祉法の規定に基づき、所轄庁の認可を受けて設立される法人です（社会福祉法22条）。

社会福祉法人は、公益法人から発展した特別法人であり、社会福祉事業を行うことを目的とし、解散時の残余財産は社会福祉法人その他社会福祉事業を行う者に帰属しなければなりません。このような残余財産の帰属方法から、法人設立時の財産拠出は寄付で行われ、寄付者の持分は認められていません。

さらに、施設入所者・利用者の福祉の向上を図るため、施設整備に対し、国・市町村から一定の補助制度がある点、社会福祉事業の公益性、健全な発達を図る観点から、法人税、住民税等につき税制上の優遇措置がある点も特徴的です。

2　M＆Aの方法

(1)　M＆Aの方法

M＆Aの手法としては、①役員交替、②合併、③事業譲渡の3つがあります。

社会福祉法人には、株式会社における持分といった概念がないため、出資持分の譲渡は行えません。株式会社では、旧経営者は、株式の譲渡対価として、金銭等何らかの対価を受領しますが、社会福祉法人では同様の方法が行えません。そのため、事業承継をM＆Aで行う際には、社会福祉法人から旧経営者に役員退職慰労金を支払うといった方法が一般的です。

また、株式会社に規定されている会社分割は、社会福祉法人では規定されておらず、分割制度を利用することはできません。

(2) 役員交替

役員交替は、社会福祉法で規定する役員および評議員の選任・解任手続を経るのみですので、最も簡単な手続であり、取引コストも低廉です。

ただし、社会福祉法人は一定の公共性を確保するため、理事については、各理事と親族等特殊の関係のある者が一定数を超えないこと、評議員については各評議員・各役員と特殊関係に当たる者は評議員にはなれないこと等、利害関係者の役員就任について一定の制限を設けていますので、この点にも留意が必要です。

(3) 合　併

社会福祉法においては合併手続を規定しており、新設合併および吸収合併のいずれも行うことができます。

合併には所轄庁の認可が必要なため、事前に所轄庁と相談・協議を行うことが必要です。また、理事の議決、債権者保護手続が必要とされている点等も留意が必要です。

(4) 事業譲渡

社会福祉法においては、事業譲渡の規定はありませんが、財産の処分として事業譲渡が認められることがあります。事業譲渡は所轄庁との相談・協議、許認可の取得等、手続が最も煩雑であり、不動産取引税、消費税等が発生し、他の方法と比較して取引コストが多額となる傾向があります。

合併同様、財産の処分にあたっては所轄庁の承認が必要なため、事前に所轄庁と相談・協議を行うことが必要です。また、事業譲渡においては、権利義務が個別承継されるため、事業を譲り受ける法人において事業に必要な各種許認可の申請・認可が必要となるケースも想定されるため、各種行政機関との調整が必要となります。さらに、国庫補助事業により取得した財産は、各省庁の長の承認を受けないで補助金等の交付目的に反して使用等することを禁止しており、原則として厚生労働大臣の承認が必要となります。

なお、厚生労働省社会・援護局と社会福祉法人の経営者、学識者等で構成された社会福祉法人経営研究会がとりまとめた『社会福祉法人における合併・事業譲渡・法人間連携の手引き』が公表されており、合併・事業譲渡のスケジュールや進め方等について、実務上の参考となります。

（齊藤浩昭）

Question 67

医療法人の事業承継をM&Aで行う場合の留意点を教えてください。

解説

　この数年における医療・介護業界に関連する主要な施策のキーワードの1つとして「医療機関の機能分化」が挙げられます。今後、これらの施策が推進されれば、医療機関の再編・集約・統合が加速していくと予測され、最近では医療法人を中心にM&Aの活用が散見されるようになってきています。

　一般企業のM&Aと比較した医療法人のM&Aの特徴としては、①社会的意義が高い、②経営母体および医療法人の種類がさまざま、③病院の場合は総資産額が比較的大きい、④法律や行政による規制（認可・届出）が多い、⑤スキームの選択肢が少ない、⑥買い手の探索が限定される等が指摘されています。

　ただし、第6次改正医療法による規制緩和で、分割スキームが選択できるようになり、現時点で医療法人のM&Aで活用できるスキームとしては、①出資持分譲渡（社員交代）、②事業譲渡、③合併、④分割の4つとなっています。

　ここでは、医療法人が活用できるスキームの中で①の出資持分譲渡について詳しく説明します。出資持分譲渡（社員交代）は、医療法人の議決権を行使できる社員たる地位の譲渡となります。一般的には、出資者＝社員であることが多いため、出資持分譲渡という形で進められます。

1　出資持分譲渡のメリットとデメリット

　出資持分譲渡は、持分ありの医療法人社団で活用されるスキームです。持分ありの医療法人とは、定款に出資持分の定め（社員の退社による出資持分の払出、医療法人解散による残余財産の分配）を設けている医療法人をいいます。出資持分譲渡は、行政等の手続が必要ないためクロージングまでの期間が短いことがメリットとして挙げられます。これは、当事者同士で進めることができるため、交渉が開始してから3～6か月程度でク

ロージングまで進めることが多いです。急ぐ場合は1～2か月程度で進めることもできます。なお、合併や事業譲渡の場合は、当事者同士で進められるものではなく、行政の認可や医師会の承認等の手続が必要となるため、交渉が開始してからクロージングまで6～12か月程度要することが多いです。

また、従業員および各業者との契約変更が必要ないことから、現場への影響を最小限に抑えることができることがメリットとして挙げられます。これは、出資持分譲渡の場合、医療法人の出資者、社員、役員が交代するだけであり、従業員（雇用契約）や各業者等（銀行、不動産、薬品等）の契約関係はすべてそのまま引き継がれることになるからです。なお、事業譲渡の場合は、従業員もいったん退職して再雇用、取引先ともすべて契約を解除して再契約する形となるため、現場への影響が大きくなることが多いです。

一方、デメリットとしては、出資持分譲渡は、病院という事業だけでなく、医療法人そのものを引き継ぐことになるため、医療法人に関わる偶発債務や医療訴訟、労働訴訟、診療報酬不正請求等のリスクも引き継ぐことになります。したがって、第三者による財務デュー・デリジェンスや法務デュー・デリジェンスの必要性が高いです。

2　スキーム構築上のポイント

出資持分譲渡は、医療法人の出資者、社員、役員の交代により実行されることになるため、出資者・社員・役員（理事・監事）の定義と特性を充分に理解することが重要です。以下に出資者・社員・役員について詳しく説明します。

(1) 社員、出資者との関係

出資者とは、医療法人に対して出資を行う者を指し、必ずしも社員が出資者であるとは限りません。社員とは医療法人の社員総会において法人運営の重要事項について議決権を行使する者を指します。社員には個人または法人（営利法人は除く）がなることができます。医療法人の最高意思決定機関は社員総会であり、各社員は出資の有無、大小にかかわらず1人当たり1票の議決権を有します。したがって、1,000万円出資した社員も1億円出資した社員も、社員総会ではまったく同じ重みの議決権となります。

また、社員は任期がなく自ら退社するまで社員の資格が継続することになります。したがって、社員が誰かということは、医療法人の意思決定上、極めて重要な意味を持つことになります。しかし、実際の経営においては理事会に重きを置いている法人が多いことから、社員の存在が正しく把握されてない場合があります。ここが曖昧であると後々トラブルにつながることから、設立時にさかのぼって、定款、社員総会の議事録を確認する必要があります。

(2) **医療法人の役員の要件**

　医療法人は、原則として、理事3人以上および監事1人以上の役員を置かなければなりません。また、医療法人が開設する病院・診療所・介護老人保健施設の管理者は、原則として理事に就任しなければなりません。特に、譲渡側の理事長が病院の院長として残る場合は、院長＝管理者となることから、理事に就任する必要があります。その場合、仮に理事長を退任したとしても理事として継続することから、役員退職金をM＆Aのスキームに織り込めるかどうかの判断が難しくなります。

　医療法人のM＆Aは、これらのことを念頭に置きながら新しい役員を選定していく必要があります。

(3) **医療法人の理事長**

　医療法人の理事長は、原則として、医師または歯科医師のうちから選出されます。また、複数の医療法人の理事長の兼務については、原則認められません。理事長の就任に関しては事前に行政に相談しながら進めていく必要があります。

　最後に、中小企業と同様、多くの医療法人において事業承継の時期を迎えています。医療法人は公益性が高く、地域社会に不可欠な事業（病院、診療所等）を行っていることから、簡単に廃業するわけにはいきません。医療法人のM＆Aは、医療法や許認可の中で進めていく必要があります。医療法人のM＆Aについて中小企業（株式会社）と何が違うのかということを正しく理解し、対応していくことが求められます。

　　　　　　　　　　　　　　　　　　　　　　　　　　（池田　修）

第4章 M&A

Question 68

学校法人の事業承継をM＆Aで行う場合の留意点を教えてください。

解説

1 学校法人の経営権

　学校法人は、学校の設置主体（設置者）として、１つもしくは複数の学校を経営しています。学校法人の所轄庁は、当該学校法人が設置する学校が、私立大学および私立高等専門学校の場合は文部科学大臣、それ以外は都道府県知事となります。

　学校法人は、株式会社と異なり、株主および取締役（会）は存在せず、経営の意思決定は、専ら理事会で行われ、その諮問機関として評議員会があります。理事会および評議員会の構成は、私立学校法と各学校法人が定める寄付行為（株式会社における定款）に依拠して決定されます。

　学校法人の理事会は、通常、理事長とその関係者で構成され、多くの場合、理事長に実質的な権限が集中しています。

2 学校法人のM＆A

　学校法人に関して取りうるM＆A（経営権移動）の手法としては、①理事の交替、②設置者変更、③合併が挙げられます。

(1) **理事の交替**

　学校法人特有のスキームです。これは理事会の構成メンバーを理事長以下従来のメンバーから承継先の関係者に変更することで、学校法人の意思決定機関である理事会において承継先の意向を反映させ、経営権の移動を実現するものです。また、理事の一部は評議員のうちから選任される等、通常、理事会の構成に評議員会が一定の影響を及ぼすことから、経営権の移動に際しては、評議員も承継先の意向を反映したメンバーに交代されます。

(2) **設置者変更**

　設置者変更は、承継対象となる学校の事業をＡ学校法人（旧設置者）か

らB学校法人（新設置者）に移動させるもので、これは株式会社の事業譲渡と類似した手続です。設置者変更は寄付行為の変更となるため、各学校が寄付行為内で定める理事会の決議ルールに従って決定されます。また、理事長による評議員会への意見聴取、所轄庁の認可も必要となります。

(3) 合　併

学校法人の合併は株式会社における合併と原理的な部分で同じです。学校法人では、合併に際して、各学校が寄付行為内で定める理事会の決議ルールに従って決定され、理事長による評議員会への意見聴取、所轄庁の認可が必要となります。

3　留意点

(1) 学校会計

学校法人の財務諸表は、資金収支計算書、消費収支計算書、貸借対照表で構成されますが、いずれも株式会社の財務諸表とは異なります。このため、学校法人の財務分析には学校法人会計の知識が必要です。

(2) 対価の支払方法

学校法人は株式会社と異なり、持分（株式）の概念がないため、持分譲渡の対価や配当としての金銭の支払ができません（退職金の支払は可能だが、金額に限度があるのは株式会社と同じ）。このため、実質的に経営権を有している理事長にとっては経営権譲渡に対する見返り（金銭）が期待できず、事業承継のインセンティブが生じにくいという側面があります。ただし、当該学校法人の収支が厳しい、あるいは債務が過大である等の場合は、債務の承継をもって対価の支払に代えるという合意も成り立ちます。

(3) 理事会の意思決定が不安定

学校法人によっては、理事長に強力なリーダーシップがなく、日常の学校経営は事務長等に一任され、理事長以下の理事会のメンバーが学校の経営にまったく関与していない、よって理事会において正確な現状認識、適当な意思決定ができないケースも見られます。

この場合、当該学校法人において真に事業承継が必要な状況にあり、事務長、金融機関等がそのお膳立てをしたとしても、最終的に理事会で事業承継が否決されることもあります。

(4) 承継先は学校法人

学校法人には持分（株式）の概念がなく、投資に対するリターンが期待できないため、承継先の候補者は、通常は学校法人に限定されます。このため、株式会社に比して、多様な承継候補先を探索することが難しいといえます。

(5) 社会的に注目されやすい

学校法人のM&Aは社会的に注目されやすく、利害関係者への説明や対外的な発表には細心の注意を払うべきです。特に学生の保護者の理解は最も重要で、教育理念、カリキュラム、教員、クラブ活動等日常の学校生活に変更のないことはよく説明する必要があります。

（金井　厚）

6 M&Aにおける税務上の留意点

Question 69

M&Aの譲渡対価に関して、どのような税金を、いつまでに支払えばよいのですか。

解説

M&Aで株式を譲渡する場合、所得税が課税されるときと、課税されないときがあります。

1 株式譲渡の場合の所得区分と譲渡所得（利益）の求め方

経営者個人が、非上場株式等を譲渡するに際しては、所得税（譲渡所得税）の課税が生じます。

譲渡所得は、「総収入金額－（取得費＋譲渡費用）」の算式で計算します。

なお、当面の譲渡時の課税を繰延べることもできます（Q 70 参照）。

譲渡資産が贈与や相続で取得したもので所有者の取得費が不明の場合は、譲渡価格の5％が取得費とされるため、譲渡価額の大半が所得（利益）とされてしまいます（所得税法基本通達38－16・48－8、租税特別措置法基本通達37の10・37の11共－13）。

2 株式等を譲渡する場合の税率

譲渡に係る所得税について、非上場株式等の譲渡の場合は、株式等に係る譲渡所得等に対して20.315％（申告分離課税）の税率が適用されます（租税特別措置法37条の10、復興財源確保法13条、地方税法附則35条の2第1項・5項）。

上場会社に合併、株式交換または会社分割（分割型）で会社を譲渡した場合において、その取得した上場株式等を譲渡したときも同様に、その上場株式等に係る譲渡所得等に対して20.315％（申告分離課税）の税率が適用されます（租税特別措置法37条の11、復興財源確保法13条、地方税法附則35条の2の2第1項・5項）。

3　譲渡所得の申告と納税時期

　所得税は、譲渡があった年の翌年3月15日までに確定申告をして納税することになります。

　住民税は、普通徴収（納税通知書により申告年の6・8・10月および翌年1月の4回に分けて納付）または特別徴収（申告年の6月から翌年5月までの給料から天引き。原則的徴収方法）によって行われます（地方税法319条の2・320条・321条の3）。

　証券会社等に特定口座を開設してその口座内で上場株式等を譲渡した場合において、源泉徴収方式を選択したときは、証券会社等において年末に計算した利益金額に20.315%を乗じた税額を源泉徴収し、その源泉徴収税額を翌年1月10日に納付することになっています（租税特別措置法37条の11の4第1項、復興財源確保法28条）。

（玉越賢治）

Question 70

各手法の課税上の取扱いについての留意点を教えてください。

解説

M＆Aの対価として何を取得するのか、対価は株主が取得するのかM＆A対象会社が取得するのかによって課税上の取扱いが異なります。M＆Aの手法には、会社全部を譲渡する合併、株式譲渡、株式交換、事業の全部譲渡と、会社の一部を譲渡する会社分割、事業の一部譲渡があります。

1　M＆Aの各手法の対価

株式譲渡と事業譲渡は、その対価は現金です。
一方、合併、株式交換、会社分割では、その対価は譲渡先企業の株式です。

2　対価を取得する者

合併、株式譲渡、株式交換および会社分割（分割型）は、譲渡会社の株主が対価を取得します。一方、会社分割（分社型）および事業譲渡は、譲渡会社が対価を取得します。

3　課税関係

株式譲渡は、譲渡株主に対して所得税（個人株主）または法人税（法人株主）が課税され、個人株主が非上場株式等を譲渡した場合、株式等に係る譲渡所得等に対して20.315％（申告分離課税）の税率で所得税が課されます（措税特別措置法37条の10、復興財源確保法13条、地方税法附則35の2第1項・5項）。

個人株主が上場会社に合併、株式交換または会社分割（分割型）で会社を譲渡した場合において、その取得した上場株式等を譲渡したときも、その個人株主の上場株式等に係る譲渡所得に対して20.315％（申告分離課税）の税率が適用されます（措税特別措置法37条の11、復興財源確保法13条、地方税法附則35の2の2第1項・5項）。

第4章　M&A

　事業譲渡は、譲渡企業に対して法人税が課税されます。
　合併、株式交換、会社分割については、一定条件を満たせば適格組織再編税制の適用を受けることができ、株主の株式移動時の課税を繰り延べることができます（法人税法61条の2・62条の2・62条の3、租税特別措置法37条の10第3項、所得税法57条の4第1項・2項、所得税法施行令112条・113条・167条の7）。

【M&Aの手法】

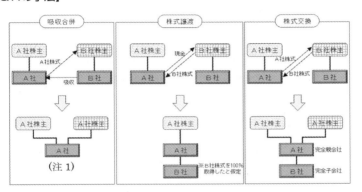

（注1）合併に際して、A社とB社が消滅し、新たにC社を設立する新設合併は、ほとんど利用されていません。

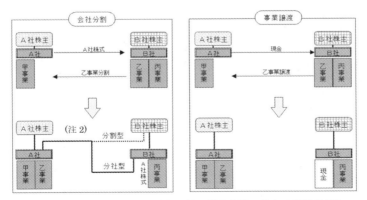

（注2）A社が既存の会社の場合は吸収分割、新設会社の場合は新設分割といいます。この場合、新設分割の株主はB社またはB社株主となります。

（玉越賢治）

第5章

非上場株式の税務上の評価

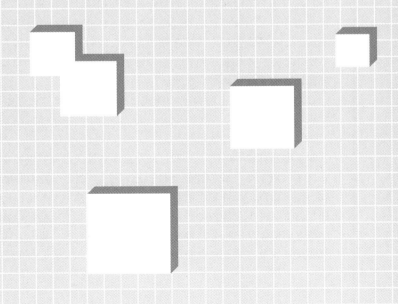

Question 71

非上場会社の株式評価の概要を教えてください。

解 説

　非上場会社の株式評価については、税目ごとに規定されていますので、同じ非上場株式であっても、税目ごとに評価額が異なることがあります。また、同じ税目であっても、株主の属性により株式の評価額が異なることがあります。

1　相続税法における株式評価

(1) 概　要

　相続税法における財産の評価については、相続税法22条において、「相続、遺贈又は贈与により取得した財産の価額は、当該財産の取得の時における時価により」行うと定めています。

　この「時価」については、財産評価基本通達（以下「評基通」という）1(2)は、「時価とは、課税時期（相続、遺贈若しくは贈与により財産を取得した日若しくは相続税法の規定により相続、遺贈若しくは贈与により取得したものとみなされた財産のその取得日）において、それぞれ財産の現況に応じ不特定多数の当事者間で自由な取引が行われる場合に通常成立すると認められる価額をいい、その価額はこの通達の定めによって評価した価額による」と定めています。

　したがって、非上場会社の株式についても評基通に基づいて評価します。

(2) 一般の評価会社

　非上場会社について、評価しようとする株式の発行会社を評価会社といいます（以下「一般の評価会社」という）。この一般の評価会社については、従業員数、総資産価額および取引金額を基準として、「大会社」「中会社」および「小会社」に区分します。原則として大会社の株式を類似業種比準方式により、小会社の株式を純資産価額方式により、中会社の株式を類似業種比準方式と純資産価額方式の併用方式により評価します。

(3) 特定の評価会社

非上場会社の実態から見て、類似業種比準方式の適用を制限すべきと認められる会社については、「特定の評価会社」（Q 73 参照。株式保有特定会社、土地保有特定会社等）として区分し、原則として純資産価額方式により評価します。

(4) 少数株主

株主の支配関係を考慮し、いわゆる少数株主については、「同族株主以外の株主等」と定められ、当該同族株主以外の株主等が取得した株式の価額は配当還元方式により評価します。

2 所得税法における株式評価

(1) 原　則

所得税法上、各取引においては資産の「その時における価額」により行われることとされており、所得税基本通達 23 〜 35 共 − 9 ⑷ により、非上場会社の「価額」については、以下の順序によって評価します。

① 売買事例のあるもの……最近において売買の行われたもののうち適当と認められる価額
② 公開途上にある株式……公募等の価格等を参酌して通常取引されると認められる価額
③ 売買事例のないものでその株式の発行法人と事業の種類、規模、収益の状況等が類似する他の法人の株式の価額があるもの……当該価額に比準して推定した価額
④ ①から③までに該当しないもの……直近の1株当たりの純資産価額等を参酌して通常取引されると認められる価額

(2) 評基通の準用

個人から法人へのみなし譲渡について規定されている所得税法59条1項における「その時における価額」については、同通達59 − 6において、上記⑴の定めに準じて評価するとしながらも、「1株当たりの純資産価額等を参酌して通常取引されると認められる価額」につき、原則として、以下の4項目を考慮することを条件に、評基通に定める評価方法により算定することが認められています。

① 当該個人が「同族株主」に該当するかの判定については、当該譲渡

または贈与直前の議決権の数によること
② 　当該個人が「中心的な同族株主」に該当するときには、当該発行会社は「小会社」に該当するものとして評価すること
③ 　当該株式の発行会社が所有している土地等および上場有価証券については、当該譲渡の時における価額によること
④ 　1株当たりの純資産価額の計算上、評価差額に対する法人税額等に相当する金額は控除しないこと

3　法人税法における株式評価

　所得税法と同様に非上場会社の株式の「価額」については、①売買事例のあるもの、②公開途上にあるもの、③類似法人において株式の価額があるもの、および④上記①から③までに該当しないものに区分し、それぞれの価額としつつも、所得税基本通達59－6に類似した法人税基本通達2－3－4および9－1－14において、一定の要件のもと、評基通に定める評価方法により算定することが認められています。

（真鍋朝彦・梶原章弘・坂本雄一）

Question 72

一般の評価会社における株式評価方法を教えてください。

解説

1　概要

会社規模により「大会社」「中会社」「小会社」に区分され、それぞれの評価方法が定められています。また、株主が同族株主に該当する場合は原則的評価方法により、同族株主以外の少数株主に該当する場合には特例的評価方法である配当還元方法により評価します。

2　会社規模判定

(1)　**判定基準**

会社規模の判定は、以下の3つの要素により行います。
・従業員数……直前期末以前1年間における従業員数
・総資産価額……直前期末における総資産価額（帳簿価額）
・取引金額……直前期末以前1年間における取引金額

(2)　**各判定要素の留意点**

① 　**従業員数**
　イ　従業員とは、評価会社との雇用契約に基づき使用される個人で、賃金を支払われる者をいいます。
　ロ　1週間当たりの所定労働時間が30時間未満の者（パートタイマー等）は1年間の労働時間の合計時間を1,800時間で除した数を従業員数としてカウントします。
　ハ　従業員には、代表取締役、副社長、専務、監査役等使用人兼務役員とされない役員は含まれません。

② 　**総資産価額**
　イ　税務上の総資産価額ではなく、決算書の総資産価額によります。
　ロ　売掛金、受取手形、貸付金等に対する貸倒引当金は控除しません。

③ 取引金額
　イ　2以上の業種がある場合、それらの取引金額のうち、最も多い取引金額に係る業種によって判定します。
　ロ　会社の売上高を日本標準産業分類の区分に応じた売上高に区分し、次に「卸売業」、「小売・サービス業」および「卸売業、小売・サービス業以外」の3区分に分けて判定します。
(3) 会社規模の判定の順序
① 従業員数で判定を行い、従業員70人以上の会社は大会社になります。
② 従業員70人未満の会社は次の判定を行い、イとロのいずれか大きいほうで会社規模を決めます。
　イ　従業員数基準と総資産価額基準のいずれか小さいほう
　ロ　取引金額基準
③ 実務的には下記表を用いて判定を行います。

判定基準	[チ] 直前期末の総資産価額(帳簿価額)及び直前期末以前1年間における従業員数に応ずる区分			[ト] 直前期末以前1年間における従業員数に応ずる区分	[リ] 直前期末以前1年間の取引金額に応ずる区分			会社規模とLの割合(中会社)の区分	
	総資産価額(帳簿価額)			従業員数	取引金額				
	卸売業	小売・サービス業	卸売、小売・サービス業以外		卸売業	小売・サービス業	卸売、小売・サービス業以外		
	20億円以上	15億円以上	15億円以上	35人超	30億円以上	20億円以上	15億円以上	大会社	
	4億円以上20億円未満	5億円以上15億円未満	5億円以上15億円未満	35人超	7億円以上30億円未満	5億円以上20億円未満	4億円以上15億円未満	0.90	中会社
	2億円以上4億円未満	2.5億円以上5億円未満	2.5億円以上5億円未満	20人超35人以下	3.5億円以上7億円未満	2.5億円以上5億円未満	2億円以上4億円未満	0.75	
	7,000万円以上2億円未満	4,000万円以上2.5億円未満	5,000万円以上2.5億円未満	5人超20人以下	2億円以上3.5億円未満	6,000万円以上2.5億円未満	8,000万円以上2億円未満	0.60	
	7,000万円未満	4,000万円未満	5,000万円未満	5人以下	2億円未満	6,000万円未満	8,000万円未満	小会社	

・「会社規模とLの割合（中会社）の区分」欄は、[チ]欄の区分（総資産価額(帳簿価額)）と「従業員数」とのいずれか下位の区分と[リ]欄（取引金額）の区分とのいずれか上位の区分により判定します。

(「第1表の2　評価上の株式の判定及び会社規模の判定の明細書（続）」より抜粋)

3 株主判定

会社の支配を目的とする同族株主（一定の者は除かれる）と配当等を期待する少数株主の評価方法は異なり、下記の表に基づきます。

(1) 同族株主のいる会社

区分	株主の態様				評価方法
同族株主のいる会社	同族株主	取得後の議決権割合が5％以上の株主			原則的評価方法
		取得後の議決権割合が5％未満の株主	中心的な同族株主がいない場合		
			中心的な同族株主がいる場合	中心的な同族株主	
				役員である株主または役員となる株主	
				その他の株主	配当還元方法
	同族株主以外の株主				

同族株主とは、株主グループ（株主1人およびその同族関係者）の有する議決権割合が30％以上である場合のその株主およびその同族関係者をいいます。ただし、筆頭株主グループの持株割合が50％を超える場合は、その50％を超えるその株主およびその同族関係者のみを同族株主といいます。

また、中心的な同族株主とは、株主の1人ならびにその配偶者、直系血族、兄弟姉妹および一親等の姻族らの議決権割合が25％以上の株主をいいます。

(2) 同族株主のいない会社

区分	株主の態様				評価方法
同族株主のいない会社	議決権割合の合計が15％以上の株主グループに属する株主	取得後の議決権割合が5％以上の株主			原則的評価方法
		取得後の議決権割合が5％未満の株主	中心的な株主がいない場合		
			中心的な株主がいる場合	役員である株主または役員となる株主	
				その他の株主	配当還元方法
	議決権割合の合計が15％未満の株主グループに属する株主				

中心的な株主とは、議決権割合が15％以上である株主グループのうち、単独で10％以上の議決権を有している株主がいる場合におけるその株主をいいます。

4　評価方法

　上記2の会社規模の判定に基づく「大会社」「中会社」「小会社」の評価方法は以下のとおりです。なお、株式を所有する目的が経営支配ではない少数株主については、特例的評価法である配当還元方式により評価することになります。

会社の規模		同族株主等（選択適用）		少数株主
大会社		類似業種比準方式	純資産価額方式	配当還元方式
中会社	大	類似と純資産の併用方式 （類似×90％＋純資産×10％）	純資産価額方式	配当還元方式
中会社	中	類似と純資産の併用方式 （類似×75％＋純資産×25％）	純資産価額方式	配当還元方式
中会社	小	類似と純資産の併用方式 （類似×60％＋純資産×40％）	純資産価額方式	配当還元方式
小会社		純資産価額方式	類似と純資産の併用方式（類似×50％＋純資産×50％）	配当還元方式

（真鍋朝彦・梶原章弘・坂本雄一）

第5章 非上場株式の税務上の評価

Question 73

特定の評価会社における株式評価方法を教えてください。

解 説

1 概要

評価会社が所有する土地等や株式等の状況やその会社の経営状態を考慮して、通常の企業活動を行っていると判断することが困難である一定の会社については、「特定の評価会社」として、その会社の規模区分に関係なく、原則として「純資産価額方式」により評価します。

なお、特定の評価会社に該当する場合であっても「開業前または休業中の会社」および「清算中の会社」を除き、少数株主等が取得した株式等については、特例的評価方法である「配当還元方式」により評価します。

2 会社の定義

① 比準要素数1の会社（②～⑦の会社を除く）

「比準要素数1の会社」とは、類似業種比準方式における3要素（1株当たりの配当金額、年利益金額および純資産価額）のうち、いずれか2要素が直前期末、直前々期末においてもゼロである会社をいいます。

② 株式保有特定会社（③～⑦の会社を除く）

「株式保有特定会社」とは、課税時期において、評価会社が保有する株式等の価額（相続税評価額）の割合が総資産価額（相続税評価額）に対して50％以上である会社をいいます。

なお、平成30年1月1日以降、「新株予約権付社債」が「株式等」に含まれます。

③ 土地保有特定会社（④～⑦の会社を除く）

「土地保有特定会社」とは、課税時期において、評価会社が保有する土地等の価額（相続税評価額）の割合が総資産価額（相続税評価額）に対する割合が70％以上（中会社および特定の小会社については90％以上。一定の小会社は除く）である会社をいいます。

④ 開業後3年未満の会社（⑥または⑦の会社を除く）

「開業後3年未満の会社」とは、課税時期において開業した後3年を経過していない会社をいいます。

⑤ 比準要素数0の会社（⑥または⑦の会社を除く）

「比準要素数0の会社」とは、類似業種比準方式における上記①の3要素のそれぞれの金額が直前期末においていずれもゼロの会社をいいます。

⑥ 開業前または休業中の会社

「開業前の会社」とは、会社の設立登記はすでに完了しているものの、その目的とする事業活動を開始するに至っていない会社をいいます。また、「休業中の会社」とは、課税時期の前後において相当の長期にわたり休業している会社をいいます。

⑦ 清算中の会社

「清算中の会社」とは、課税時期において清算手続に入っている会社をいいます。

3 評価方法

特定の会社の株式の評価方式は以下のとおりです。なお、株式保有特定会社の「S1＋S2方式」とは、株式保有特定会社が保有する資産を「S1（株式等以外の資産）とS2（保有株式等）とに区分し、「S1」の価額を原則的評価方式（会社規模に応じた評価方式）により評価すると共に、「S2」の価額を純資産価額方式により評価し、S1とS2の合計額により株式保有特定会社の株式の価額を評価する方法です。

会社区分	同族株主等（選択適用）		少数株主
比準要素数1の会社	純資産価額方式	類似と純資産の併用方式（類似×25％＋純資産×75％）	配当還元方式
株式保有特定会社	純資産価額方式	S1＋S2方式	配当還元方式
土地保有特定会社	純資産価額方式		配当還元方式
開業後3年未満の会社	純資産価額方式		配当還元方式
比準要素数0の会社	純資産価額方式		配当還元方式
開業前または休業中の会社	純資産価額方式		
清算中の会社	清算分配時見込額に基づき評価		

（真鍋朝彦・梶原章弘・坂本雄一）

第5章 非上場株式の税務上の評価

Question 74

類似業種比準方式における株式評価方法を教えてください。

解説

1 概要

類似業種比準方式は、原則として、同族株主等が所有する「大会社」の株式の評価額を計算するのに用いられる方式です。「大会社」は、いわば上場会社に準ずるような規模の大きな会社であることから、上場会社の株価を基礎として当該大会社の株価を算定しようとするものです。

2 計算方式

類似業種比準方式とは、上場会社の事業内容を基として定められている類似業種比準価額計算上の業種目のうち、評価会社の事業内容と類似するものを選び、その類似業種の株価ならびに1株当たりの配当金額、年利益金額および純資産価額（帳簿価額によって計算した金額）を基として、次に掲げる算式によって計算した金額により評価します。

なお、現実の取引市場を有していない株式の評価であること等の評価の安全性を図るため、一定の斟酌率を用いて評価します。

$$\text{1株当たりの類似業種比準価額} = A \times \frac{\frac{b}{B} + \frac{c}{C} + \frac{d}{D}}{3} \times \text{斟酌率} \times \frac{\text{1株当たりの資本金等の額}}{50\text{円}}$$

（※）斟酌率：大会社 = 0.7　中会社 = 0.6　小会社 = 0.5

A ＝ 類似業種の株価（課税時期の属する月、前月、前々月、前年の平均、課税時期の属する月以前2年間平均）
B ＝ 課税時期の属する年の類似業種の1株当たりの配当金額
b ＝ 評価会社の直前期末における1株当たりの配当金額
C ＝ 課税時期の属する年の類似業種の1株当たりの利益金額
c ＝ 評価会社の直前期末以前1年間における1株当たりの利益金額
D ＝ 課税時期の属する年の類似業種の1株当たりの純資産価額
d ＝ 評価会社の直前期末における1株当たりの純資産価額

3　評価上のポイント

(1)　評価会社の業種の判定

評価会社の業種の判定は、国税庁が毎年公表している「類似業種比準価額計算上の業種目および業種目別株価等について」に掲げられている業種目によって判断します。その業種目は「日本標準産業分類」に基づき区分されています。

評価会社が複数の業種目を兼業している場合は、そのうち主たる業種目は、単独の業種目に係る取引金額の総取引金額に対する割合が50％を超えるものがあれば、その業種目となります。

(2)　1株当たりの配当金額

① 　計算式

$$\frac{直前期末2年間の配当金額の合計額（特別配当は除く）}{2} \div \begin{array}{c} 1株当たりの資本金等の額を50円 \\ とした場合の発行済株式数 \\ （資本金等の額÷50円） \end{array}$$

② 　計算のポイント

イ　2年平均であり、直前期末のみの配当ではありません。

ロ　年配当金額は、各事業年度中に配当金交付の効力が発生した剰余金の配当です。

ハ　将来毎期継続することが予想できない特別配当、記念配当は除かれます。

(3)　1株当たりの利益金額

① 　計算式

$$\left[\begin{array}{c}法人税の課税所得\\金額（非経常的な\\利益を除く）\end{array} + \begin{array}{c}受取配当等の益金\\不算入額（所得税額に\\相当する額を除く）\end{array} + \begin{array}{c}損金算入した繰越\\欠損金の控除額\end{array}\right] \div \begin{array}{c}1株当たりの資本金等\\の額を50円とした場\\合の発行済株式数（資\\本金等の額÷50円）\end{array}$$

② 　計算のポイント

イ　「直前期のみで計算した1株当たり利益金額」と「直前期と直前々期の合計額の1／2で計算した利益金額」のいずれかを選択することができます。

ロ　非経常的な利益とは、固定資産売却益、保険差益等です。

ハ　非経常的な利益と非経常的な損失の両方がある場合には、利益のみ

を除外するのではなく、利益と損失を差引きした金額が正の数である場合は、差引利益を控除します。
ニ 非経常的な利益から非経常的な損失を差引きした金額が負の数である場合は、マイナスとして取り扱わず、0として取り扱います。

(4) 1株当たりの純資産価額
① 計算式

$$\left[資本金等の額 + 法人税法上の利益積立金額\right] \div \frac{一株当たりの資本金等の額を50円とした場合の発行済株式数}{(資本金等の額 \div 50円)}$$

② 計算のポイント

法人税法上の利益積立金額とは別表5(1)翌期首現在利益積立金額の差引合計額（別表5(1)の右下）です。

（真鍋朝彦、梶原章弘、坂本雄一）

Question 75

純資産価額方式における株式評価方法を教えてください。

解　説

1　概　要

　純資産価額方式は、原則として、「小会社」の株式の評価額を計算するのに用いられる方式です。

　すなわち、小会社は事業規模が小規模なものであり、その実態はいわば個人組織の会社ということができます。また、個人事業者と会社との差異は、個人事業者が事業用財産を直接保有しているのに対し、会社の場合は、株主が株式の保有を通じて会社の財産を間接的に所有していることにあります。

　そこで、このような「小会社」の株式の評価については、個人事業主との課税の公平性に配慮して、課税時期における１株当たりの純資産価額（相続税評価額）によって評価することとされています。

2　計算方式

　純資産価額方式の具体的な計算方法は以下のとおりです。

$$\frac{1株当たりの}{純資産価額} = \frac{資産の相続税評価額 － 負債の相続税評価額 － 評価差額に対する法人税等相当額}{発行済株式総数}$$

（※）評価差額に対する法人税等相当額：含み益（相続税評価による時価純資産と簿価純資産の差額）× 37％

3　計算のポイント

(1) **資産（相続税評価）**

① 財産性のない繰延資産、繰延税金資産、前払費用等は評価の対象外となります。

② 課税時期前3年以内取得の土地等、建物等は課税時期における通常の取引価額により評価します。

「取得」とは、土地等や建物等を売買により取得する場合に限らず、交換、買換、現物出資、合併等により取得する場合も含みます。

課税時期前3年以内とは、相続開始日等（課税時期）から3年以前をいうものであり、評価会社の直前期末から3年以内ではありません。

③ 評価会社が非上場株式を保有しており、当該非上場会社の株式を純資産価額方式により計算する場合には、評価差額に対する法人税相当額を控除することはできません。

④ 無償で取得した借地権、特許権や営業権等、相続税法上の財産に該当するものがある場合には、帳簿に計上されていないものであっても評価しなければなりません。

(2) **資産（帳簿価額）**

① 財産性のない繰延資産、繰延税金資産、前払費用等は評価の対象外となります。

② 減価償却超過額のある減価償却資産については、その資産の課税時期におけるその資産の帳簿価額に減価償却超過額を加算する等、税務上の帳簿価額によります。

(3) **その他の留意事項**

① 発行済株式数

上記2の計算式の「発行済株式数」は直前期末ではなく、課税時期における実際の発行済株式数（自己株式がある場合には、発行済株式数から自己株式数を控除した株式数）をいい、類似業種比準方式の計算における1株当たり資本金等の額を50円とした場合の株式数ではありません。

② 評価時点

純資産価額方式の計算は、課税時期における各資産および各負債の金額を基づいて計算することが原則とされています。

したがって、評価会社が課税時期において所有する資産および負債について、仮決算を行い、そこで計算された貸借対照表に基づいて、純資産価額を計算することになります。

評価会社が課税時期において仮決算を行っていないため、課税時期における資産および負債の金額が明確でない場合には、直前期末から課税時期までの間に資産および負債について著しく増減がないため評価額の計算に

影響が少ないと認められる場合に限り、直前期末現在の資産および負債を対象として評価することができます。

　また、課税時期が直前期末より直後期末に近い場合には、課税時期から直後期末までの間に資産および負債について著しく増減がないため評価額の計算に影響が少ないと認められる場合に限り、直後期末の資産および負債に基づいて純資産価額を計算することも可能です。

　③　議決権割合が50％以下の場合

　株主およびその同族関係者が所有する株式に係る議決権割合が評価会社の議決権総数の50％以下である場合においては、純資産価額方式により計算した1株当たりの純資産価額の80％相当額によって評価することができます。

（真鍋朝彦、梶原章弘、坂本雄一）

Question 76

配当還元方式について教えてください。

解説

　同族株主以外の株主等および同族株主のうち少数株主等は、株式の所有を通じてその法人の支配や経営への参加を目的としていると考えるよりも、株式の所有を通じて株式の配当金を取得することを期待していると考えるほうが合理的であり、法人の経営への関与度合いが低いと考えられます。

　したがって、同族株主以外の株主（たとえば、従業員が株主の場合、取引先が株主の場合等）および同族株主のうち保有する議決権割合で判定した一定の少数株主等については、評価対象会社の会社規模区分（大会社、中会社、小会社）にかかわらず、原則的評価方法（類似業種比準価額、純資産価額等）に代えて特例的な評価方式である配当還元方式によりその所有する株式の評価額が計算されます（同族株主等以外の株主および少数株主に当たるかどうかの判定はQ 72参照）。

　また、評価対象会社が開業前または休業中の法人、清算中の法人については配当還元方式による株式の評価はできません（特定の評価会社における株式の評価はQ 73参照）。

　ただし、配当還元方式により評価した株価より純資産価額方式、類似業種比準価額方式を用いた原則的評価方式による評価額のほうが低い場合は、原則的評価方式による評価することができます。

　法人の経営への関与度合いが低い株主の所有する株式の評価に採用される配当還元方式による評価額が、法人の営利性を追求し経営権を支配するため有する同族株主等の株式を評価する際に採用される原則的評価方式による評価額より高額になることは不合理であると考えるためです。

　配当還元方式による株式は、その株式に係る年配当金額をもととして、次頁の算式により計算した金額によって評価します。

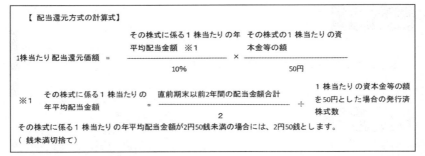

上記算式は、複雑な算式のように見えますが、原則的評価方式と比較すると、計算自体は非常に簡便であり、その株式を所有することによって受ける配当金のみに着目して、評価対象会社の過去2年間の年平均配当金額を10％で割り戻して評価額を算出します。

配当還元方式による株式の評価のポイントは以下のとおりです。

(1) 1株当たりの平均配当金額は直前期末以前2年間により算定

1株当たりの年配当金額は、直前期末以前2年間の平均によって計算され評価対象会社の直前期末2年間における評価対象会社の剰余金の配当金額から、特別配当、記念配当等の将来毎期継続することができない非経常的な配当を含めないで評価する点に注意が必要です。この場合の1株当たりの年平均配当金額は、類似業種比準価額を計算する場合の1株当たりの配当金額と同じ方法により計算します。また、剰余金の配当のうち資本金等の額の減少によるものを除くこととされています。

(2) 1株当たり配当金額が2円50銭未満になったもの、または無配のものについては2円50銭とすること

1株当たりの資本金等の額を50円に換算したときの1株当たり配当金額が2円50銭未満になったものまたは無配のものについては、2円50銭の年配当金額があったものとして評価します。これは、取引相場のない株式については、一般的に法人が配当可能利益を有するにもかかわらず配当を行わず、これを内部留保に回す場合が多く、また評価対象会社が所有する株式を配当還元方式で評価した場合、無配の状態が続いたことにより所有している株式が無価値であるとされるのは不合理であると考えられるため設けられたものと考えられます。

(真鍋朝彦・梶原章弘・坂本雄一)

第5章 非上場株式の税務上の評価

Question 77

個人間の贈与・相続時における非上場株式の評価方法について教えてください。

解　説

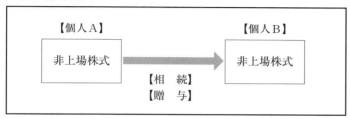

(1) 概　要

非上場株式を相続（遺贈を含む。以下同じ）または贈与により取得した場合、相続税または贈与税の申告のために株価を算定する必要があります。

非上場株式を相続または贈与により取得した場合の評価方法として、相続税法22条においては、「相続、遺贈または贈与により取得した財産の価額は、当該財産の取得の時における時価により、当該財産の価額から控除すべき債務の金額は、その時の現況による」と規定されています。純然たる第三者間で決定された売買価格があれば、取引当事者間における明らかな経済的利益の供与または享受を行っている事実がない限り、「時価」と認められます。

しかしながら、売主と買主が純然たる第三者間ではない場合には、その売買価格は意図的に時価と異なる水準で決定される場合があり、租税回避行為につながるため、評価の安全性、統一性、簡便性から「財産評価基本通達」により評価することとされており、これにより税の公平性が担保される評価を実現しているものと考えられます。

したがって、非上場株式を相続または贈与により取得した場合の当該時価は「財産評価基本通達」に記載されている「取引相場のない株式」の評価方法によって算定するのが一般的です。

(2) 取引相場のない株式の評価方法

「取引相場のない株式」は、「財産評価基本通達」に記載されている原則

- 229 -

的評価方法として、類似業種比準方式と純資産価額方式により評価します。類似業種比準方式とは上場会社の事業内容をもとに定められている類似業種比準計算上の業種目のうち、評価対象会社と類似する業種の株価をもとに、評価対象会社の1株当たりの配当金額、利益金額および純資産価額の3要素で比準して評価します。また、純資産価額方式については評価対象会社の資産や負債を原則として相続税法上の評価に洗い替えて、その評価した資産の価額から負債や評価差額に対する法人税等相当額を差し引いた残額により評価します（財産評価基本通達に記載されている取引相場のない株式の評価についてはQ71～75参照）。

(3) **配当還元方式**

同族株主以外の株主等が取得した株式については、特例的評価方式として配当還元方式により評価されます。配当還元方式とは、評価対象会社の過去2年間の年平均配当金額を10％で割り戻して評価します（配当還元方式についてはQ76参照）。

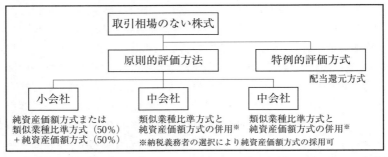

原則的評価方式または配当還元方式のいずれを採用するかは、評価対象会社の会社規模と評価対象株主の議決権割合に応じて決定されます（詳細はQ71参照）。

（真鍋朝彦・梶原章弘・坂本雄一）

第5章　非上場株式の税務上の評価

Question 78

個人間の株式譲渡時における非上場株式の評価方法について教えてください。

解説

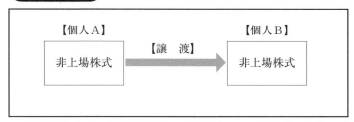

　非上場株式は、証券取引所に上場されている株式のように市場が確立されておらず、日々の取引価格がないため、税務上いわゆる客観的な売買時価は明文化されていません。そのため、非上場株式を親族間や企業間で取引するさまざまな場面において、「時価」を算定することに困難を伴う場面が多いといえます。

　しかしながら、非上場株式といえども経済的な価値を反映した何らかの課税上の「時価」を算定しなければなりませんが、その時価の決定の仕方や売買に伴い発生する課税関係の判断の仕方には、恣意性が入り込むケースがあります。

　非上場株式の個人間の売買は法人と異なり、その活動は常に営利を目的としているわけではないため、非上場株式の時価の考え方については、所得税法において売買実例がない場合等については、その株式の発行法人の1株または1口当たりの純資産価額等を参酌して通常取引されると認められる価額と規定しています（所得税法基本通達23～35共－9）。

　＜所得税法基本通達23～35共－9（株式等を取得する権利の価額）＞
　① 売買実例のあるもの……最近において売買の行われたもののうち適正な価額
　② 公開途上にある株式……株式の上場または登録に際して株式の公募または売り出しが行われた際の通常取引価額
　③ 売買実例がないものでその株式の発行法人と事業規模等の類似した

法人の株価があるもの……類似法人の株価に比準し推定した価額
　④　上記①～③以外……その会社の1株当たり純資産価額等を参酌して通常取引されると認められる価額

　基本的には上記所得税法23～35共－9は所得税を課税する場合の規定で個人間の非上場株式の譲渡において適用されるものではありません。したがって、個人間において行われる株式の譲渡に関して、「時価」を算定する際の明確な基準は税法上明文化されていません。

　しかしながら、当該取引された価額が時価に比して著しく高いまたは低いと認められる場合には、取引当事者間における贈与の意思の有無に関係なく、経済的利益の移転に着目して、租税負担の公平を図る見地から、相続税法7条が適用され、当該価額と当該時価との差額について贈与があったものとみなして贈与税を課税される可能性がある点に注意が必要です。

　相続税法7条においては、著しく低い価額の対価で財産の譲渡を受けた場合においては、財産の譲渡を受けた者（譲受者）が、譲渡対価と当該財産の時価との差額に相当する金額を財産の譲渡した者（譲渡者）から贈与により取得したものとみなすとの規定があります。この著しく低い価額の判断については、非上場株式の売買に関する過去の裁決、判決からは明確な基準は明文化されていません。

　時価を所得税法の規定とあわせて贈与税を課税することは考えられなくはありませんが、相続税評価額と実際の売買価額との差額について贈与税が課税されているものと考えられます。

　したがって、実務上は、株式の価額が相続税評価額により算定されていれば、贈与税を課税する際に著しく低い価額に当たらないものと考えられます。いい換えれば、特段の反証がなければ、原則として財産評価基本通達の定めるところによる評価額をもって「時価」とし、この評価額は、一応、時価として合理的な金額と考え当該評価額を「時価」と考えるのが一般的と考えられます（財産評価基本通達に記載されている取引相場のない株式の評価についてはQ71～76参照）。

　　　　　　　　　　　　　　　（真鍋朝彦・梶原章弘・坂本雄一）

第5章　非上場株式の税務上の評価

Question 79

個人が法人に非上場株式を譲渡する場合の評価方法について教えてください。

解　説

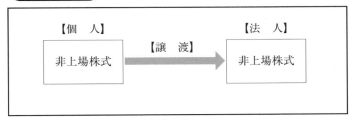

(1) 所得税法における株式評価

　個人が法人に株式を譲渡する場合の株式の譲渡価額等は、課税上弊害がない限り、財産評価基本通達の取引相場のない株式の評価方式を準用できます（財産評価基本通達に記載されている取引相場のない株式の評価についてはQ71～76参照）。

　財産評価基本通達の取引相場のない株式は、相続または贈与時の評価として用いられますが、個人が法人に対して売却する場合には非上場株式の所得税法上の売買時価は、所得税法59条1項および同法基本通達59－6に定めがあります。参考法令として所得税法基本通達59－6以外には、所得税基本通達（所基通23～35共－9）に以下のように規定されています。

　＜所得税法基本通達23～35共－9（株式等を取得する権利の価額）＞
　① 売買実例のあるもの……最近において売買の行われたもののうち適正な価額
　② 公開途上にある株式……株式の上場または登録に際して株式の公募または売出しが行われた際の通常取引価額
　③ 売買実例がないものでその株式の発行法人と事業規模等の類似した法人の株価があるもの……類似法人の株価に比準し推定した価額
　④ 上記①～③以外……その会社の1株当たり純資産価額等を参酌して通常取引されると認められる価額

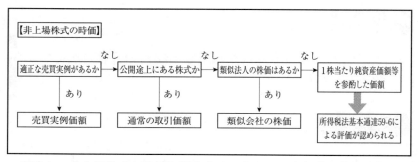

　実務上、非上場株式の時価を算定するにあたって上記①～③に該当するケースは少なく、上記④により時価を算定する形が一般的には多いです。上記④の「１株当たり純資産価額等を参酌して通常取引されると認められる価額」については、原則として、以下の４項目を留保することを条件として、財産評価基本通達の取引相場のない株式を準用して評価することが認められています（所得税法基本通達59－6）。

条件１　「同族株主」に該当するかどうかは、株式の譲渡等をした者の譲渡等の直前の議決権割合により判定すること

条件２　株式を譲渡等した個人が当該株式の発行会社（評価対象会社）にとって「中心的な同族株主」（議決権割合25％以上）に該当するときは、「小会社」方式により評価すること

条件３　純資産価額方式の計算上、評価対象会社が有する資産中の土地および上場有価証券については、当該評価対象会社の株式の譲渡時の時価で評価すること

条件４　１株当たりの純資産価額（相続税評価額によって計算した金

【所得税法上の売買時価】	（所得税法基本通達59-6）
１株当たりの純資産価額等を参酌して通常取引されると認められる価額 ↓ ４つの条件のもと財産評価基本通達を準用して評価	
条件１	同族株主になるか否かの判定は、譲渡者の譲渡等の直前の議決権により判定
条件２	議決権割合25％以上（中心的な同族株主）であるときは「小会社」方式により評価
条件３	純資産価額方式の土地・上場有価証券は譲渡等の時における一般市場価額により評価
条件４	１株当たりの純資産価額の計算上、評価差額に対する法人税等は控除しない

額）の計算にあたり、評価差額に対する法人税等相当額は控除しないこと

所得税基本通達59－6のポイントとして、所得税法59条1項および同法基本通達59－6は、譲渡者が中心的な同族株主に該当する場合において個人が法人に著しく低い価額（時価の2分の1未満）で非上場株式を譲渡した場合に、当該個人に対してみなし譲渡課税が行われるときに適用される規定ですが、個人が法人に非上場株式を譲渡する場合における株価の時価を算定する際に準用されます。同通達による評価手法は財産評価基本通達における小会社評価となり、譲渡者が中心的な同族株主でない場合には原則的評価方式または特例的評価方式となります。

一方で、所得税法における非上場株式の売買時価は、相続税法における財産評価基本通達による取引相場のない株式の評価方式と比較した場合、1株当たりの純資産価額の計算において評価差額に対する法人税等相当額を控除することが認められていないことから、法人の清算ではなく、継続企業が前提とされていると考えられます。

(2) 法人税法における株式評価

また、買主である法人側の株式の価額は、法人税法基本通達9－1－14を準用できます（同通達解説(88)）。財産評価基本通達の取引相場のない株式の評価をもととして条件を留保しながら準用して評価する点で所得税基本通達59－6と相違はありませんが、主な相違点として売主である個人は、当該譲渡直前の議決権割合によって評価方法を選定するのに対し、買主である法人においては、当該譲渡直後の議決権割合によって評価方法を選定する点に注意が必要です。

（真鍋朝彦・梶原章弘・坂本雄一）

第6章

個人事業主の事業承継

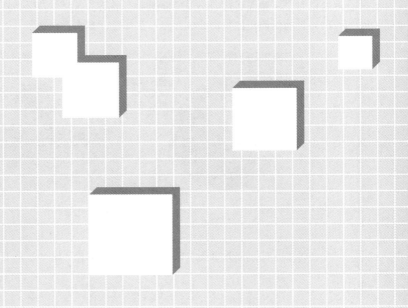

Question 80

個人事業主を取り巻く現状について教えてください。

解説

　個人事業主は、わが国の経済を支える重要な役割を担っていますが、近年その事業者数が急速に減少しています（次頁グラフ参照）。また、今後も廃業の増加等が見込まれ、個人事業主の事業承継の促進が喫緊の課題となっています。

1　わが国経済における個人事業主の存在

　2017年版中小企業白書によれば、2014年時点の企業数は約382万者、そのうち約208万者（約55％）を個人事業主が占めています。一方、雇用の状況を見ると、同年の従業者総数約4794万人のうち、約598万人（約12％）を個人事業主が占めています。

　また、2015年版中小企業白書によれば、会社形態の小規模事業者1事業者当たりの売上高は平均7967万円、付加価値額は平均1974万円であるのに対し、個人形態の小規模事業者1事業者当たりの売上高は平均963万円、付加価値額は平均393万円とされています。

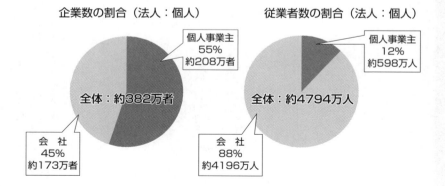

　このように、個人事業主は会社形態の事業者と比べると1事業者当たり

- 238 -

の規模は小さいものの、その事業者数や、私たちの身近な経済圏で多くの個人事業主が活躍していることをふまえれば、わが国経済において重要な一翼を担っているということができます。

2 事業者数の推移

　上記のとおり、わが国において重要な個人事業主ですが、近年その数が大幅に減少しているといわれています。下記のグラフはわが国企業数の推移を示すものですが、大企業・中規模企業はほぼ横ばいであるのに対し、小規模事業者数は減少の一途にあります。

　減少のペースは凄まじく、足元の15年間で小規模事業者だけで約100万者、4分の1近くの小規模事業者が姿を消してしまいました。個人事業主は、この小規模事業者のうちの大きな割合を占めていますので、個人事業主も同様のペースで減少しています。

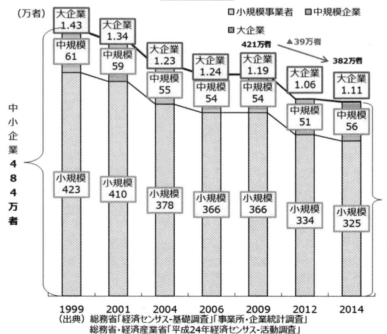

3　事業承継の状況

　中小企業数が減少する原因としては、倒産または廃業等が考えられます。しかし、直近の数年間、中小企業の倒産件数は減少傾向にあるとされています。そうすると、上記のような急激な企業数の減少の原因は、休廃業によるものが影響しているのではないかと推測されます。

　実際、2012年から2015年の大企業も含む「休廃業・解散件数」は26000件〜29000件の間で高止まりしており、企業数の減少に一定程度影響しているものと考えられます（(株)東京商工リサーチ調べ）。

　下記のグラフは、中小企業に対して後継者の決定状況を尋ねたもので、その際、なんと50％の事業者は廃業を予定していると回答しました。しかも、個人事業主だけで見ると約7割に達しており、個人事業主は会社形態の事業者と比べて、事業を承継させる意向をあまり持っていないことが明らかになっています。

　個人事業主であっても、地域にとって欠かせない商品・サービスを提供していたり、他にはない技術や強みを持っていたり、特に地域経済における事業の価値は決して小さくありません。そのような価値をしっかりと次世代に引き継いでいけるよう、事業承継を諦めず、早期に準備に取りかかっていただくことが重要といえます。

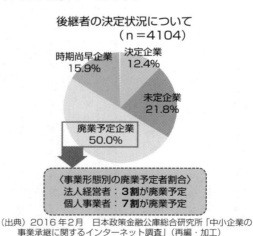

（出典）2016年2月　日本政策金融公庫総合研究所「中小企業の事業承継に関するインターネット調査」（再編・加工）

（伊藤良太）

Question 81

個人事業主の事業承継にはどのような特徴がありますか。

解説

会社形態の事業者との最も大きな違いは、事業用資産や契約関係等が個人事業主自身に帰属するか、会社という法人格に帰属するかという点にあります。そのため、事業承継時の留意点や手続にも大きな違いがあります。

1　事業承継の3要素

中小企業庁「事業承継ガイドライン」(平成28年12月)で整理されているとおり、事業承継は「人(経営)の承継」、「資産の承継」、「知的資産の承継」の3要素に分類されます。

「人(経営)の承継」については、同ガイドラインによれば、個人事業主と先代経営者との関係について、先代経営者の子であるとの回答が8割超を占める等、親族内承継が約9割に達しているとのことです。したがって、現経営者の立場に立つと、自身の親族の中でいかに早期に後継者候補を確保し、Q86で説明する知的資産の承継を丁寧に進められるかが、事業承継成功の鍵といえるでしょう。

また、「資産の承継」については、次項で説明しますが、個人事業主の場合は会社という法人ではなく、経営者個人が事業用資産を所有し、事業活動に供しているという点が特徴的です。そのため、株主たる権利が表象される株式を移転すればよい株式会社形態の場合と異なり、現経営者個人から後継者個人へ、個々の資産を承継していかなければなりません。

2　資産の承継について

上記のとおり、株式会社形態の場合は、多くの場合事業用資産は株式を通じた所有関係にあるため、いつ、どのように株式を後継者に移転するか、という観点で資産の承継を考えることになります。

これに対して、個人事業主の場合は個々の事業用資産、製造業であれば、建物としての工場、工場が建っている土地、工場内に設置されている

機械等の動産、さらには取引先・従業員との契約関係や債権債務について、1つずつ移転していく必要があります。具体的には、不動産であれば名義変更（登記）が、取引先や従業員との契約関係であれば相手方の承諾を得て契約当事者の現経営者から後継者への変更が、それぞれ必要になります。

　もちろん、事業承継に際して、事業に用いられている資産の状況や取引関係を整理・把握したうえで後継者が経営にあたることの重要性は会社形態の場合と異なりません。しかし、事業用資産の移転に要する手続や事務負担という意味では、個人事業主は会社に比べて煩雑にならざるを得ません。

　このほか、許認可の必要な事業を承継する場合には、許認可の種類に応じて所要の対応が必要ですので、Q86で説明します。

3　税務上の取扱い

　一定規模以上の資産を有する個人事業主が事業承継を行おうとする場合、税負担の問題が発生することがあります。個人間の財産移転ですので、不動産を後継者に贈与すれば贈与税、売却すれば譲渡所得税、相続により移転する場合は相続税が発生します（実務上は、不動産のような高額な資産は相続により承継されることが多く見受けられる）。

　会社形態であれば、自社株式を贈与・相続により承継する場合、一定の要件を満たせば、「非上場株式等に係る相続税・贈与税の納税猶予及び免除の特例」の適用を受けることで、税負担の軽減を図ることができます。

　個人事業主については、事業用資産一般に関する税負担軽減制度はありません。ただし、現経営者が個人事業に用いている土地を相続により取得した後継者は、相続税の算定上、土地の評価額について一定割合の減額を受けることができます。この制度を小規模宅地（特定事業用宅地）特例といい、概要は下記のとおりです。

【特定事業用宅地の特例の概要】

対　　象	上限面積	減額割合	適　用　要　件
被相続人の事業の用に供されていた宅地等	400㎡	80%	・後継者が先代経営者の相続税申告期限までに事業を引き継ぎ、申告期限まで事業を営むこと ・後継者が、申告期限まで所有していること

（伊藤良太）

Question 82

個人事業主の特徴（法人との相違点）について教えてください。

解説

　法人（株式会社）は、株主は原則として出資額を限度とする有限責任を負い、会社債務と株主個人の財産は分離されますが、その反面、会社法等に基づくルールに服しています。個人事業主は、無限責任を負う分、運営上の自由度が高く、手続等も簡素になっています。

1　責任の範囲について

　法人（会社）制度は、投資家から集まる資金の受け皿としての会社に法人格を認め、事業上のリスクについて出資額を限度とする有限責任にとどめることで、投資を行いやすくするために存在します。しかし、株主が好き勝手に事業運営を行えば、債権者等が損害を被るおそれがあります。そこで、会社法をはじめとするルールを設けて、投資促進と利害関係者保護のバランスを図っているのです。

　個人事業主は、自らの名前で事業を行うため、事業上の債務について無限責任を負います。借入金や従業員の給料が払えなければ、当然個人の財産から弁済することになります。

　このような本質的な違いから、個人事業主と法人との間には、法務面をはじめとして、多くの違いがあります。

2　法務面の特徴

　個人事業主は、上記のとおり会社法上の規制を受けないことが、法務面で最大の特徴です。法人（会社）のように定款の作成、登記、会社法上の決算書類の作成、決算公告、株主総会等の組織運営といった事務的には煩雑な対応を行う必要がありません。したがって、特段の手続なく開業することができ、事業内容も定款の制約なく変更することができます。また、会計帳簿や決算書類の作成も、法人に比較すれば簡易な方式で足ります。

　だからといって、経営者の好き勝手に、どんぶり勘定で経営すればよい

というわけではありません。取引先や金融機関からの信用を得るには、ガバナンス意識を持って、中長期の経営ビジョンや経営状態の客観的な把握を通じた対応等が不可欠でしょう。

3　税務面の特徴

　税務面での最大の特徴は、法人にかかる法人税ではなく、個人事業主には所得税が課税される点です。また、法人と異なり、事業主自身の報酬が経費とされないこと、生計を一にする親族への給与は原則として経費とされないこと（一定の要件を満たせば経費になる）、事業主自身の生命保険料が経費とされないこと（一定の例外がある）、交際費が上限なく経費にされることといった特徴が挙げられます。

4　信用面について

　上記のとおり、法人（会社）は会社法の規制に基づく運営を行っていることもあり、取引関係者や金融機関からの信用は、一般に高いといわれています。一方、個人事業主は、会社法の規制を受けないため組織的なガバナンスを欠くことが多く、得られる信用も相対的に低くならざるを得ません。

　それでも、個人事業主だからといって帳簿作成やその把握、組織的なガバナンス等を怠れば、これらの信用のみならず、健全な事業運営自体が困難になるであろうことは多言を要しません。

5　資金調達について

　実態としては、個人事業主で金融機関からの多額の借入を行っているケースはあまり多くないと思われますが、上記のとおり、法人と比較した場合の信用度が一般的に低いことから、金融機関等からの借入による資金調達も困難になります。

　また、たとえば、株式会社であれば、新株の発行等によって第三者から出資の形で資金を調達することができますが、個人事業主の場合はこのような手段をとることはできません。

6　小　括

　以上のとおり、個人事業主と法人では多くの異なる取扱いがあります

が、経営者や事業の状況に応じて、これらの要素がメリットに働く場面があれば、デメリットになる場面もあります。

　たとえば、まだ事業の見通しが立たない状況での起業を考えるのであれば、設立や事業運営に要する手続が簡易な個人事業主の形態を検討してもよいでしょう。また、事業規模の拡大が予想されるのであれば、その後の資金調達や取引先からの信頼獲得等を考えた法人化（法人成り）が選択肢となります。

　事業承継に際しては、それぞれの組織形態の特徴をふまえた対策が必要になるのはもちろんのこと、後継者の事業計画等に照らして法人化を検討してもよいでしょう。

＜まとめ＞

	個人事業主	法人（株式会社）
責任の範囲	事業主は自己の名で無限責任を負う。	株主は会社の債務について有限責任を負う。
法務	会社法の適用を受けず、自由な開業や事業内容の変更が可能。決算書類の作成等の負担も軽い。	会社法の適用を受け、ガバナンスを中心に同法のルールに従った会社運営が必要となる。
税務	所得税の課税を受け、報酬・給与の経費計上は制限されるが、交際費は制限がない。	法人税の課税を受け、諸費用の損金算入が広く認められている（交際費には制限がある）。
信用	法人（会社）と比較して、信用度は低いことが多い。	個人事業主と比較して、信用度は高いことが多い。
資金調達	一般的な信用度の低さから、困難であることが多い。また、基本的に借入しか資金調達手段がない。	個人事業主と比較して、借入はやや有利。また、新株発行による資金調達も可能。

（伊藤良太）

Question 83

個人事業主の事業承継の手法にはどのようなものがありますか。

解説

一般には、安価な事業用資産については現経営者が生前に贈与（無償）を行い、不動産等の高額資産は相続時に移転させるという方法がとられています。また、資産の承継のみならず、人（経営）の承継、知的資産の承継への配慮も重要です。

1　事業承継の3要素

法人のパートと重複しますが、事業承継ガイドラインには、事業承継の3要素として①人（経営）の承継、②資産の承継、③知的資産の承継が挙げられています。個人事業主の事業承継を考えるにあたっても、法人と同様に3要素の承継を検討することになります。

以下、それぞれの要素ごとに、法人との違いに触れながら説明します。

人（経営）の承継	資産の承継
・経営権	・株式 ・事業用資産 　（設備・不動産等） ・資金 　（運転資金・借入等）

知的資産の承継		
・経営理念 ・経営者の信用 ・知的財産権（特許等）	・従業員の技術や技能 ・取引先との人脈 ・許認可　等	・ノウハウ ・顧客情報

2　人（経営）の承継

法人（株式会社）であれば、社内や親族内、社外の第三者から後継者を選び、後継者教育等を経て、代表取締役の交代という形で（法人としては存続したまま）経営権が後継者へ承継されます（代表取締役の変更登記は必要）。

一方、個人事業主の場合は、行う事業は同じであっても、形式的には先

代経営者は廃業し、後継者が新たに事業を開始するものと整理されます。そのため税務署に対し、先代経営者は事業の「廃業届」を提出し、後継者は「開業届」を提出しなければなりません。

その際、廃業届には、事業の引継ぎによる廃業の場合には当該事業を引き継いだ先（後継者）の住所・氏名を、開業届には事業の引継ぎを受けた場合に受けた先（先代経営者）の住所・氏名を記載することとなります。

経営の承継に際しての留意点については、Q 84で説明します。

3　資産の承継

冒頭で記載したとおり、事業用資産のうち、安価な資産は生前に贈与し、高額資産は相続により後継者に承継するケースが多いです。また、事業を承継する人が親族外の第三者であったり、同業他社であったりする場合には、事業に用いられる資産をまとめて事業譲渡契約を締結し、有償で移転する手法がとられることもあります。

高額資産の承継には税負担が伴うこともありますので、税務面の留意点はQ 85で説明します。なお、高額資産であるからといって後継者への移転を先延ばしすれば、その資産に借入金の担保がついているような場合、先代経営者はいつまでも物上保証人の責任から逃れられません。相続時精算課税（後継者が直系卑属である場合に限る）等の活用と免責的債務引受により、先代経営者をそのような不安定な立場から解放することも検討すべきでしょう（もちろん、金融機関等債権者の承諾が必須）。

資産の承継に際しての留意点については、Q 85で説明します。

4　知的資産の承継

上記のとおり、個人事業主の場合は個人から個人への承継という側面が極めて強いことが特徴として挙げられます。したがって、先代経営者個人に帰属している知的資産を、後継者個人へいかにスムーズに引き継ぐことができるかが、法人と比べて極めて重要といえるでしょう。

知的資産の承継に際しての留意点については、Q 86で説明します。

（伊藤良太）

Question 84

経営を承継するうえでの留意点を教えてください。

解 説

個人事業者では、法人形態の場合に比べて後継者の確保が非常に困難と考えられます。事業の存続を希望する場合には、早期に後継者探しに着手し、余裕を持って計画的な後継者教育、資産・知的資産の承継を行いましょう。

1 個人事業主における人（経営）の承継

事業承継ガイドラインにも記載されているとおり、中小企業においては大企業に比べて、経営者個人の資質や能力等が経営状態や事業の持続可能性に大きな影響を与えています。その中でも、経営者個人の名で事業を行う個人事業主の場合は、更に経営者個人への依存度が高いといえるでしょう。

したがって、事業を誰に承継するかが、事業承継の成否を分ける極めて重要な要素となります。この点、Q81で紹介したとおり、個人事業主の事業承継においては、親族内の後継者への事業承継が大多数を占めています。そこで、親族内から後継者探しを始めることが第一歩であることは間違いありません。

しかし、高い事業価値や競争力を有している個人事業主も多く存在しますので、そのノウハウや取引関係を親族外の第三者（他の会社を含む）に承継するケースが、もっとふえてもいいのではないかと考えられます。

＜個人事業主と先代の関係＞

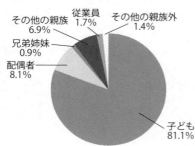

その他の親族 6.9%
従業員 1.7%
その他の親族外 1.4%
兄弟姉妹 0.9%
配偶者 8.1%
子ども 81.1%

（出典）事業承継ガイドライン（（株）帝国データバンク「中小企業における事業承継に関するアンケート・ヒアリング調査」（2015年2月）再編加工）から引用

第6章　個人事業主の事業承継

なお、後継者を探している個人事業主のために、国は事業引継ぎ支援センターにおいて「後継者人材バンク」事業を開始し、その実施地域をふやしつつあります。この事業については、Q87で紹介します。

2　後継者の育成について

上記のとおり、経営者への依存度の高い個人事業主においては、後継者の育成・教育も重要な要素に挙げられます。下記のデータによれば、「その他」との回答の詳細は不明ですが、他社勤務経験なく先代経営者のもとだけで事業を承継したケースは31％にとどまり、後継者の多くが他社勤務を通じて事業運営の経験（商売のイロハ）を得ていることがわかります。一定の事業規模がなければ、個人事業主は後継者に手取り足取りの教育を行う余裕はなく、これに自らの経営資源を割くことは難しいものと思われますので、他社勤務という方法は個人事業主の後継者育成において有効な手法と考えられます。

＜個人事業主の就任経緯＞

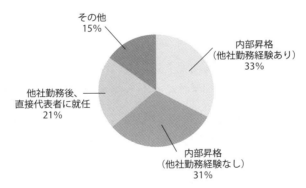

（出典）事業承継ガイドライン（(株)帝国データバンク「中小企業における事業承継に関するアンケート・ヒアリング調査」（2015年2月）再編加工）から引用

そのほか、後継者育成については会社の場合と共通しますので、Q22を参照ください。

（伊藤良太）

Question 85

資産を承継するうえでの留意点を教えてください。

解説

資産の承継の面では、個々の資産を1つずつ後継者に移転する必要があり、また高額資産の移転に際しては税負担も発生する可能性があります。

1　個々の資産の移転方法

個人事業主においては、事業用資産は経営者個人の所有に属していたり、経営者自身が他者から賃借したりしています。そのため、事業の継続に必要な資産については、個々に後継者へ移転していく必要があります。

実際に個人事業主が保有している事業用資産は、下記グラフのとおり、土地建物や、機械、現金で構成されています。このように、価格ベースでは土地建物で6割超を占めるため、特に税務面で、不動産の移転方法には特に留意すべきでしょう。

＜純資産4,800万円※超の個人事業主が所有する事業用資産の構成＞
※4,800万円：相続人が配偶者と子2人の場合の相続税の基礎控除額

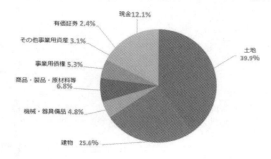

（出典）事業承継ガイドライン（(株)帝国データバンク「中小企業における事業承継に関するアンケート・ヒアリング調査」（2015年2月）再編加工）から引用

具体的な移転方法としては、Q83で紹介したように、高額な不動産については相続時に、その他に移転可能な事業用資産があれば生前贈与で移

転されるケースが多いです。不動産であれば所有権移転登記手続により、動産であれば現物を引き渡すことで移転が実行されます。

　なお、土地・建物については、店舗兼住宅のように経営者個人が使用する部分と事業に使用する部分が混在する場合もあります。そのため、事業承継という観点からだけではなく、現経営者の個人資産も含め、財産全体をどのように後継者や他の親族等に移転していくのかを併せて検討すべきといえます。

2　資産の移転に伴う税負担

　個人事業主の場合、不動産以外の事業用資産の移転によって税負担が発生するケースはそう多くはありませんが、全国的な土地価格の上昇等により、主に不動産の移転時には、税負担への配慮が不可欠です。

　土地を相続により移転する場合に個人事業主が必ず検討すべき制度として、小規模宅地特例があります。この制度は、被相続人の事業の用に供されていた宅地等について、後継者が先代経営者の相続税申告期限までに事業を引き継ぎ、申告期限まで事業を営み、かつ後継者が申告期限までその宅地を所有しているという要件を満たす場合には、400㎡を上限として、その宅地等の評価額を80％減額することができるという制度です。

　平成25年度税制改正により、平成27年1月からは居住用宅地の特例と完全併用が可能となっており、非常に使い勝手のよい制度として多くのケースで活用されています。

　このように、不動産は相続時に移転されることが多い個人事業主ですが、相続開始時まで移転のタイミングを遅らせてしまうと、相続後の遺産分割協議等の結果、事業運営に不可欠な不動産が相続人の共有や他の相談人の所有となってしまい、その処分や活用に支障が生ずるといったおそれもあります。これを防ぐためにも、生前贈与により、先代経営者の生前に確定的に移転させることも検討すべきです。

　なお、建物については、現経営者の相続開始時には減価償却が進んでおり、評価額が相当程度低い価格になっていることが想定されます。ただ、相続開始のタイミングにもよりますので、建物の移転に伴う税負担の可能性についても配慮しておきましょう。

3　債務の移転について

　先代経営者が事業のために金融機関等から資金の借入を行っていた場合、後継者への事業承継に際して、借入金債務も後継者に移転したいと思われる方が多いと思います。先代経営者は返済原資である事業からの収入を失うわけですから、その後の返済計画を大幅に見直す必要があります。

　法人であれば、借入債務を負うのは法人自体ですから、代表者の変更の影響を受けることは基本的にありません（ただし、代表者が会社の借入について連帯保証しているケースが多いため、その引継ぎは債務の移転と同様の問題をはらんでいる）。

　借入債務を後継者に引き継ぐ場合、法的には先代経営者を免責して後継者が債務を引き受ける免責的債務引受を行うことになりますが、債権者にとっては債務者が誰であるかは非常に重要ですので、債権者である金融機関等の同意が必要となります。

（伊藤良太）

Question 86

知的資産を承継するうえでの留意点を教えてください。

解　説

　知的資産の承継について、先代経営者のノウハウや人脈といった見えない強みを後継者にしっかりと引き継ぐことは、個人事業主であっても重要であることに変わりはありません。
　そこで以下では、個人事業主の事業承継における特徴でもある許認可の承継について説明します。個人事業主の場合は、法人（会社）で事業を承継する場合のように、事業承継の前後で法人格が維持されるわけではないため、事業遂行に必要な許認可等を後継者が取得し直さなければならない場合があります。

1　業法ごとの規定内容

　先代経営者が営んでいた事業に必要な許認可について、その相続が発生した場合の取扱いを定めている業法があります。以下では、主な業法をいくつか紹介します。
　食品衛生法（許可を受けた営業者）、理容師法（届出をした理容所の開設者）、美容師法（届出をした美容所の開設者）、公衆浴場法（浴場業を営む者）については、相続人は、被相続人の地位を都道府県知事（管轄の保健所）への届出を行うことにより承継することができる旨の規定があります。
　次に、酒類販売業については、酒税法19条1項に基づき、酒類製造者、酒母等の製造者または酒類販売業者に相続があった場合、その事業を承継しようとする相続人は、所轄税務署長に申告しなければなりません。相続人が欠格事由に該当しなければ、相続人は被相続人が受けていた免許を受けたものとみなされます（同条2項）。
　また、旅館業については、旅館の営業者が死亡した場合、相続人が被相続人の営んでいた旅館業を引き続き営もうとするときは、旅館業法3条の3第1項に基づき、被相続人の死亡後60日以内に都道府県知事に承認の申請を行う必要があります。ここで、相続人が欠格事由に該当せず、施設

の設置場所等の要件を満たせば、都道府県知事の承認により、被相続人に係る営業者の地位を承継します。

　他方で、建設業や宅地建物取引業については、その業法に相続による地位の承継に関する規定がありません。したがって、相続人たる後継者がこれらの事業を承継しようとする場合には、後継者は自ら、許可等を取り直さなければなりません。

2　許認可の承継にあたっての留意点

　個人事業主の有する許認可は相続人が複数いる場合でも共有できないため、後継者を1人にする必要があることや、後継者の決定について相続人全員の同意を求める運用が存在すること、また業法によっては、地位の承継について期間制限がある点について、特に注意すべきでしょう。許認可の承継に失敗すれば事業運営において多大な障害となりますので、法人化（法人化を行う場合には許認可の取直しとなり、その時点で要件を満たすかどうかも注意すべきである）等も含めた対応が必要になります。さらに、風俗営業法等では、認知症等により事業者が成年被後見人・被保佐人となった場合、許可の欠格事由となります。そのため、事前に生前贈与等で承継を行うべきか、相続による承継まで待つべきかという判断は非常に難しい問題です。

　以上紹介したように、先代経営者の営んでいる事業に応じて対応が異なり、注意点も多くありますので、早期に行政書士等の専門家に相談しておくべきです。

　　　　　　　　　　　　　　　　　　　　　　　　　　　（伊藤良太）

Question 87

個人事業主の事業承継を支援する制度にはどのようなものがありますか。

解　説

　国が計画している「事業承継5ヶ年計画」や関連する諸制度をはじめ、地方自治体、商工会・商工会議所等において中小企業の事業承継を支援する取組みが強化されており、その中には個人事業主を対象とする制度も含まれています。

1　事業承継ネットワーク構築事業

　まず指摘すべき点は、個人事業主を含む中小企業の多くの経営者が、事業承継に向けた準備の必要性・重要性を認識していないか、認識していても具体的な行動に移せていないという事実です。このような状況を受けて国は、中小企業の身近な支援者である金融機関や商工会・商工会議所等の団体が中小企業経営者に対して「プッシュ型」の意識喚起を行い、その過程で顕在化した課題に応じて、官民の専門的支援機関に取り次いで解決を図っていく地域の支援体制の構築に乗り出しました。

　この取組みにおいて、平成29年度には全国19の県において事業承継ネットワークが始動し、「事業承継診断」という簡易な意識喚起・課題発見ツールを用いた、中小企業経営者への積極的なアプローチが始まっています。平成30年度からは、事業承継ネットワークの全国展開を進めるとともに、事業承継ニーズに対して地域の専門家が連携して踏み込んだ支援を実施する「プッシュ型事業承継支援強化事業」もスタートしています（平成29年度補正予算）。

　ここでの支援対象には個人事業主も含まれますので、金融機関や中小企業団体の担当者が訪問した際には、事業承継診断への回答や、自身の悩み・不安な点を伝える等して、適切な支援者へアクセスしてみましょう。

2　事業承継補助金

　平成29年度の国の予算で、従来の「創業・第二創業促進補助金」が大

きくリニューアルされ、「事業承継補助金」が創設されました。事業承継補助金は、中小企業における事業承継を契機とした事業の強化や革新を促進することで、日本経済を活性化させようとする制度です。平成30年度からは、予算額が大幅に拡充されますので、さらに多くの事業者に活用される見込みです（平成29年度補正予算）。

　個人事業主も補助対象とされていますので、事業承継をきっかけに経営革新や事業転換にチャレンジしようと思っている場合は、活用を検討する価値があります。詳細はＱ93を参照ください。

3　事業引継ぎ支援センター（後継者人材バンク）

　国は、後継者不在問題に対応するため、全都道府県に「事業引継ぎ支援センター」を設置しています。事業承継に関する無料相談やＭ＆Ａに関するサポートを受けられるほか、後継者不在のため会社を売却により承継したいという経営者に対しては、センターの保有する企業データからマッチングサービスを提供しています。

　さらに、一部のセンターにおいては、後継者不在の個人事業主が営む事業の第三者への承継を支援するため、「後継者人材バンク」事業が行われています。これは個人事業主の後継者問題の解決と同時に、創業の促進を図る事業です。

　事業スキームは、後継者不在の小規模事業者（主として個人事業主）と、創業を志す個人起業家をマッチングし、店舗や機械装置等を引き継ぐというものです。マッチング後の一定期間は起業家と先代経営者が共同経営を行うことによって、経営理念や蓄積されたノウハウ・技術等を引き継ぐとともに、地域の顧客や仕入先、取引金融機関等との顔つなぎもあわせて行うこととされています。後継者人材バンクを取り扱うセンターは順次拡大しているので、関心がある場合は最寄りのセンターにお問い合わせください。

4　事業承継資金の調達支援

　事業承継に際しては、事業用資産の取得費用や納税費用、事業承継前後の経営革新等に要する費用等の資金需要が発生し、個人事業主も例外ではありません。

　このような資金需要に対応する日本政策金融公庫の融資制度等は、個人

事業主も融資対象としているので、必要に応じて活用を検討するとよいでしょう。また、経営承継円滑化法に基づく信用保証協会の保証枠の別枠化の特例も、個人事業主が利用可能な制度です。

詳細は、第7章を参照ください。

5　よろず支援拠点

　中小企業の事業承継においては、事業承継特有の課題への対応のみならず、本業の強化（「磨き上げ」Q13以下参照）こそが重要である場合が多くあります。また、経営の見える化や事業の磨き上げを含めて、自身が何から手をつけていけばよいのかもわからないといったケースもあります。

　そのような場合、国が全都道府県に設置しているよろず支援拠点を利用するという選択肢があります。よろず支援拠点は、販路拡大や新商品開発、海外展開といった本業の強化に関わる部分から、事業承継といった専門的な課題まで、どんな相談でも対応してくれる相談窓口です。

　金融機関ＯＢや中小企業診断士等、広い知見を持ったコーディネーターに相談できますので、漠然とした不安を抱えて誰に相談すればよいかわからないといった場合には気軽に訪問してみましょう。

6　専門家派遣制度

　よろず支援拠点や地域の金融機関、中小企業団体等での対応が困難な専門的な課題がある場合には、国の実施する専門家派遣制度の活用が考えられます。専門家の派遣を申請する権限はよろず支援拠点や「地域プラットフォーム」という組織に付与されていますので、よろず支援拠点、または身近な支援者に相談してみてください。

（伊藤良太）

Question 88

個人事業主が廃業する場合の留意点を教えてください。

解説

債務超過の場合は金融機関等との調整が必要ですが、資産超過であれば、比較的容易に廃業手続が進められます。その際は、税務署・都道府県税事務所への届出書類に留意が必要です。

1 個人事業主の廃業

Q 80で紹介したとおり、今後廃業を予定している個人事業主はおよそ7割にも達し、事業承継を行わないのであれば、円滑な廃業に向けた準備は多くの個人事業主にとって他人事ではない切実な課題となります。

中小企業の廃業に伴う課題と解決策はQ 18以下で説明しましたが、早期の意思決定と計画、資金管理や廃業資金の準備、債務整理の必要性については、個人事業主の場合も同様です。

個人事業主の場合の特徴としては、債務超過の場合の整理について、借入金債務を会社名義ではなく個人名義で負っている点があります（ただ、会社の場合にも経営者が連帯保証債務を負っている例は多く、同様の対応が必要になる）。そのため、債務超過で廃業しようとする場合、破産を含めた法的手続きの選択はもちろん、借入金返済のために、事業を継続する必要があるのではないか、廃業するのであれば、廃業後に自身や家族の生活をどのように維持していくか、借入金について保証人がついているかどうかといったことを精査して、廃業のタイミングや準備を考えていかなければなりません。

2 税務上の手続

個人事業主が廃業する場合、事業を廃業したことを所轄税務署と管轄の都道府県税事務所に届け出る必要があります。その際提出する書類は以下の4種類ですので、廃業時には留意しましょう。

・個人事業の開業・廃業等届出書

・給与支払事務所等の開設・移転・廃止届出書（給与を支払っている場合）
・青色申告の取りやめ届出書（所得税：青色申告の場合）
・事業廃止届出書（消費税：課税事業者の場合）

3　小規模企業共済の活用

　個人事業主が廃業しようとする場合、廃業後の生活資金の確保が課題となることがあります。このようなニーズに対応する制度が、小規模企業共済です。

　月々の掛金は1,000円～70,000円で、確定申告時には課税対象所得から控除でき、節税効果もあります。積み立てておけば、一定の事由が発生したタイミングで共済金を受け取ることができます。そこには個人事業主が廃業した場合も含まれ、個人事業主にとっては退職金の代わりに活用することができるのです（掛金の納付期間が20年未満の場合は、支払われる共済金の額が掛金合計額を下回るので早めの加入がポイント）。

　さらに、掛金の納付期間に応じて、事業資金等を借入できる制度も用意されています。事業資金や災害時の資金需要のみならず、廃業時の設備の処分費用や債務の清算、その他の廃業準備に要する資金を低金利で借入できますので、要件を満たす場合には活用を検討してみてもよいでしょう。

（伊藤良太）

第7章

事業承継における資金調達

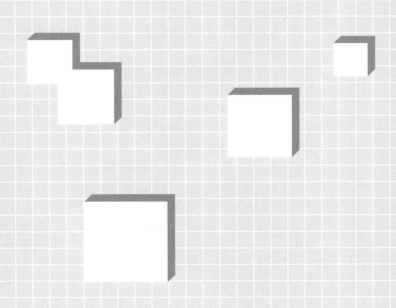

Question 89

事業承継にあたってはどのような資金が必要となりますか。また、その資金を調達するにはどのような方法がありますか。

解説

1 事業承継にあたって必要となる資金

事業承継とは、「事業」の承継であり、「事業」の構成要素は、人〔人材〕、物・金〔物的資産〕、知的資産〔経営理念、ノウハウ等〕です。
このうち物的資産、具体的には自社株式や事業用資産(不動産、設備等)を承継するために資金が必要になります。

(1) 株式や事業用資産の取得資金

日本の中小企業においては「所有と経営」が一致しており、事業を円滑に承継して安定的な経営をするためには、法人であれば自社株式、個人事業主であれば事業用資産を承継する必要があります。

法人であっても個人資産との分離が明確にされておらず、事業用資産が代表者個人の所有になっているような場合には、自社株式だけでなく事業用資産も承継する必要があります。

これら自社株式や事業用資産を売買により取得する場合、買取資金を準備する必要があります。

(2) 株式や事業用資産の取得にかかる納税資金

自社株式や事業用資産を相続や贈与により取得する場合、(1)の買取資金を準備する必要はありません。しかし、相続税や贈与税が発生するため、場合によっては多額の納税資金を準備する必要があります。

(3) 事業承継に伴う運転資金

中小企業においては、「会社の信用力≒代表者の信用力」とされていることが多く、事業承継により代表者が交代すると会社の信用力が低下してしまうことがあります。金融機関取引においては、代表者が会社借入の連帯保証人になっていることも多いため、特に問題になります。

具体的には、取引金額が縮小したり、取引条件が悪化(回収条件の長期化、支払条件が短期化等)します。また金融機関との関係においても融資

条件が厳しく（融資金額の縮小、返済期間の短期化、借入金利の上昇等）なったりすることがあります。結果として、会社の資金繰りが一時的に逼迫し、運転資金が必要となる場合があります。

2　必要な資金を調達する方法

(1) 民間金融機関からの借入

事業承継にあたって必要となる資金については、民間金融機関（銀行、信用金庫、信用組合等）からの借入により調達するという方法があります。この点、事業承継に関する資金については、信用保証協会で特別な保証枠が設けられているため、これを活用することにより円滑に借入をすることが期待されています（Q 91 参照）。

(2) 政府系金融機関からの借入

政府系金融機関である日本政策金融公庫には、「事業承継・集約・活性化支援資金」という融資制度があります。この融資制度は、事業承継等に際して、株式や事業用資産を取得する資金を、法人や個人に融資することにより会社の安定的な経営を図るためのものです。この融資制度を活用することにより、長期・低利な資金を調達することが期待されています（Q 90 参照）。

(3) ファンドからの資金調達

ファンドとはさまざまな投資家の出資により構成されている「資金の集まり」＝「基金」で、その資金を活用し、投資会社が企業等へ投資を行っているものです。M＆A等の親族外承継において活用されることが多いです。

ファンドによる投資は、投資先の企業価値を向上させて株式公開または他の事業会社やファンドに売却することにより利益を得ることを目的として行われます。

したがって、ファンドからの資金調達においては、将来的な経営権維持という問題があることに留意する必要があります（Q 92 参照）。

(4) 補助金の活用

事業承継を契機として経営革新等や事業転換を行う中小企業に対して、経費の一部を助成する「事業承継補助金」という制度があります（Q 93 参照）。

（山内雅彦）

Question 90

日本政策金融公庫の事業承継支援資金の概要を教えてください。

解　説

　日本政策金融公庫では、事業を承継する事業者が利用できる融資制度として、「事業承継・集約・活性化支援資金」を取り扱っており、概要は次表のとおりです。

	国民生活事業	中小企業事業
対象となる方	次の1～5のいずれかに該当する方 1　安定的な経営権の確保等により、事業の承継・集約を行う方 2　中小企業における経営の承継の円滑化に関する法律12条1項1号の規定に基づき認定を受けた中小企業者（以下「認定中小企業者」という）の代表者 3　事業承継に際して経営者個人保証の免除等を取引金融機関に申し入れたことを契機に取引金融機関からの資金調達が困難となっている方であって、公庫が融資に際して経営者個人保証を免除する方 4　中期的な事業承継を計画し、現経営者が後継者（候補者を含む）と共に事業承継計画を策定している方 5　事業の承継・集約を契機に、新たに第二創業または新たな取組みを図る方（第二創業後または新たな取組後、おおむね5年以内の方を含む）	
資金使途	対象1　事業承継・集約を行うために必要な資金 対象2 対象3　金融機関との取引状況の変化に伴い必要な資金 対象4　事業承継計画を実施するために必要な資金 対象5　第二創業または新たな取組みを行うために必要な資金	
融資限度額	7,200万円以内 （うち運転資金4,800万円以内）	7億2,000万円以内
返済期間	設備資金：20年以内（うち据置期間2年以内） 運転資金：7年以内（うち据置期間2年以内）	
利率（年）	資金使途、返済期間、担保の有無等によって異なる利率が適用されます。	

　この融資制度のポイントは、事業承継等に際して、株式や事業用資産を

取得する資金を、法人や個人に融資することにより安定的な経営を図ることです。

多様化する事業承継に幅広く対応しており、親族内承継や企業内承継だけでなく企業外承継（M＆A）にも利用することができます。

また、「認定中小企業者」となった場合には、事業承継をした「代表者個人」が株式買取資金等を借入することもできます。（対象２）

さらに事業承継計画を策定すれば、中期的（融資後おおむね５年以内）に事業承継を予定している事業者も当該計画実施のための資金を借入することができます。（対象４）

なお、「事業承継・集約・活性化資金」の利用者で一定の要件を満たす方は、「挑戦支援資本強化特例制度（資本性ローン）」も利用できます。概要は次表のとおりです。

	国民生活事業	中小企業事業
融資限度額	別枠4,000万円以内	「事業承継・集約・活性化支援資金」の貸付限度額の範囲内で３億円以内
返済期間	５年１か月以上15年以内	５年１か月、７年、10年、15年
返済方法	期限一括返済（利息は毎月払）	
利率（年）	１年ごとに、直近の決算の業績に応じた利率が適用されます。	
担保・保証人	不要	

この融資制度のポイントは、資本性資金を供給することにより会社の財務体質強化を図ることです。本制度による債務については、金融検査上自己資本とみなされます。また、法的倒産手続の開始決定が裁判所によってなされた場合、すべての債務（償還順位が同等以下とされている者を除く）に劣後します。

融資制度の詳細は、各地の日本政策金融公庫窓口にお問合せください。

（山内雅彦）

Question 91

事業承継に伴い必要な資金に係る融資に対応する信用保証協会の保証にはどのようなものがありますか。

解説

中小企業における経営の承継の円滑化に関する法律(以下「経営承継円滑化法」という)13条1項に基づく経営承継関連保証、および改正経営承継円滑化法(平成30年4月1日施行)13条2項に基づく特定経営承継関連保証があり、概要はそれぞれ次表のとおりです。

	経営承継関連保証	特定経営承継関連保証 (平成30年4月1日施行)
対象となる方	経営承継円滑化法12条1項の規定による認定を受けた中小企業者	経営承継円滑化法12条1項1号の規定による認定を受けた中小企業者の代表者
対象資金	議決権株式の取得資金、事業用資産等の取得資金、事業用資産等に係る相続税または贈与税の納税資金等(認定事由により異なる)	株式等の取得資金、事業用資産等の取得資金、株式等もしくは事業用資産等に係る相続税または贈与税の納税資金等(認定事由により異なる)
保証限度額	2億8,000万円 (通常の保証と別枠)	2億8,000万円
保証割合	責任共有制度対象の保証(80%保証)	責任共有制度対象の保証(80%保証)
取扱金融機関	信用保証協会と約定書を締結する金融機関(以下「約定締結金融機関」という)	約定締結金融機関のうち、主たる取引関係を有する金融機関(※) (※)原則として既往取引金融機関のうち、取引期間が長い、貸付残高が多い等の理由から一定の信頼関係を構築していると申込者が認識する金融機関に限られる。
保証申込	都道府県知事の認定書の有効期限である認定を受けた日の翌日から起算して1年を経過する日までに、保証の申込を行う必要がある。また、保証申込に際しては、認定書(申請書の写しを含む)の写しおよび認定申請の提出書類の写しを添付しなければならない。	

また、上記のほかに、持株会社（他社の株式を取得することにより、その他社の事業活動を支配することを目的とする会社）が事業活動を行う会社の株式等を集約化するために必要とする資金に係る融資に対応する保証があります。なお、同保証の取扱状況、保証条件等は信用保証協会によって異なるため確認が必要です。以下は同保証の概要（例）です。

	持株会社を活用した事業承継に係る資金調達に対応する保証
対象となる方（例）	事業会社（事業活動を行う会社で事業承継を計画している会社をいう。以下同じ）の株式を取得することにより、事業会社の事業活動を支配することを目的として新設された持株会社であって、次の要件を満たす者 (1) 事業会社の発行済議決権株式総数の3分の2以上を持株会社が保有する旨を含む事業承継計画を策定していること。 (2) 持株会社の発行済議決権株式総数の3分の2以上を後継者（持株会社の代表者であって、持株会社が被後継者（事業会社の株式を保有し、事業承継計画に基づき、持株会社に対し株式の売却を予定する者をいう。以下同じ）の保有する事業会社の株式を取得することにより、事業会社の経営権および支配権の掌握を予定している者をいう）が保有していること。
対象資金(例)	持株会社が被後継者の保有する事業会社の発行済議決権株式総数の3分の2以上を一括で取得する資金および附帯費用に限る。

（星　敬太）

Question 92

事業承継においてファンドはどのように活用すればよいですか。

解 説

1　事業承継に活用しうるファンドとは

　そもそもファンドとは、投資家から集めた資金を収益を生じうる何らかの資産に投資しそこから得た収益を投資家に分配する仕組みを総称するものであり、収益を生じうる資産であれば、どのようなものでも投資対象となり得ます。そのうち、事業承継において活用されうるファンドは、株式を投資対象とするファンドの中でも、上場株式ではなく主として非上場株式を投資対象とするプライベートエクイティファンド（ＰＥファンド）の1つであるバイアウトファンドです。

　バイアウトファンドから投資をする際には、ファンドが過半数の出資比率を握ることを原則としています。ただし、主として非上場企業を投資対象とする以上、敵対的に対象企業の経営権を掌握することはあり得ず、当該企業の経営陣と将来の経営方針等につき十分に協議し、協力しあえることを確認しかつ合意したうえで、はじめて投資を実行するというアプローチをとることとなります。

2　バイアウトファンドを活用するメリット

　バイアウトファンドは、企業内承継における資金調達の一手段として利用されうるものであることから、ファンドを活用するメリットもまた、Q32に記載した企業内承継におけるメリット（①事業の継続性の維持、②事業の中立性が保てること、③秘密が保持されうること）とも共通します。

　これにとどまらず、Q32で企業内承継時における留意点として掲げられていた適正な譲渡価格と資金調達の問題と、個人保証や担保の差入の問題についても、後述するように、ファンドが関与することによって解決を図ることができます。さらに、投資のプロであるファンドが当該企業に関

与し、ファンドで培われたノウハウとネットワークにアクセスできる結果、経営基盤の強化を図ることが見込めます。

なお、企業内承継の場合とは幾分場面が異なりますが、仮に後継者が不在であっても、後継者不在の場合の対応策として用いることも可能です。

(1) 資金調達の手段

企業内承継を図ろうとしても、経営陣や従業員らが、当該企業の株式のすべてを適正な価格で取得しうるに足る自己資金を準備することは一般的には困難なことから、ファンドからの投資を受けることは有用な資金調達手段の1つです。このようにファンドからの資金を呼び込むことによって、後継者となる経営陣や従業員らは、限られた手元資金で当該企業を買収することが可能となります。そして、ファンドからの投資を受ける場合には、同時にいわゆるLBO（レバレッジローン）という形で金融機関からの借入（シニアローン）をすることが一般的ですが、こうしたスキームのストラクチャリングに精通したファンドがLBOスキームを主導することで、当該企業に最適な金融機関からの資金調達を実現することも可能となります。

(2) 創業者利益の実現

ファンドが関与することで、適正な価格で当該企業の株式の売却が図れる結果、創業者としては、本来受け取れるべき価額にて株式の売却益を得ることができます。

(3) 個人保証や担保の問題の解決

ファンドは、経営陣らとともに当該企業の株式への出資を行うものである以上、経営陣らに個人保証や担保を要求することはありません。また、ファンド投資と同時に金融機関からのレバレッジローンを受ける場合でも、金融機関の貸出の可否の判断は当該企業のキャッシュフローに主眼が置かれていることから、新経営陣らが、個人保証や個人財産の担保提供を求められることはありません。

(4) 経営基盤の強化

ファンドには、一般に、会計士、弁護士、銀行員、コンサルタント、事業経験者といった多彩な経歴を持つメンバーが揃っています。故に、ファンドから投資を受けた企業は、ファンドのメンバーとともに当該企業が直面する問題を分析したうえで、更なる発展のために必要な人材の紹介、新規取引先の開拓や海外進出のサポートといった経営支援を受けることがで

きます。また、会社の基盤強化のためのガバナンスも構築することができます。

(5) 後継者不在の場合のファンドの活用法

企業内承継の際にファンドを活用する場合とは場面が異なりますが、企業内に後継者が不在である事業承継においても、ファンドを活用することが選択肢として考えられます。

企業内に適切な後継者がいない場合でも、現オーナーとしては近隣の同業他社には売却したくない、業界に売却の噂が流れると有能な営業マンが引き抜かれて会社が立ち行かなくなるというような事情がある一方で、直ちには適当な売却先が見つけられないようなケースも少なくありません。こうしたケースでファンドを活用すると、ファンドあるいはそのネットワークを通じて当該企業の後継者を送り込んでもらい、当該企業の価値の向上を図りつつ継続的に運営しながら、当該企業とその従業員にとって最も望ましい売却先を時間をかけて探すことが可能となり得ます。

3 ファンド選定における留意点

一口に投資ファンドといっても、国内独立系、国内金融機関系、外資系あるいは政府系というように、その資本も多岐にわたり、ファンドごとに独自の投資理念やスタイル、投資方針やポリシーを有し、異なる強みを有しています。

ファンドからの資金調達を受けようとする場合には、当該企業にとって、どのようなファンドがパートナーとしてふさわしいかを見極める必要があります。ファンドと経営陣らとの相性ももちろんですが、そのファンドやメンバーが過去にどのような事業に投資をしてきたのか、どのような企業価値向上策を講じてきたのか、投資対象先のエグジットをどのような方法で行ってきたのかといったことを、ファンドメンバーとの面談やヒアリングを通じて把握し、ともに企業を運営するパートナーとしてふさわしいかどうかを見極める必要があります。必要であれば、ファンドの過去の投資先の経営陣との面談をファンドに対して依頼し、そこから得られる生の情報も、パートナー選定にとっての有用な判断材料となりうるものと考えられます。

(香月由嘉)

Question 93

事業承継補助金の概要について教えてください。

解説

　事業承継補助金とは、事業承継をきっかけとして経営革新等に取り組もうとする場合に活用可能な補助金で、平成29年当初予算で創設され、同補正予算では大幅に拡充されています。

1　事業承継補助金の概要

　「事業承継5ヶ年計画」の目玉政策の1つとして、平成29年度から新設された補助金です（従来の創業・第二創業補助金から大幅に改組された）。事業承継を事業断絶の危機ではなく新しい取組みによる飛躍のチャンスと捉え、後継者を中心とする経営革新や事業転換を促進することで、事業承継を契機とした事業の再活性化を図るものです。

2　主な申請要件

　事業承継補助金の申請を行うにあたっての主な要件は、以下のとおりです（平成29年度補正予算）。
① 地域経済に貢献する中小企業であること（取引関係やサービスの提供で地域の需要に応えたり、地域の雇用の維持・創出を支えていたりすること）
② 平成27年4月1日から補助事業期間までの間に事業承継が行われること（会社であれば代表者の交代、個人事業主であれば先代経営者の廃業・後継者の開業）
③ 経営革新等を行うこと（新商品の開発等による市場創出、生産性向上等を広く指すもので、事業所の廃止や事業の集約・一部廃止を伴う場合は廃止等に要する費用として上限額300万円を上乗せ）
④ 後継者が一定程度の知識や経験を有していること（後継者が経営に関する職務経験や、同業種に関する知識、一定の研修等の受講経験を有していること）

また、平成29年度補正予算においては、従来の「経営者交代タイプ（Ⅰ型）」に加えて「M&Aタイプ（Ⅱ型）」が新設されます。合併や会社分割等による事業再編・事業統合後の新たな経営革新等を支援するもので、補助上限額がⅠ型よりも増額されます。全体の予算額もふえていますので、要件に当てはまる場合には、積極的に活用を検討してはいかがでしょうか。

3 補助金利用に際しての留意点

　事業承継補助金も、他の補助金と同様、補助率が定められています。たとえば、補助率3分の2であれば、補助対象者が申請内容に従って実際に支出した事業費のうち、確定検査等の手続を経た後に、3分の2に相当する額が補助されるという制度です。

　したがって、いったんは補助対象者において必要な設備投資額等を全額支出しなければならず、金額が補助されるものでもありませんので、資金繰り等は事前の検討が必要です。また、応募手続や交付申請、確定検査等には一定の事務負担も伴いますので、この点にも留意すべきでしょう。

＜参考＞補助率および補助上限額

タイプ	事業や拠点の廃止	補助率	補助上限額
経営者交代	伴わない	2/3（小規模企業者）	200万円
		1/2（上記以外の者）	150万円
	伴う	2/3（小規模企業者）	500万円
		1/2（上記以外の者）	375万円
M&A	伴わない	2/3（採択上位）	600万円
		1/2（上記以外の者）	450万円
	伴う	2/3（採択上位）	1200万円
		1/2（上記以外の者）	900万円

※平成29年度補正予算「事業承継補助金（後継者承継支援型～経営者交代タイプ～）」の公募資料より加工

（伊藤良太）

第8章

経営承継円滑化法

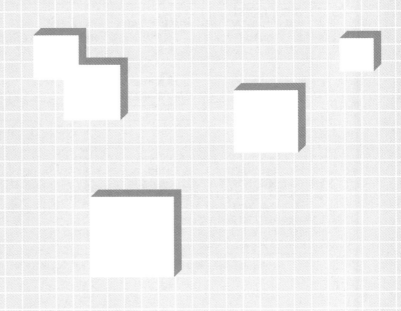

Question 94

経営承継円滑化法の「遺留分に関する民法の特例」とはどのような制度ですか。

解説

　従来、中小企業の円滑な事業承継を阻害する要因として、①中小企業や後継者が、株式や事業用資産を買い取るための資金を調達できない、②事業承継に伴い、後継者が多額の相続税の負担を余儀なくされる、③先代経営者の一族が民法上の遺留分減殺請求権を行使することにより、後継者がせっかく取得した自社株式や事業用資産を手放さざるを得なくなり、経営者に中小企業の株式や資産を集中させられないといった課題が挙げられてきました。

　そこで、政府は、①資金調達の支援（金融支援）、②納税猶予制度の創設とともに、③事業承継の円滑化のため制定されたのが、「中小企業における経営の円滑化に関する法律」（以下「経営承継円滑化法」という）の「遺留分に関する民法の特例」です。

　この民法の特例については平成21年3月1日から施行されています。

1. 事業承継税制
非上場株式の相続税・贈与税の納税猶予処理
後継者が、経済産業大臣の認定を受けた非上場中小企業の株式等を旧代表者から相続または贈与により取得した場合、相続税・贈与税の納税が猶予される。

事業承継の円滑化
中小企業の事業活動の継続のために

2. 民法の特例
◇一定の要件を満たす後継者が、遺留分権利者全員との合意および所要の手続（経済産業大臣の確認、家庭裁判所の許可）を経た場合、以下の効果が生じる。
①株式等を遺留分の対象から除外：除外合意
　⇒贈与株式が遺留分減殺請求の対象外となるため、相殺に伴う株式分散を未然に防止できる。
②生前贈与株式の評価額を予め固定：固定合意
　⇒後継者の貢献による株式の価値上昇分が遺留分減殺請求の対象外となるため、経営意欲が阻害されない。

3. 金融支援
　以下のような幅広い資金ニーズに対応。
・株式、事業用資産の取得資金
・信用力の低下時の運転資金
・相続税負担

中小企業基盤整備機構「中小企業経営者のための事業承継対策」35頁より再編加工

中小企業の事業承継の場合、後継者に集中的に生前贈与して株式や事業用資産（工場建物等）を承継することが有用です。特に確実な事業運営のためには、後継者がオーナーシップをとって会社の重要な意思決定を行うことができ、3分の2以上の株式を持つ（会社法309条2項参照）ことが理想的ということもできます。

　ところが、仮に先代の経営者が後継者に株式を集中させたとしても、その株式に対して、非後継者である先代の経営者一族が遺留分減殺請求（民法1031条）をした場合、後継者は請求者に対し、株式を渡す義務または株式相当の価額を支払う義務が発生してしまうため、円滑な事業承継に支障が生じるおそれが生じます。この場合、後継者に資力がない中で遺留分減殺請求をされると、せっかく集中的に承継させようとした株式や事業用資産が相続人間で分散してしまいます。

　また、遺留分を有する推定相続人は、家庭裁判所の許可を得て、相続の開始前に遺留分を放棄することができますので（同法1043条）、これによって遺留分に関する紛争を防止することも可能です。しかし、遺留分の放棄は、放棄しようとする推定相続人自身で手続をしてもらわなければならず期待しにくいですし、放棄の許可は個別判断となり、結果が相続人各人で別々になる可能性がありますし、特定の財産について遺留分を放棄することはできません。また、同人の単独行為ですので、推定相続人間で各自遺留分を放棄する旨の合意をしたとしても、その合意は無効となります。

　このような問題点を解消するための民法の特例として、経営承継円滑化法は制定されました。経営承継円滑化法は、法律上、遺留分の算定に関する推定相続人間の合意を明確に位置づけたという点で、非常に重要な意義を有します。同法により、先代の経営者（経営承継円滑化法では、「旧代表者」と呼んでいるため、以下「旧代表者」という。同法3条2項）の生前の段階で、相続開始後（つまり、旧代表者が亡くなった後）に生じる可能性のある遺留分に関する紛争を未然に防止でき、後継者が会社経営に集中できるようになるのです。

（本澤順子）

Question 95

民法の特例を利用するためにはどのような要件を満たす必要がありますか。

解説

1 特例中小企業者

民法の特例を利用できる企業は、「中小企業者」(経営承継円滑化法2条) です (下図参照)。

さらに、民法の特例を利用するためには、対象となる企業が上記の「中小企業者」のうち、3年以上継続して事業を行っている非上場の会社であることも必要です (経営承継円滑化法3条1項、同法施行規則2条)。これらの要件に該当する企業は、「特例中小企業者」と呼ばれています。なお、「3年以上」というのは、遺留分の算定に係る合意をする前3年以上という意味です。これは、当該合意をするためにのみ会社を設立するという脱法的な行為を防止するための要件です。

この民法の特例は、経営者と株主、経営承継と相続が一体となっているような中小企業のための制度であり、不特定多数の株主が存在するような上場企業については、経営承継円滑化法の目的に照らし、除外されています。

業　　種	資本金		従業員数
製造業その他	3億円以下	または	300人以下
ゴム製造業(自動車または航空機用タイヤおよびチューブ製造業ならびに工業用ベルト製造業を除く)			900人以下
卸売業	1億円以下		100人以下
サービス業	5千万円以下		100人以下
ソフトウェア業または情報処理サービス業	3億円以下		300人以下
旅館業	5千万円以下		200人以下
小売業	5千万円以下		50人以下

注) 白い部分は中小企業基本法に基づく。アミの部分は政令に基づく。
神崎忠彦、柏原智行、笠間太介、山口徹朗『詳説　中小企業経営承継円滑化法と新・事業承継税制』より再編加工

2 先代経営者―「旧代表者」

経営承継円滑化法3条2項は、いわゆる先代経営者を「旧代表者」と定義し、必要な要件を定めています。「旧代表者」とは、特例中小企業者の代表者であった者であって、他の者に対して当該特例中小企業者の株式等の贈与をしたものをいいます（経営承継円滑化法3条2項）。

また、「代表者であった者」には、「代表者である者」を含むとされています。つまり、遺留分の算定に係る合意をする時点で、先代経営者がすでに代表者を退任している場合であっても、先代経営者が依然として代表者である場合であっても、いずれの場合でもよいという意味です。

3 後継者

「後継者」とは、当該旧代表者から当該特例中小企業者の株式等の贈与を受けた者（これを「特定受贈者」という）、または当該特定受贈者から当該株式等を相続、遺贈もしくは贈与により取得した者であって、当該特例中小企業者の総株主または総社員の議決権の過半数を有し、かつ、当該特例中小企業者の代表者であるものをいいます（経営承継円滑化法3条3項）。

つまり、後継者は、遺留分の算定に関する合意をする時点で、単独で総株主または総社員の議決権の過半数を有していることが必要です。また、後継者は、当該時点で、特例中小企業者の代表者となっていることが必要です（なお、代表権に制限があっても問題はない）。

なお、「後継者」については、旧法下では「推定相続人」つまり、「相続が開始した場合に相続人となるべき者のうち被相続人の兄弟姉妹及びこれらの者の子以外のものに限る。」ものとされていました。しかし、円滑な事業承継を更に推進すべく、「相続人となるべき者」以外の後継者、つまり「旧代表者」に長年仕えた『番頭さん』や『お婿さん（旧代表者の長女の夫）』等が跡を継いだ場合にも、同法の適用を受けることができることとなりました（経営承継円滑化法の改正法は平成27年8月21日成立、平成28年4月1日施行）。

4 株式等

「株式等」とは、株式会社または合同会社等持分会社の持分を意味しますが、株式からは議決権のまったくない「完全無議決権株式」が除外され

ています。完全無議決権株式が相続人間で分散しても、株主総会の決議に影響を及ぼすことはないからです。

民法特例の適用要件 　合意時点で要件を充たすことが必要

対象となる会社‥「特例中小企業者」（法3条1項、規則2条）
・「中小企業者」で、3年以上事業継続
・非上場会社⇒上場企業は該当せず

先代（譲り渡し）経営者‥「旧代表者」（法3条2項）
・代表者であった者（現代表者も含む）
・自社株を後継者等に贈与

後継者と推定相続人全員の間で、除外合意・固定合意

「後継者」（法3条3項）
・旧代表者から株式等を贈与等で取得
　または当該受贈者から贈与等で取得し、
・特例中小企業者の総株主
　または総社員の議決権の過半数を有し、
　かつ
・特例中小企業者の代表者である

※法改正により「後継者」には、遺留分減殺請求権者でない人、つまり親族外第三者も含むことになり、適用を拡大。

遺留分権利者全員「旧代表者」の「推定相続人」（法3条4項）

※「推定相続人」とは、相続が開始した場合に相続人となるべき者のうち、被相続人の兄弟姉妹およびこれらの者の子以外のものをいう。

※図表中、「法」とは「経済承継円滑化法」を指す。

（本澤順子）

Question 96

遺留分の算定に係る合意にはどのような内容のものがありますか。

解 説

1 合意の対象者

経営承継円滑化法4条1項によれば、「旧代表者の推定相続人及び後継者は、その全員の合意をもって」一定の合意をすることができる旨、規定されています。つまり、遺留分の算定に関する合意をするためには、後継者と代表者の推定相続人の全員が、合意の当事者となる必要があります。

ただし、「推定相続人」とは、「相続が開始した場合に相続人となるべき者のうち被相続人の兄弟姉妹及びこれらの者の子以外のもの」と規定しています（経営承継円滑化法3条4項）。つまり、民法上の「推定相続人は、兄弟姉妹およびその代襲者を含めて「相続が開始した場合に相続人となるべき者」を意味しますが（民法892条）、兄弟姉妹およびその代襲者は遺留分を有さないため（同法1028条）、経営承継円滑化法ではこれらの者を除外しています。

2 除外合意

> 除外合意：関係者全員の合意により、贈与株式等を、遺留分算定基礎財産から除外

後継者が遺留分権利者のうちの1人である場合、後継者および遺留分権利者全員の間で、旧代表者から後継者へ贈与された自社株式その他一定の財産（以下「贈与株式等」という）について、遺留分算定の基礎財産から除外する旨の合意を行うことができます（経営承継円滑化法4条1項1号）。

3 固定合意

> 固定合意：関係者全員の合意により、贈与株式の評価額をあらかじめ固定

民法の原則に基づけば、旧代表者の生前贈与後に、後継者の努力で企

業価値が向上し、贈与株式の価値が上昇した場合でも、遺留分の算定にあたっては相続開始時点の評価で計算されることとなります（民法1029条。最判昭和51・3・18民集30巻2号111頁）。

　そうすると、後継者は自らが精いっぱい頑張って企業価値を上げたにもかかわらず、遺留分減殺請求が行われた場合、株式の価値上昇分まで減殺請求者に対する支払を余儀なくされることとなります。実際のところ、生前贈与を受け、後継者が経営を行うようになってから経営者の死亡までの間には相当の時間があるケースが多いことをふまえると、この算定ルールでは、結果として後継者が経営努力をして会社の評価を高める意欲を失ってしまうおそれがあります。

　そこで、後継者を含む遺留分権利者全員との間で、遺留分の算定に際して合意し、当該合意時の評価額で贈与株式の価額をあらかじめ固定する旨の制度を設けました（経営承継円滑化法4条1項2号）。詳細はＱ97・98を参照ください。

（本澤順子）

Question 97

「除外合意」とはどのような内容の合意ですか。

解説

1　民法の原則との比較

「除外合意」とは、後継者が旧代表者からの贈与等により取得した特例中小企業者の株式等について、旧代表者を被相続人とする相続に際し、その価額を遺留分算定基礎財産に算入しないこととする旨の合意です（経営承継円滑化法4条1項1号）。

民法の原則によれば、後継者が旧代表者からの贈与等により特例中小企業者の株式等は、後継者が相続人のうちの1人である場合、それが旧代表者の相続開始の何年前に行われたものであっても、旧代表者の相続時には、その遺留分算定基礎財産に算入されます。また、後継者の経営手腕により旧代表者の存命中に株価を上昇させた場合等、この上昇分まで遺留分算定基礎財産に含まれるとなると、結果的に、何もしなければ遺留分侵害が生じなかったのに、逆に自らの努力により自らに不利益を課すことにつながる場合が生じることもあります。

これに対し、旧代表者からの贈与等により取得した特例中小企業者の株式等が「除外合意」の対象となると、当該株式等は、民法1029条1項・1044条が準用する同法903条1項の適用が排除され、遺留分算定基礎財産に算入されないこととなります（経営承継円滑化法9条1項）。その結果、当該株式等は、遺留分減殺請求の対象にもならなくなるため、旧代表者の相続に際して当該株式等が株主間で分散することを防止することができます。

2　除外することができる財産の種類・額

上記1は、特例中小企業者の株式等に関する規定ですが、その他の特例中小企業者の経営を円滑に承継して事業活動を継続していくための「株式等以外」事業用資産についても、遺留分算定基礎財産から除外することが

できます（経営承継円滑化法5条）。

　なお、この制度は除外合意のみに適用され、固定合意においては適用を受けることができない点、留意ください。

　遺留分算定基礎財産から除外することができる財産の種類や額については、経営承継円滑化法上、特に制限はありません。そのため、株式等以外の資産についても、当事者間の協議により自由に定めることができます。詳細はQ 99を参照ください。

（本澤順子）

第8章　経営承継円滑化法

Question 98

「固定合意」とはどのような内容の合意ですか。

解　説

1　固定合意とは

　固定合意とは、後継者が旧代表者からの贈与等により取得した特例中小企業者の株式等について、遺留分算定基礎財産に算入すべき価額を合意時の価額に固定する旨の合意のことをいいます（経営承継円滑化法4条1項2号）。本来、後継者が旧代表者からの贈与等により取得した特例中小企業者の株式等は、後継者が相続人の1人である場合、それが旧代表者の相続開始の何年前に行われたものであっても、すべて旧代表者の相続に際し、その遺留分算定基礎財産に算入されます。しかも、算入される価額は、相続開始時（＝旧代表者の死亡時）の価額とされています（最判昭和51・3・18民集30巻2号111頁）。

　これに対し、後継者が旧代表者からの贈与等により取得した特例中小企業者の株式等を「固定合意」の対象とすると、当該合意の後、どれだけ株式等の価額が上昇しても、固定した価額が遺留分算定基礎財産に算入されることになります（同法9条2項）。

　これにより、後継者は、他の推定相続人の遺留分の増大を心配することなく、安心して経営に専念し、業況を向上させることができます。除外合意の制度を用いても、このような趣旨を果たすことはできますが、他の推定相続人との兼ね合いで除外合意まで踏み込むことには躊躇がある場合に、その価格を固定させることができるという点で、後継者と他の推定相続人との間の権利関係につきソフトランディングな着地を図った制度ともいえます。

　固定合意といってもイメージがわきにくいかもしれませんが、具体的な条項としては、「甲、乙、丙、丁（いずれも推定相続人）は、甲（後継者）が戊（旧代表者）からの平成○年○月○日付け贈与により取得したA社の株式○○株について、戊を被相続人とする相続に際し、遺留分を算定する

ための財産の価額に算入すべき価額を金〇〇円（1株当たり金〇〇〇円）とすることを合意する」といった規定を定めることが考えられます。

2　株式等の価値が下落した場合

　経営者の経営意欲が阻害されることを防止しようとする趣旨にかんがみると、株式の価値が下落した場合には、下落後の価格で遺留分算定基礎財産に算入するほうが、後継者として思い切った経営をすることができるとも思えます。しかしながら、固定合意をした後に、株式等の価額が上昇しても固定した価額とする一方で、下落した場合には下落後の価額とするのでは、後継者が一方的に有利になってしまいます。

　そのため、経営承継円滑化法では、固定合意の対象とした株式等について、遺留分算定基礎財産に算入すべき価額について「当該定めをした価額とする」と規定し（経営承継円滑化法9条2項）、当該合意をした後に株式等の価額が上昇しても下落しても、いずれにしても固定合意により定めた価額としています。

　なお、固定合意時よりも相続時の株式等の時価が下落した場合には、遺留分算定の基礎財産の価額が固定合意しなかったら算定されていた金額よりも固定合意した場合の金額のほうが大きくなり、非後継者の遺留分も固定合意しなかった場合よりも固定合意した場合の金額のほうが大きいという事態になりますので、そのリスクについて十分な説明をしておくことが必要です。

（本澤順子）

Question 99

除外合意や固定合意をする際、あわせて、しなければならない合意やできる合意はどのようなものですか。

解 説

1　しなければならない合意

経営承継円滑化法4条によれば、旧代表者の推定相続人および後継者が民法特例の適用を受ける場合に必ず合意しなければならない内容は、次のとおりです。

　①　除外合意または固定合意（経営承継円滑化法4条1項1号・2号）
　②　経営承継円滑化法4条3項の規定による合意（後継者以外の推定相続人がとることができる措置に関する定め

①については、Q96から98で述べたとおりです。また、③は、「後継者が合意の対象とした株式等を処分した場合または当該特例中小企業者の代表者として経営に従事しなくなった場合」にとることができる措置であり、必須の定めとなっています。

具体的には、合意を解除することができること、後継者から推定相続人に対して一定の財産を交付する等を定めることが考えられます。

2　できる合意

後継者が取得した株式等以外の財産や後継者以外の推定相続人が取得した財産についても、遺留分算定基礎財産に算入しない旨の合意をすることができます。

なお、以下の合意は、後継者と旧代表者の推定相続人全員の合意により行うことができるものですが、いずれも、後継者の取得した株式等についての除外合意または固定合意をする際にあわせてすることができる合意です。よって、その除外合意も固定合意もしないで、以下の合意だけをすることはできません。

(1) 後継者が取得した株式等以外の財産

後継者が特例中小企業者の経営を円滑に承継して事業活動を継続してい

くためには、当該特例中小企業者の株式等だけではなく、その事業の用に供している不動産等の財産等についても、後継者が確実に取得できることが望ましいといえます。

そこで、経営承継円滑化法5条は、後継者が旧代表者からの贈与等により取得した特例中小企業者の株式等以外の財産についても、遺留分算定基礎財産から除外することができることとしています。

(2) 後継者以外の推定相続人が取得した資産

経営承継円滑化法4条1項および5条は、いずれも後継者が旧代表者からの贈与等により取得した財産に関する合意ですが、これだけでは後継者が一方的に利益を得ることにより、他の推定相続人の納得を得られず、合意を成立させるのが困難な場合も考えられます。

そこで、経営承継円滑化法6条2項は、後継者以外の推定相続人が旧代表者からの贈与等により取得した財産についても、遺留分算定基礎財産から除外することができるとしています。これにより後継者以外の推定相続人にも何らかのメリットを与えて推定相続人間の衡平を図り、他の推定相続人の納得を得るということが一案です。そこで、経営承継円滑化法6条1項は、「推定相続人間の衡平を図るための措置」に関する定めをする場合を定め、この場合には書面を作成すべき旨を規定しています。

この「措置」の具体的内容については、経営承継円滑化法上、基準が定められておらず、当事者間の合意により自由に決定することができると解されます。経営承継円滑化法6条2項の規定による合意は、推定相続人間の衡平を図るための措置の一例と位置づけられていますが、これに限られません。たとえば、後継者が、他の推定相続人に対して一定額の金銭を支払うことや、旧代表者に対して生活費として一定額の金銭を支払うことが想定されます。

（本澤順子）

第8章　経営承継円滑化法

Question 100

経営承継円滑化法に基づく合意が効力を生じるためにはどのような手続が必要ですか。

解　説

1　手続の概要

遺留分に関する民法の特例を利用するためには、①「旧代表者」が後継者等に対し株式等の贈与をした後に、②後継者および推定相続人全員が書面により合意（除外合意または固定合意）を行い、③経済産業大臣に対して確認申請を行ったうえで確認書を取得し、④確認証明書を添付して、家庭裁判所に許可を申し立てる必要があります。

後継者および推定相続人全員が合意をした（②）後は、「後継者」自身で、③、④の手続を進めていくことになります。

2　経済産業大臣の確認

経営承継円滑化法4条1項（5条および6条2項を含む）に基づく合意をしたときは、当該合意に関する事項について、経済産業大臣の確認を受けることが必要です（経営承継円滑化法7条1項）。その申請は、後継者が、合意をした日から1か月以内に行わなければなりません。

原則論からいえば、申請者は合意をした法定相続人全員となることが自然とも思えます。しかし、この法律は、後継者は先代経営者から受贈した会社の株式等に対して、相続発生後の遺留分減殺請求権を受ける心配をしないで経営に集中できるための環境整備をめざしていることから、後継者が単独で申請を行うことができるようになっています。その結果、非後継者の手続負担が軽減され、簡素化されることで、合意形成をしやすいようにしています。具体的にはQ101を確認ください。

3　家庭裁判所の許可

上記2の経済産業大臣の確認を受けた後、今度は家庭裁判所の許可を受けることになります。その申立は、経済産業大臣の確認を受けた日から1

か月以内に行う必要があります（経営承継円滑化法8条1項）。

具体的にはQ 102を確認ください。

4 期間制限の趣旨

経済産業大臣の確認申請および家庭裁判所の許可申立については、上記のとおり、それぞれ期間制限が設けられていますので、留意してください。期間制限がないと、経営承継円滑化法に基づく合意をした後の株式等の価格の変動が明らかになってから、これが上昇した場合にのみ所定の手続をとって合意の効力を発生させることができるようになり、不適切だからです。

（本澤順子）

Question 101

経済産業大臣の確認とはどのようなものですか。

解説

1　確認の方法

Q100に示したとおり、経営承継円滑化法に基づく合意が効力を生じるためには、経済産業大臣の確認および家庭裁判所の許可を受ける必要があります（それによって効力が発生する）。

経営承継円滑化法4条1項（5条および6条2項を含む）に基づく合意をしたときは、当該合意について、経済産業大臣の確認を受けることが必要となります（経営承継円滑化法7条1項）。その申請は、後継者が、合意をした日から1か月以内に行わなければなりません（同条2項）。

従来、「特例中小企業者」の主たる事業所の所在地を管轄する経済産業局（全国9か所）を経由して行うことができることとされ、窓口となっていましたが、平成29年4月1日から都道府県に変更になりました。認定や報告等に関し、経営承継円滑化法による支援措置の適用を受けている方、または今後適用を受けようとしている方は、同日以降は制度適用のために必要な書類の提出や手続の相談につき、申請企業の主たる事務所が所在している都道府県の担当課宛に行うことが必要となりました。

なお、経済産業省に提出する申請書の様式や記載要領、添付書類等は、経営承継円滑化規則3条1項により、様式が定められています。これは中小企業庁が「中小企業経営承継円滑化法申請マニュアル」にて公開しています。

（http://www.chusho.meti.go.jp/zaimu/shoukei/2014/141217Yoshiki.htm）

2　確認内容

経済産業大臣が確認をするのは、「特例中小企業者」「旧代表者」「後継者」といった経営承継円滑化法に基づく合意をするために必要な客観的要

件を満たしているかどうかであり、その事項は、経営承継円滑化法7条1項に列挙されています。
  (1) **合意が特例中小企業者の経営の承継の円滑化を図るためになされたものであること（経営承継円滑化法7条1項1号）**
  経営承継円滑化法における民法の特例は、特例中小企業者の承継の円滑化を目的とするものですので、合意をする当事者がその目的で合意をすることが必要です。
  (2) **申請をした者が合意日において後継者であったこと（同項2号）**
  経済産業大臣の確認を申請した者が合意日において経営承継円滑化法3条3項の要件を満たす「後継者」であることが必要です。
  (3) **合意日において、後継者が所有する特例中小企業者の株式等のうち当該合意の対象とした株式等を除いたものに係る議決権の数が総株主または総社員の議決権の100分の50以下の数であること（同項3号）**
  経営承継円滑化法4条1項において、後継者が所有する株式等から合意対象の株式等を除くと、総株主または総社員の議決権の100分の50以下となることが要件とされています。
  (4) **経営承継円滑化法4条3項の規定による合意をしていること（同項4号）**
  後継者が合意の対象とした株式等を処分した場合や、旧代表者の生存中に後継者が経営から退いた場合に後継者以外の推定相続人がとることができる措置に関する定めをする必要があります（同法4条3項）。

（本澤順子）

第8章　経営承継円滑化法

Question 102

家庭裁判所に対する許可申立手続の概要を教えてください。

解説

1　申立手続

Q100に示したとおり、経営承継円滑化法に基づく合意が効力を生じるためには、後継者が、経済産業大臣の確認を受けた後、家庭裁判所の許可を受けることが必要です。

その申立は、後継者が確認を受けた日から1か月以内に行わなければなりません（経営承継円滑化法8条1項）。また、申立は、旧代表者の住所地の家庭裁判所に対して行います（特別家事審判規則31条）。

2　裁判所の許可基準

経営承継円滑化法8条2項は、「家庭裁判所は、前項に規定する合意が当事者の全員の真意に出たものであるとの心証を得なければ、これを許可することができない」と定めています。

そして、家庭裁判所は上記の真意性以外の要素を考慮することもできます。真意性以外にどのような要素が考慮されるかについては、経営承継円滑化法は明記していないため、今後の審判実務の積み重ねの中で明確化されていくことになりますが、遺留分放棄の許可審判（民法1043条）における①申立人の真意性のほかに定められている、②放棄理由の合理性、③代償の有無という許可基準が一応の参考となるでしょう。

ただし、民法の特例は、中小企業の経営の承継の円滑化という目的で創設されましたので、家庭裁判所としては、特段の事情のない限り許可する旨の審判をし、申立を却下するのは非常に例外的な場合であると思われます。家庭裁判所が行う許可の審判は、当該許可に係る合意の当事者全員に告知しなければならないこととされています（特別家事審判規則33条）。

3　不服申立手続

　申立人である後継者以外の推定相続人は、家庭裁判所による許可審判に対して即時抗告をすることができます（特別家事審判規則34条2項）。

　また、後継者を含む合意の当事者は、各自、家庭裁判所による許可申立を却下する旨の審判に対して即時抗告をすることができます（同条1項）。後継者以外にとっても重大な利害関係がありますので、後継者以外の推定相続人にも即時抗告権が付与されています。

　なお、即時抗告は、審判の告知を受けた日から2週間以内にする必要があります（家事事件手続法86条）。

（本澤順子）

Question 103

遺留分の算定に係る合意の効力はどういう場合に消滅するのですか。

解説

1 法定消滅事由

遺留分の算定に係る合意は、次のいずれかに該当したときは、当然に効力を失います（経営承継円滑化法10条）。

(1) 経済産業大臣の確認が取り消されたこと（同条１号）

経済産業大臣の確認は、遺留分の算定に係る合意の効力要件ですから、それが取り消された場合には、合意は、その効力を失います。

なお、確認の取消しは、経営承継円滑化法７条４項に基づくもののほか、行政不服審判法に基づく取消しや行政訴訟における取消判決も含まれます。

(2) 旧代表者の生存中に後継者が死亡し、または後見開始もしくは保佐開始の審判を受けたこと（同条２号）

遺留分の算定に係る合意は、後継者が特例中小企業者の経営を円滑に承継することを目的とするものですが、後継者が死亡し、または後見開始もしくは保佐開始の審判を受けた場合には、もはや後継者が特例中小企業者の経営をしていくことは不可能となりますので、当該合意の目的を達成することができなくなります。

このため、これらの事由が生じたときは、合意は、法律上当然に効力を失うこととされています（同条同号）。

(3) 当時の当事者以外の者が旧代表者の推定相続人となったこと（同条３号）

遺留分の算定に係る合意をした後、旧代表者が再婚をしたり、旧代表者に子供が生まれたりすると、当該合意の当事者以外の旧代表者の推定相続人が登場することになります。

これらの者とは合意を結んでいませんので、当事者以外の推定相続人に合意の効力を及ぼすことはできません。他にも養子縁組、認知、推定相続

人の廃除の取消しの場合等も考えられます。

　また、遺留分は、まずは遺留分算定基礎財産を計算して総体的遺留分の額を算出し、それにこの遺留分権利者の法定相続分を乗じて個別的遺留分の額を算出することとされている以上、遺留分算定基礎財産が相続人ごとに異なる事態を生じさせるのは不適切です。

　そのため、合意の当事者以外の者が新たに旧代表者の推定相続人となった場合、当該合意は法律上当然に効力を失うこととされています（同条同号）。

　なお、後継者以外の合意の当事者が死亡した場合には、合意の当事者たる地位を、その当事者の相続人が相続しますので、この場面には当たらず、合意の効力は有効となります。

　また、離婚または離縁により推定相続人の数が減少しても、合意は失効しません。

(4) 合意の当事者の代襲者が旧代表者の養子となったこと

　後継者が死亡した時は、遺留分の算定にかかる合意の効力は消滅しますが（(1)参照）、後継者以外の当事者が死亡したときは、合意の当事者たる地位は、その代襲者に相続されます。

　その後、代襲者が旧代表者の養子となると、当該代襲者は、代襲者としての相続資格と、養子としての相続資格の2つの資格を併有すると考えられます。

　この場合、後者の資格、すなわち養子としての相続資格には合意の効力を及ぼすことができないのは、(3)と同様です。

　そのため、(3)で述べたのと同じく、合意の効力は法律上当然に消滅することとされています。

2　任意的消滅事由

　合意に際して解除事由を定めた場合にその事由が生じたとき、または合意の当事者全員の合意によるときは、解除することができると解されます。

　また、民法の一般的な無効原因（民法93条～96条）によっても、合意の効力が消滅する場合があると考えられています。

（本澤順子）

第9章

事業承継税制

Question 104

事業承継税制の概要を教えてください。

解説

1 事業承継時の相続税負担

会社の先代経営者が死亡して先代経営者が保有していた会社の株式を相続等により取得した場合には、後継者に対して相続税等が課せられることになります。しかしながら、中小企業の株式は換金性の低いことが多いため、後継者は相続税等の納付が困難になるおそれがあります。事業承継税制とは、この後継者の税負担を緩和するために、後継者が都道府県知事の認定を受けた非上場会社の株式を先代経営者から相続または贈与により取得した場合において、一定の要件を満たすことで相続税または贈与税の納税が猶予されたうえで免除される特例制度です。

事業承継イメージ図

出典：国税庁（平成30年4月）

2　事業承継税制導入の経緯

　上述のように、後継者が先代経営者から会社の株式を相続または贈与により取得した場合には、後継者は大きな税負担を背負うことになります。バブル期のような好景気であれば、相続税または贈与税を支払うことも可能でしたが、バブル崩壊後の長引く不景気においては、特に中小企業とっての負担が大きく、税金を支払うことが困難となり、先代経営者が築いてきた事業を手放さざるを得ない企業もふえていました。日本の企業数の99.7％を占め、経済の基盤を形成しているともいえる中小企業が、税負担の影響で減少することは、経済の活力を損なうものとして問題視されてきました。

　そこで中小企業の事業承継円滑化を図り、ひいては地域経済の活力維持および雇用確保を目的として、平成20年5月に「中小企業における経営の承継の円滑化に関する法律」（以下「経営承継円滑化法」という）が成立しました。

　この経営承継円滑化法には、事業承継円滑化に向けた総合的支援策として、「遺留分に関する民法上の特例」、「事業承継時の金融支援措置」および「事業承継税制の基本的枠組み」の3つが盛り込まれており、平成20年10月（民法の特例は平成21年3月）から施行されています。これにより、中小企業の事業承継に際して発生する各種課題に応じて、法律、税制、金融等の総合的な支援施策が展開され、このうち税制面での施策が事

出典：中小企業庁「事業承継の支援施策」（平成28年4月26日）

業承継税制に当たります。

なお、事業承継税制は平成21年度税制改正で新たに導入されましたが、導入後も事業承継の円滑化を促進すべく、要件緩和や手続の簡素化を図る改正が行われています。平成29年度税制改正において、贈与税から相続税への切替確認（Q 107参照）時における会社要件の緩和や贈与税の納税猶予・免除制度に相続時精算課税制度を適用できる（Q 105参照）等要件が緩和されています。

3　平成30年度税制改正

平成30年度税制改正においては、10年間の特例措置として、各種要件の緩和を含む新たな事業承継税制が創設されました。したがって、平成30年1月1日から平成39年12月31日までの間の贈与または相続については、現行の事業承継税制と新たに創設された特例制度とが併存します。

各種要件について、現行制度と特例制度との比較は下記のとおりです。

項　　目	現行制度	特例制度（改正により創設）
納税猶予対象会社	発行済議決権株式総数の**3分の2に達するまでの株式**	取得した**すべての株式**
納税猶予税額	贈与の場合：納税猶予対象株式に係る贈与税の全額 相続の場合：納税猶予対象株式に係る**相続税の80%**	贈与の場合：納税猶予対象株式に係る贈与税の全額 相続の場合：納税猶予対象株式に係る**相続税の全額**
雇用確保要件	経営承継期間内の一定の基準日における雇用の平均が「贈与時または相続時の雇用の8割」を下回った場合には**納税猶予は打ち切られる**	経営承継期間内の一定の基準日における雇用の平均が「贈与時または相続時の雇用の8割」を下回ったとしても、当該要件を満たせない合理的な理由がある場合には**納税猶予は継続される**
先代経営者の要件	代表権を有するまたは有していた**先代経営者1人から**、株式を承継する場合のみ適用対象	左記に加え、**代表者以外の者を含む複数人から**の特例後継者への承継も適用対象
後継者の要件	代表権を有しているまたは代表権を有する**後継者1人への**承継のみ適用対象	**代表権を有する複数人（最大3名）**への承継も適用対象
納税猶予の確定事項（譲渡、合併、解散時）に該当した場合の納付金額	株式の**贈与時・相続時の**相続税評価額を基に計算した納付税額	一定の要件を満たす場合には、**株式の譲渡もしくは合併の対価の額または解散の時における相続税評価額**を基に、納付金額を再計算し、当該納付金額が当初の納税猶予額を下回る場合、その差額は免除
相続時精算課税の適用対象者	贈与税は贈与をした年の1月1日において60歳以上の父母または祖父母、受贈者は贈与を受けた年の1月1日において20歳以上の者のうち、贈与者の**直系卑属等**	**贈与者（その年の1月1日において60歳以上）の推定相続人以外の者（同日において20歳以上）である特例後継者も適用対象**

（注）平成30年1月1日以降の相続または贈与からは先代経営者を含む複数者からの承継も適用対象。

（山口哲生）

第9章 事業承継税制

Question 105

贈与税の納税猶予・免除制度の概要を教えてください。

解説

1　贈与税の納税猶予・免除制度の概要

後継者である受贈者が、贈与により、都道府県知事による経営承継円滑化法の認定を受ける非上場会社の株式等を先代経営者である贈与者から全部または一定以上取得し、その会社を経営していく場合には、その後継者が納付すべき贈与税のうち、その非上場株式等（現行制度の場合、一定の部分に限る。平成30年度税制改正における特例制度の場合、そのすべて）に対応する贈与税の全額の納税が猶予され、先代経営者の死亡等により、納税が猶予されている贈与税の納付が免除されます。

この非上場株式に係る納税猶予税額は、先代経営者や後継者が死亡した場合等にその全部または一部が免除されます。なお、免除されるときまでに特例の適用を受けた非上場株式等を譲渡する等一定の場合には、納税猶

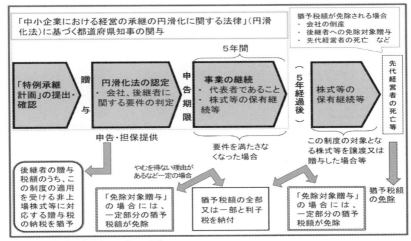

出典：国税庁（平成30年4月）

予税額の全部または一部を利子税とあわせて納付する必要があります。

2 納税が猶予される贈与税等の計算方法

贈与税の計算は以下の手順で計算します。

ステップ１における①の贈与税額の計算は、暦年課税制度または相続時精算課税制度のいずれかを適用して算定することになります。相続時精算課税制度を選択する場合には、当該制度における適用対象者の要件（贈与者および受贈者の年齢および両者間の関係）に該当する必要があります。

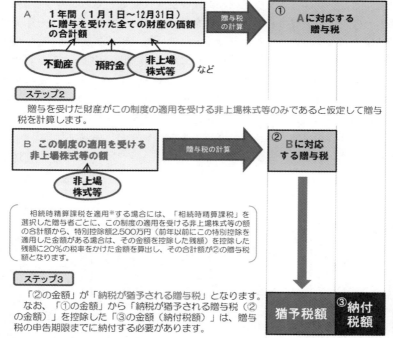

出典：国税庁（平成30年４月）

なお、平成30年度税制改正により、10年間の特例措置として、各種要件が緩和された新たな事業承継税制が創設されました。（Ｑ104　３参照）。

（山口哲生）

第9章 事業承継税制

Question 106

相続税の納税猶予・免除制度の概要を教えてください。

解 説

1 相続税の納税猶予・免除制度の概要

後継者である相続人または受遺者が、相続または遺贈により、都道府県知事による経営承継円滑化法の認定を受ける非上場会社の株式等を先代経営者である被相続人から取得し、その会社を経営していく場合には、その後継者が納付すべき相続税のうち、その非上場株式等（現行制度の場合、一定の部分に限る。平成30年度税制改正における特例制度の場合、そのすべて）に係る課税価格の80％（特例制度の場合、100％）に対応する相続税の納税が猶予され、後継者の死亡等により、納税が猶予されている相続税の納付が免除されます。

この非上場に係る納税猶予税額は、後継者が死亡した場合等には、その全部または一部が免除されます。なお、免除されるときまでに特例の適用を受けた非上場株式等を譲渡する等一定の場合には、納税猶予税額の全部

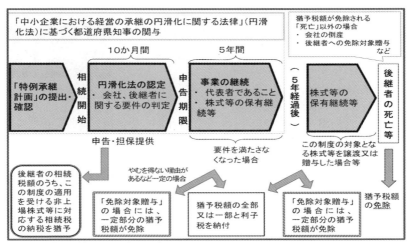

出典：国税庁（平成30年4月）

または一部を利子税とあわせて納付する必要があります。

2 納税が猶予される相続税等の計算方法

相続税の計算は以下の手順で計算します。なお、以下の計算は現行制度を前提とします。特例制度の場合、ステップ3は不要です。

ステップ1
課税価格の合計額に基づいて計算した相続税の総額のうち、後継者の課税価格に対応する相続税を計算します。

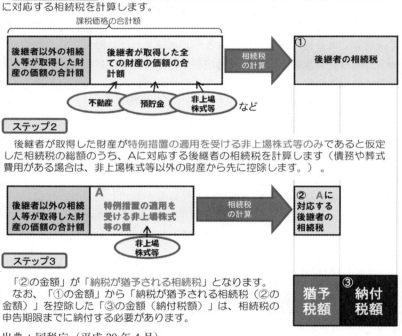

ステップ2
後継者が取得した財産が特例措置の適用を受ける非上場株式等のみであると仮定した相続税の総額のうち、Aに対応する後継者の相続税を計算します（債務や葬式費用がある場合は、非上場株式等以外の財産から先に控除します。）。

ステップ3
「②の金額」が「納税が猶予される相続税」となります。
なお、「①の金額」から「納税が猶予される相続税（②の金額）」を控除した「③の金額（納付税額）」は、相続税の申告期限までに納付する必要があります。

出典：国税庁（平成30年4月）

なお、平成30年度税制改正により、10年間の特例措置として各種要件が緩和された新たな事業承継税制が創設されました。（Q 104　3参照）。

(山口哲生)

Question 107

贈与税の納税猶予から相続税の納税猶予への切替えについて教えてください。

解説

　非上場株式等につき贈与税の納税猶予の適用を受けていた先代経営者（贈与者）が死亡した場合には、猶予されていた贈与税は免除されたうえで、経営承継受贈者が相続により当該非上場株式等を贈与時の価額にて取得したものとみなして相続税が課税されます（租税特別措置法70条の7の3・70条の7の7）。ただし、一定の要件を満たす場合は、相続税の納税猶予を受けることが可能です（同法70条の7の4・70条の7の8）。この場合、納税猶予の対象が贈与税から相続税に切り替わることになります。

　切替えを行う場合の手順として、まず、都道府県知事から経営承継円滑化法の確認（以下「切替確認」という）を受ける必要があります。次に、税務署長に相続税の納税猶予および免除の特例の適用を受ける旨を記載した相続税の申告書およびその他の必要書類を提出するとともに、納税が猶予される相続税額および利子税の額に見合う担保の提供をすることも必要です。切替確認の申請は相続開始から8か月以内に、税務署への書類の提出および担保の提供は相続税の申告期限まで（相続開始から10か月以内）に行う必要があります。

　なお、切替確認では、都道府県知事が、「中小企業における経営の承継の円滑化に関する法律施行規則13条1項」に規定される事項を満たすかを確認しますが、先代経営者、後継者および会社の要件は、Q109〜Q111のとおりです。

（木部竜二）

Question 108

事業承継税制の適用を受ける手続について教えてください。

解説

1　特例承継計画の確認

　平成30年度税制改正で創設された特例制度では、特例制度の適用を受けるためには事前に、平成30年4月1日から平成35年3月31日までの間に、「特例承継計画」を都道府県に提出し（経営承継円滑化法施行規則16条1号）、確認を受ける必要があります（同規則17条）。

　「特例承継計画」とは、認定経営革新等支援機関の指導および助言を受けた特例認定承継会社が作成した計画であって、当該特例認定承継会社の後継者、承継時までの経営見通し等が記載されたものをいいます。

2　納税猶予の認定

　贈与税、相続税のいずれの納税猶予の適用を受ける場合も、手続の流れは基本的に同様であり、以下の手順で手続を進める必要があります。
① 都道府県知事の認定
② 贈与税または相続税の申告書の作成・提出および担保提供
③ 都道府県知事に対する年次報告書および税務署長に対する継続届出書の提出
④ 贈与者または後継者が死亡した場合等の免除事由が生じた場合の税務署長に対する免除届出書等の提出

　①と②は、贈与税または相続税の申告期限までに完了させますが、③はその後に継続的に提出する必要があります。④は免除事由が生じた場合のみ対応が必要になります。

（木部竜二）

Question 109

先代経営者の要件を教えてください。

解　説

　先代経営者の要件は、贈与税の納税猶予制度と相続税の納税猶予制度で下記の相違があります。

1　先代経営者である贈与者の主な要件（贈与税）

① 贈与前のいずれかの日において会社の代表権（制限が加えられた代表権を除く）を有していたことがあること
② 贈与の時において会社の代表権を有していないこと
③ 贈与直前において、先代経営者および先代経営者と特別の関係がある者（先代経営者の親族等一定の者）で総議決権数の50％超の議決権数を保有し、かつ、贈与者が保有する議決権数が経営承継受贈者を除いたこれらの者の中で最も多くの議決権数を保有していたこと
（租税特別措置法施行令40条の8の2第1項）

2　先代経営者である被相続人の主な要件（相続税）

① 相続開始以前に、会社の代表権（制限が加えられた代表権を除く）を有していたことがあること
② 相続の開始直前において、被相続人および被相続人と特別の関係がある者（被相続人の親族等一定の者）で総議決権数の50％超の議決権数を保有し、かつ、被相続人が保有する議決権数が経営承継相続人等を除いたこれらの者の中で最も多くの議決権数を保有していたこと
（租税特別措置法施行令40条の8の2第1項）

　平成30年度税制改正において、特例後継者（特例認定承継会社の特例承継計画に記載された当該特例認定承継会社の代表権を有する後継者であって、後継者およびその後継者の同族関係者のうち、当該特例認定承継会社の議決権を最も多く有する者（当該特例承継計画に記載された当該後

継者が2名または3名以上の場合には、当該議決権数において、それぞれ上位2名または3名の者（当該総議決権数の10％以上を有する者に限る））が、特例認定承継会社（平成30年4月1日から平成35年3月31日までの間に特例承継計画を都道府県に提出した会社であって、中小企業における経営承継円滑化法12条1項の認定を受けたもの）の代表者以外の者から贈与等により取得する特例認定承継会社の非上場株式についても、特例承継期間（5年）内に当該贈与等（特例後継者が、特例認定承継会社の代表権を有していた者から、贈与または相続もしくは遺贈）に係る申告書の提出期限が到来するものに限り、特例制度の対象とするとして、代表権を有しない者からの贈与等についても、贈与税の納税猶予制度および相続税の納税猶予制度の対象となりました（経営承継円滑化法施行令40条の8の5第2号・40条の8・6第2号）。

　すなわち、平成30年度税制改正の前後において、先代経営者の要件について変わりはありませんが、代表権を有しない親族又は親族以外の複数の者から受けた贈与等についても、平成30年度税制改正後は納税猶予の対象となることとなります。

（紺谷　宏）

Question 110

後継者の要件を教えてください。

解説

後継者の要件は、贈与税の納税猶予制度と相続税の納税猶予制度で下記の相違があります。

1 後継者である経営承継受贈者の主な要件（贈与税）

贈与の時において、次の要件を満たす必要があります。
① 20歳以上であること
② 会社の代表権を有していること
③ 受贈者および受贈者と特別の関係がある者（受贈者の親族等一定の者）で総議決権数の50％超の議決権数を保有し、かつ、これらの者の中で最も多くの議決権数を保有することとなること
④ 贈与税の申告期限まで特例の適用を受ける非上場株式等のすべてを保有していること
⑤ 役員等に就任して3年以上経過していること
（租税特別措置法70条の7第2項3号）

2 後継者である経営承継相続人等の主な要件（相続税）

① 相続開始の直前に役員であったこと（被相続人が60歳未満で死亡した場合等を除く）
② 相続開始の日の翌日から5か月を経過する日において会社の代表権（制限が加えられた代表権を除く）を有していること
③ 相続人および相続人と特別の関係がある者（相続人の親族等一定の者）で総議決権数の50％超の議決権数を保有し、かつ、これらの者の中で最も多くの議決権数を保有することとなること
④ 相続税の申告期限まで特例の適用を受ける非上場株式等のすべてを保有していること
（租税特別措置法70条の7の2第2項3号）

平成30年度税制改正前は、後継者は1名のみが対象（同法70条の7第2項3号）でしたが、平成30年度税制改正において、後継者が特例後継者に該当する場合には、代表権を有する2名または3名の後継者も認められるよう特例制度が創設されました（同法70条の7の5第2項6号・70条の7の6第2項7号）。

（紺谷　宏）

Question 111

事業承継税制の対象となる会社の範囲を教えてください。

解説

　事業承継税制の対象となる会社は、経営承継円滑化法の認定を受けた中小企業者となります。

　中小企業者の範囲は、以下の表のとおり、各業種区分に定められている資本金基準と従業員数基準のいずれかを満たす会社とされています（経営承継円滑化法2条、同法施行令）。

　なお、会社は株式会社、特例有限会社、合同会社、合名会社、合資会社が対象となります。医療法人、社会福祉法人、外国会社等は対象外となります。

業種区分		対象要件 （①と②のいずれかを満たす場合）	
		①資本金	②従業員数
製造業 その他	ゴム製品製造業（自動車または航空機用タイヤおよびチューブ製造業ならびに工業用ベルト製造業を除く）	3億円以下	900人以下
	上記以外	3億円以下	300人以下
卸売業		1億円以下	100人以下
小売業		5千万円以下	50人以下
サービス業	ソフトウェア・情報処理サービス業	3億円以下	300人以下
	旅館業	5千万円以下	200人以下
	上記以外	5千万円以下	100人以下

（間　達哉）

Question 112

事業承継税制の対象とならない会社について教えてください。

解説

会社が次のいずれか1つにでも該当する場合は、事業承継税制の対象となりません。
① 上場会社である場合
② 中小企業者（Q 111参照）に該当しない場合
③ 風俗営業会社（風営法2条5項に規定する性風俗関連特殊営業に該当する事業を営む会社）である場合
④ 資産管理型会社である場合

ただし、一定の要件をすべて満たす場合は、資産管理型会社に該当しても事業承継税制の対象となります（Q 113参照）。

⑤ 総収入金額が零の会社である場合

この場合、収入金額は営業外収益および特別利益以外のものに限ります。

⑥ 従業員数が零の会社である場合

ただし、特別関係会社（事業承継税制の適用を受けようとする会社、その会社の代表権を有する者およびその者の同族関係者が、総議決権数の50％を超える議決権数を保有する会社をいう）が一定の外国会社に該当する場合は、従業員数が5人未満の会社である場合

⑦ その会社の特定特別関係会社（事業承継税制の適用を受けようとする会社、その会社の代表権を有する者およびその者と生計を一にする同族関係者が、総議決権数の50％を超える議決権数を保有する会社をいう）が上場会社等、大会社、風俗営業会社である場合

(間　達哉)

第9章 事業承継税制

Question 113

資産管理型会社とはどのような会社ですか。

解 説

1 資産管理型会社とは

資産管理型会社とは、有価証券、自ら使用していない不動産、現金・預金等の特定資産の保有割合が、貸借対照表上に計上されている帳簿価額の総額の70％以上の会社（資産保有型会社）や、これらの特定の資産からの運用収入が総収入金額の75％以上の会社（資産運用型会社）のことをいいます。

(1) **資産保有型会社**

$$\frac{特定資産の帳簿価額の総額 ＋ 過去5年以内の配当、損金不算入の役員給与}{資産の帳簿価額の総額 ＋ 過去5年以内の配当、損金不算入の役員給与} \geqq 70\%$$

(2) **資産運用型会社**

$$\frac{特定資産の運用収入の合計額}{事業年度の総収入金額} \geqq 75\%$$

2 特定資産とは

特定資産とは、以下の資産をいいます。
① 有価証券（特別子会社の株式または持分は、その特別子会社が資産管理型会社に該当しない場合に限り除外される）
② 所有している不動産のうち、自ら使用していないもの
③ ゴルフ会員権、リゾート会員権等施設利用に関する権利
④ 絵画、彫刻、工芸品、骨董品等の動産、貴金属および宝石（ただし事業に供することを目的として保有するものは除く）
⑤ 現預金
⑥ 経営承継受贈者、その同族関係者に対する貸付金および未収入金

3 資産管理型会社の判定時期

(1) 資産保有型会社に該当するか否かの判定の時期
① 相続税の納税猶予を受ける場合……相続開始の日の属する事業年度の直前事業年度の開始の日以後のいずれかの日
② 贈与税の納税猶予を受ける場合……贈与日の属する事業年度の直前事業年度の開始の日以後のいずれかの日

(2) 資産運用型会社に該当するか否かの判定の時期
① 相続税の納税猶予を受ける場合……相続開始の日の属する事業年度の直前事業年度以後のいずれかの事業年度
② 贈与税の納税猶予を受ける場合……贈与日の属する事業年度の直前事業年度以後のいずれかの事業年度

4 資産管理型会社であっても事業承継税制の適用を受けることができる場合

資産管理型会社に該当する場合は、原則として事業承継税制の適用を受けることはできません。ただし例外として、以下の要件をすべて満たす場合は、資産管理型会社に該当しても事業承継税制の対象となります。

・3年以上継続して事業を行っている
・固定施設を自ら所有しまたは第三者から賃借している
・常時使用する従業員数が5人（後継者およびその生計一親族を除く）以上である
・自ら営業行為を行っている

（間　達哉）

Question 114

事業承継税制の対象となる株式について教えてください。

解説

1　対象となる株式

事業承継税制の対象となるのは、非上場会社の株式等です。非上場会社の株式等は、株式会社、特例有限会社、合同会社、合名会社、合資会社の株式または出資に限られます。また、対象となる株式等は、議決権に制限のないものに限られます。

拒否権付株式（黄金株）を発行している場合は、相続開始の日あるいは贈与の日以後に後継者以外の者が拒否権付株式を有していないことが必要となります。

2　平成30年度税制改正

従来、納税猶予の対象となる株式の数は、後継者が相続開始前または贈与前からすでに保有していた株式等を含め、発行済株式等の総数の3分の2に達するまでとされていました。しかし、平成30年度税制改正で設けられた特例制度では、後継者が取得したすべての株式が納税猶予の対象とされました。

（間　達哉）

Question 115

事後要件（5年間の要件）について教えてください。

解説

1　経営承継期間中の適用要件

　非上場株式の納税猶予制度は、先代経営者から後継者への事業の承継の円滑化とともに、中小企業の経営が継続することによる経済の活性化、従業員の雇用維持が期待されています。そこで、非上場株式の納税猶予制度の適用を受ける場合には、経営承継期間（贈与税または相続税の申告期限の翌日から5年間）に、主に以下に示す要件が課されます。

(1)　**後継者が会社の代表者であること**

　後継者が認定承継会社の代表権を有していること。ただし、下記のやむを得ない理由がある場合には、代表者を退任または代表権が制限された場合であっても、適用要件に合致しているものとみなされます（租税特別措置法施行規則23条の9第15項、経営承継円滑化法施行規則9条4項）。

①　精神障害者保健福祉手帳（1級）の交付を受けたこと
②　身体障害者手帳（1級または2級）の交付を受けたこと
③　要介護認定（要介護5）を受けたこと
④　上記に類すると認められること

(2)　**後継者が同族内で筆頭株主であること**

　後継者とその同族関係者で議決権の過半数を有し、かつ、同族関係者の中で後継者が筆頭株主であること。なお、特例制度においては、代表権を有する後継者は最大3名まで承継の対象とされており、議決権保有割合10％以上保有、かつ、議決権保有割合上位3位までの同族関係者が後継者の対象となります。

(3)　**上場会社、風俗営業会社に該当しないこと**

　認定承継会社が上場会社等または風俗営業会社のいずれにも該当しないこと。なお、特別関係会社も、上場会社等または風俗営業会社のいずれにも該当しないことが適用要件とされます。

特別関係会社とは、認定承継会社、認定承継会社の代表権を有する者およびその者の同族関係者が議決権の過半数を保有する会社をいいます（租税特別措置法70条の7第2項1号ハ、同法施行令40条の8第6項・7項、同法70条の7の2第2項2号ハ、同法施行令40条の8の2第8項・9項）。

上場会社等または風俗営業会社が納税猶予等の適用を受けることを防止するために、関係会社を含めた適用除外規定が設けられています。

なお、平成29年度税制改正で、贈与税の納税猶予の適用を受けた後に非上場株式等の贈与者が死亡した場合、相続税の納税猶予および免除の特例を受けるときの会社の要件である中小企業であることおよび非上場会社であることが不要となりました。

(4) 猶予対象となった株式を継続保有していること

後継者が納税猶予の対象となった株式の全部または一部を譲渡していないこと。

(5) 資産管理型会社に該当しないこと

認定承継会社が資産管理型会社に該当しないこと。

（参考：雇用確保要件）

原則制度では、経営承継期間の5年間で平均8割以上の雇用確保が要件とされていますが、平成30年度改正で創設された特例制度においては、5年間で平均8割以上の雇用要件を未達成の場合でも、納税猶予が継続可能になりました。ただし、この場合には、その要件を満たせない理由を記載した書類を都道府県に提出する必要があり、雇用維持ができなかった理由が、経営状況の悪化である場合または正当なものと認められない場合には、認定経営革新等支援機関から指導および助言を受ける必要があります。

2 経営承継期間内に納税猶予の継続適用を受けるための手続

経営承継期間内に贈与税および相続税の納税猶予の継続適用を受けるための手続として、都道府県知事に対する年次報告、および税務署長に対する継続届出書の提出が必要となります。

(1) 都道府県知事に対する年次報告

納税猶予制度の適用要件となる都道府県知事（平成29年3月31日以前は経済産業大臣）の認定を受けた認定承継会社は、経営承継期間中は毎年

1回、都道府県知事に対して、事業継続に関する報告をすることが必要とされています（経営承継円滑化法施行規則12条）。

(2) **税務署長に対する継続届出書の提出**

納税猶予制度の適用を受ける後継者は、経営承継期間中は毎年1回、引き続き納税猶予制度の適用を受ける旨や会社の経営に関する事項等を記載した継続届出書を贈与税・相続税の納税地を所轄する税務署へ提出する必要があります（租税特別措置法70条の7第9項・70条の7の2第10項）。

（金光良昭）

Question 116

事後要件（5年経過後の要件）について教えてください。

解説

1　5年間の経営承継期間経過後における適用要件

経営承継期間経過後も納税猶予を受けるために、主に以下に示す要件が課されます。
① 猶予対象となった株式の全部を譲渡していないこと
② 資産保有型会社等に該当しないこと

特例の適用を受けた非上場株式等を譲渡する等一定の場合には、納税が猶予されている贈与税および相続税の全部または一部について利子税とあわせて納付する必要があります。

なお、5年間の経営承継期間経過後は、経営承継期間中の適用要件のうち、下記の要件は満たす必要はありません。
① 後継者が会社の代表者であること
② 後継者が同族内で筆頭株主であること
③ 上場会社、風俗営業会社に該当しないこと

2　経営承継期間経過後に納税猶予の継続適用を受けるための手続

経営承継期間後に贈与税および相続税の納税猶予の継続適用を受けるための手続として、税務署長に対する継続届出書の提出が3年に1度、必要となります（租税特別措置法70条の7第9項・70条の7の2第10項）。

3　贈与者が死亡した場合の相続税の納税猶予における会社の要件緩和

平成29年度税制改正で、贈与税の納税猶予の適用を受けた後に非上場株式等の贈与者が死亡した場合、相続税の納税猶予および免除の特例を受けるときの会社の要件である中小企業であることおよび非上場会社であることが不要となりました。

（金光良昭）

Question 117

納税猶予が免除される場合について教えてください。

解説

納税猶予を受けた贈与税または相続税は一定の条件を満たす場合には、納税猶予額が免除されます。

1　贈与税

贈与後に下記の事由があった場合には、税務署に「免除届出書」または「免除申請書」を提出することにより、納税が猶予されている贈与税の全部または一部についてその納付が免除されます（租税特別措置法70条の7第3項1号・15項・16項・21項）。

(1) 先代経営者（贈与者）が死亡した場合

この場合、死亡があった日から同日以後10か月を経過する日までに「免除届出書（死亡免除）」を贈与税の納税地を所轄する税務署長に提出する必要があります。

また、この場合、先代経営者に係る相続税については、贈与税の納税猶予の特例を受けた一定の非上場株式等を経営承継受贈者が相続または遺贈により取得したものとみなして、贈与時の価額を基礎として他の相続財産と合算して相続税の計算することになります。

なお、その際、一定の要件を満たす場合には、その相続または遺贈により取得したとみなされた非上場株式等について相続税の納税猶予の特例を受けることができます。

(2) 先代経営者である贈与者の死亡前に後継者（受贈者）が死亡した場合

この場合、死亡があった日から同日以後6か月を経過する日までに「免除届出書（死亡免除）」を贈与税の納税地を所轄する税務署長に提出する必要があります。

(3) 経営承継期間内に、経営承継受贈者（経営承継円滑化法の規定に基づき都道府県知事の認定を受ける一定の非上場会社の代表者であった者の後継者である受贈者）が会社の代表権を有しないこととなった場

合(身体障害等のやむを得ない理由に限る)において、その有しなくなった日以後に、その経営承継受贈者が特例の適用を受けた非上場株式等につき更に後継者に贈与し、その後継者が贈与税の納税猶予の特例の適用を受ける場合

　この場合、その後継者が、贈与を受けた非上場株式等について、贈与税の納税猶予制度の特例の適用に係る申告書を提出した日以後6か月を経過する日までに、経営承継受贈者は、「免除届出書(特例免除)」を贈与税の納税地を所轄する税務署長に提出する必要があります。

(4) **経営承継期間経過後に、経営承継受贈者が後継者へ特例の適用を受けた非上場株式等を贈与した場合において、その後継者が贈与税の納税猶予の特例の適用を受ける場合**

　この場合、その後継者が、贈与を受けた非上場株式等について、贈与税の納税猶予制度の特例の適用に係る申告書を提出した日以後6か月を経過する日までに、経営承継受贈者は、「免除届出書(特例免除)」を贈与税の納税地を所轄する税務署長に提出する必要があります。

(5) **経営承継期間経過後に、次に掲げるいずれかに該当した場合**

　この場合、一定の免除事由に該当することとなった日から2か月を経過する日までに「免除申請書」を贈与税の納税地を所轄する税務署長に提出する必要があります。

① 経営承継受贈者が特例の適用を受けた非上場株式に係る会社の株式等の全部を譲渡または贈与した場合(その経営承継受贈者の同族関係者(経営承継受贈者の親族等一定の者)以外の一定の者に対して行う場合や民事再生法または会社更生法の規定による許可を受けた計画に基づき株式等を消却するために行う場合に限る)
② 特例の適用を受けた非上場株式等に係る会社について破産手続開始の決定または特別清算開始の命令があった場合
③ 特例の適用を受けた非上場株式等に係る会社が合併により消滅した場合で一定の場合
④ 特例の適用を受けた非上場株式等に係る会社が株式交換等により他の会社の株式交換完全子会社等となった場合で一定の場合
⑤ 民事再生計画の認可決定等があった場合で会社の資産評定が行われたとき

2 相続税

　相続後に下記の事由があった場合には、税務署に「免除届出書」または「免除申請書」を提出することにより、納税が猶予されている相続税の全部または一部についてその納税が免除されます（租税特別措置法70条の7の2第3項1号・16項・17項・22項）。

(1)　後継者が死亡した場合

　この場合、死亡があった日から同日以後6か月を経過する日までに「免除届出書（死亡免除）」を先代経営者の相続税の納税地を所轄する税務署長に提出する必要があります。

(2)　経営承継期間内に、経営承継相続人等（経営承継円滑化法の規定に基づき都道府県知事の認定を受ける一定の非上場会社の代表者であった者の後継者である相続人または受遺者）が会社の代表権を有しないこととなった場合（身体障害等のやむを得ない理由に限る）において、その有しなくなった日以後に、その経営承継相続人等が特例の適用を受けた非上場株式等につき更に後継者に贈与し、その後継者が贈与税の納税猶予の特例の適用を受ける場合

　この場合、その後継者が、贈与を受けた非上場株式等について、贈与税の納税猶予の特例の適用に係る申告書を提出した日以後6か月を経過する日までに、経営承継相続人等は、「免除届出書（特例免除）」を相続税の納税地を所轄する税務署長に提出する必要があります。

(3)　経営承継期間経過後に、経営承継相続人等が更に後継者へ特例の適用を受けた非上場株式等を贈与した場合において、その後継者が贈与税の納税猶予の特例の適用を受ける場合

　この場合、その後継者が、贈与を受けた非上場株式等について、贈与税の納税猶予の特例の適用に係る申告書を提出した日以後6か月を経過する日までに、経営承継相続人等は「免除届出書（特例免除）」を相続税の納税地を所轄する税務署長に提出する必要があります。

(4)　経営承継期間の経過後において、次に掲げるいずれかに該当した場合

　この場合、一定の免除事由に該当することとなった日から2か月を経過する日までに「免除申請書」を先代経営者の相続税の納税地を所轄する税務署長に提出する必要があります。

　①　経営承継相続人等が特例の適用を受けた非上場株式等に係る会社の

株式等の全部を譲渡または贈与した場合（その経営承継相続人等の同族関係者（経営承継相続人等の親族等一定の者）以外の一定の者に対して行う場合や民事再生法または会社更生法の規定による許可を受けた計画に基づき株式等を消却するために行う場合に限る）（ただし、下記「3」参照）
② 特例の適用を受けた非上場株式等に係る会社について破産手続開始の決定または特別清算開始の命令があった場合
③ 特例の適用を受けた非上場株式等に係る会社が合併により消滅した場合で一定の場合（ただし、下記「3」参照）
④ 特例の適用を受けた非上場株式等に係る会社が株式交換等により他の会社の株式交換完全子会社等となった場合で一定の場合
⑤ 民事再生計画の認可決定等があった場合で会社の資産評定が行われたとき

3 譲渡、合併および解散時の納税猶予税額の減免

平成30年度税制改正で、納税猶予が免除される場合において、経営環境の変化に対応した減免制度が創設されました。

特例制度においては、経営環境の変化を示す一定の要件を満たす場合において、特例承継期間経過後に、特例認定承継会社の非上場株式の譲渡をするとき、特例認定承継会社が合併により消滅するとき、特例認定承継会社が解散をするとき等には、売却、廃業時の株価を基に納税額を再計算し、事業承継時の株価を基に計算された納税額との差額が減免されます。

これは、後継者が認定承継会社を解散をするとき、納税猶予が打ち切られ、納税が必要となりますが、原則制度ではその時点で株価が下落している場合でも、事業承継時に算定された株価をもとに贈与税額または相続税額を納税することになり、重い税負担が発生する可能性があるため、特例制度では減免制度が設けられることになりました。

（金光良昭）

Question 118

納税猶予が打ち切られたらどうなるのですか。

解説

　非上場株式の納税猶予制度の適用を受ける後継者または認定承継会社について、納税猶予の適用要件を満たさなくなった場合、認定承継会社の経営状況に変化があった場合、納税猶予対象の株式の継続保有がされなくなった場合等には、納税猶予が打ち切られ、猶予税額の全部または一部を納付しなければなりません（租税特別措置法70条の7第3項〜5項・11項・12項・77条の7の2第3項〜5項・12項・13項）。

　この場合、納税猶予制度適用に係る贈与税および相続税の申告書の提出期限の翌日から利子税をあわせて納付することになります（同法70条の7第27項・70条の7の2第28項）。

1　主な納税猶予の打ち切り事由

(1) 5年間の経営承継期間中における主な納税猶予打ち切り事由

① 都道府県知事への年次報告および税務署長への継続届出を怠った場合
② 後継者が代表者ではなくなった場合
③ 同族関係者で発行済議決権総数の過半数を有しなくなった場合
④ 後継者が同族内で筆頭株主でなくなった場合
⑤ 後継者が納税猶予対象株式の全部または一部を譲渡等した場合
⑥ 会社が資産管理型会社に該当した場合
⑦ 会社の総収入額がゼロになった場合
⑧ 会社が上場会社、風俗営業会社（特別関係会社を含む）に該当した場合

(2) 5年間の経営承継期間経過後における主な納税猶予打ち切り事由

① 税務署長への継続届出を怠った場合
② 後継者が納税猶予対象株式の全部を譲渡等した場合
③ 会社が資産管理型会社に該当した場合

④　会社の総収入額がゼロになった場合

2　納税猶予の打ち切り事由に該当した場合の納税

(1)　5年間の経営承継期間中に納税猶予の打ち切り事由に該当した場合

猶予税額の全額および利子税を、打ち切り事由に該当した日から2か月以内に納付しなければなりません。

(2)　5年間の経営承継期間経過後に納税猶予の打ち切り事由に該当した場合

打ち切り事由に応じた猶予税額および利子税を、打ち切り事由に該当した日から2か月以内に納付しなければなりません。この場合において、経営承継期間中の利子税は課されません。

3　「非上場株式等の贈与者が死亡した場合の相続税の納税猶予および免除の特例」の適用を受けるときの会社の要件

平成29年度税制改正で、「非上場株式等の贈与者が死亡した場合の相続税の納税猶予及び免除の特例」の適用を受けるときの会社の要件について、次の①および②の改正が行われました。

①　相続開始の時に会社および特別関係会社が中小企業者であることとする要件が廃止されました。
②　経営承継期間の経過後に先代経営者（贈与者）が死亡した場合には、その相続開始の時に会社および特別関係会社が非上場会社であることとする要件が不要となりました。

4　打切事由に該当した場合の納税額

＜贈与税の納税猶予および免除の特例における相続時精算課税制度の適用＞

平成29年度税制改正前では、納税猶予の適用を受ける自社株式の贈与に、相続時精算課税制度を適用することができず、暦年課税制度によることとされていました。この場合、納税猶予が打ち切られた場合には、暦年課税制度により計算された贈与税額を納付することになり、税負担が重くなっていました。

そこで、平成29年度税制改正により、非上場株式等についての贈与税の納税猶予および免除の特例の適用を受ける場合において、その贈与税額の計算にあたって、60歳以上の贈与者から、20歳以上の子または孫である後継者への贈与は、相続時精算課税制度の適用を受けることができるこ

ととなりました（租税特別措置法70条の7第2項5号ロ・70条の7の5第2項7号ロ）。

　この場合、納税猶予が打ち切られたときは、相続時精算課税制度により計算された贈与税額を納付することになります。

　そして、平成30年度税制改正による特例制度では、60歳以上の贈与者から、子や孫でない20歳以上の後継者への贈与も相続時精算課税制度の対象となりました。

（金光良昭）

第10章

会社法の活用

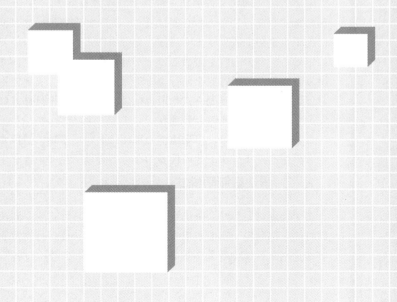

1 種類株式の活用

Question 119

事業承継にはどのような種類株式が活用できますか。

解説

1 種類株式とは

まず種類株式の一般的な説明ですが、いわゆる株式の「種類」については会社法108条に定めが置かれており、余剰金の配当、残余財産の分配、株主総会において議決権を行使することができる事項、譲渡制限、株主の取得請求権、株式会社の取得条項または全部取得条項、拒否権、役員選任権について異なる内容の種類の株式を発行することができるものとされています。この権利の内容の異なる株式のことを種類株式といいます。

この種類株式を発行するには、同条において2以上の種類の株式を発行する会社である必要があると規定されていますが（ただし、会社法107条に定める譲渡制限、取得請求権および取得条項は除く）、実際に2以上の種類株式を発行している必要はなく、定款で形式的に2以上の種類の株式に関する定めを置きさえすれば、発行済株式の全部について会社法108条に定める権利の内容を定めることが可能とされています。また、これらを組み合わせた種類株式を発行することも可能です。実務上用いられている具体例としては、優先株式や拒否権付、役員選任権付株式に譲渡制限を付す等というように組み合わされています。

この種類株式には、事業承継の場面において有効に活用することができるものがありますが、その代表的なものを以下見ていきます。

2 議決権制限株式

まず代表例として、議決権制限株式が挙げられます。議決権制限株式とは、株主総会の一定の事項の決議に関し、議決権が行使できない株式をいいます（会社法108条1項3号）。本来、事業承継においては後継者が全

株式を相続することが無用な争いを避け、経営を安定させるためにも一番望ましいのですが、相続人が複数いる場合において当該株式以外に価値の大きな相続財産がないような場合にはそれが難しく、そこで、事業の後継者以外には議決権制限株式を相続させることで、後継者に議決権を集中させ、スムーズな事業承継を図ることができます。

実際に見られるケースとしては、剰余金の配当や残余財産の分配につき、他の種類の株式よりも優先的に交付を受けるいわゆる優先株（同条同項1号）と組み合わせた議決権制限株式を後継者以外の相続人に相続させることで後継者以外の議決権を制限し、さらにこの株式に譲渡制限を付すことによって、後継者に議決権を集中させることができることになります。

3 拒否権付株式

拒否権付株式とは、株主総会または取締役会において決議すべき事項のうち、当該決議のほか、当該種類の株式の種類株主を構成員とする種類株主総会の決議を必要とする旨の定めのある種類株式をいいます（会社法108条1項8号）。

拒否権の内容は定款により自由に定めることができるため、拒否権付株式は「黄金株」とも呼ばれ、会社の重要事項について種類株主総会の決議を経なければならない旨を定めることにより少数の持株比率で会社をコントロールすることが可能となります。これを事業承継の場面において利用することによって、たとえば、後継者が独り立ちするまでの間、または特に第三者承継のケースにおいて、事業承継後の経営方針が必ずしも現経営者のそれと一致しないような場合において一定期間の間、現経営者が黄金株を保持し、後継者の経営を牽制することができることになります。

4 取得条項付・全部取得条項付株式

取得条項付株式とは、株式会社が一定の事由が生じたことを条件として、その発行する株式を取得することができる内容の株式をいい（会社法2条19号・108条1項6号）、全部取得条項付株式とは、2種類以上の種類株式を発行する株式会社が、そのうちの1つの種類の株式の全部を株主総会の特別決議によって取得することができる旨の定款の定めがある株式をいいます（同条同項同号）。これによって、一定の事由に係らしめるこ

とによって株式が分散することを防ぎ、会社が強制的に買い取ることにより、後継者に株式を集中させることができます。

5　役員選任権付株式

　非公開会社は、種類株式の内容として、当該種類の株式の種類株主総会において取締役または監査役を選任すること、およびその選任する取締役または監査役の数、ならびにかかる定めに基づき選任する取締役等の全部または一部を他の種類株主と共同して選任することとするときは当該他の種類株式の種類および共同して選任する取締役等の数を定めることができ、この種類株式を取締役または監査役の選任権付株式といいます（会社法108条1項9号）。

　事業承継の場面で、たとえば、経営者が後継者に対して普通株式をすべて譲渡したとしても、役員選任権付株式を1株持っていれば、取締役として選任するかどうかについては、経営者がコントロールすることができることになります。

　普通株式であれば、事前に一定の株主に一定の数の取締役の選任等を認める旨合意をしたとしても、これに違反して議決権を行使した場合にも、その選任決議自体は必ずしも無効とはなりません。そこで、この合意を定款に基づく株主の権利として規定することにより、権利関係が明確となり、後継者の経営に対する牽制ができることになります。

（津曲貴裕）

第 10 章　会社法の活用

Question 120

議決権制限株式の具体的な活用方法を教えてください。

解　説

1　議決権制限株式

Q119 で解説したとおり、議決権制限株式とは、株主総会の一定の事項の決議に関し、議決権が行使できない株式をいいます（会社法 108 条 1 項 3 号）。

2　具体的な活用方法

(1)　株主総会において議決権を行使できる事項および議決権の行使の条件を定めるときはその条件を定款において定めるべきものとされています（会社法 108 条 2 項 3 号）。ただし、議決権行使の条件についてはその要綱を定め、最初の発行時までに定めることとすることが可能です（同条 3 項）。議決権制限株式は、総会のすべての事項について議決権を行使できない株式だけではなく、一部の事項についてだけ議決権を行使できないこととすることも可能ですし、剰余金に係る優先株式と組み合わせることも、また、もちろん組み合わせずに議決権制限株式とすることも可能です。

(2)　この議決権制限株式によって、増資する際に、従来の支配関係を変えずに、またはその影響を限定しながら、外部から出資を募ることが可能となります。

また、通常の普通株式ではすべての株式に議決権が付与されていますので、株式が譲渡されたり、相続されたりしてしまえば、それにより議決権も当然分散することとなります。しかしながら、議決権を制限した株式たる議決権制限株式の発行によって、事業承継の場面において有効な承継対策をとることが可能となりました。

(3)　実際の場面における具体的な活用方法は以下のとおりです。

本来、事業承継においては後継者が全株式を相続し、後継者以外の相続

人に株式以外の財産を相続させることが無用な争いを避け、経営を安定化させるためにも一番望ましいのですが、特に中小企業においては、当該株式以外に価値の大きな相続財産がない場合が多く、後継者が相続する株式に見合う多額の現金や他の資産がない場合には、後継者以外の相続人にも株式を相続させざるを得ず、それが将来の会社経営における混乱の原因となることが少なくありません。

　しかし、議決権制限株式の発行が認められることにより、あらかじめ議決権制限株式を発行しておき、相続が発生した場合には後継者のみが議決権のある普通株式を相続し、他の相続人は議決権制限株式を相続することにより後継者に議決権を集中させ、円滑な事業承継を実現することができることになります。

　実際に見られるケースとしては、相続財産の価値の均衡の観点から、議決権制限株式と、剰余金の配当や残余財産の分配につき、他の種類の株式よりも優先的に交付を受けるいわゆる優先株（同法108条1項1号）とを組み合わせてこれを後継者以外の相続人に相続させ、後継者に議決権を集中させることによりスムーズな事業承継を実現し、また、譲渡制限や取得条項を付すことにより、将来資金的なめどがついた時点でこれを買い取ることも可能となります。

（津曲貴裕）

第10章 会社法の活用

Question 121

拒否権付株式の具体的な活用方法を教えてください。

解説

1 拒否権付株式

Q 119で解説したとおり、拒否権付株式とは、株主総会または取締役会において決議すべき事項のうち、当該決議のほか、当該種類の株式の種類株主を構成員とする種類株主総会の決議を必要とする旨の定めのある種類株式をいいます（会社法108条1項8号）。

2 具体的な活用方法

(1) 拒否権の対象とすることができる事項は、株主総会または取締役会において決議すべき事項とされており、会社におけるあらゆる決定事項を含むものとされています。当該種類株主総会決議を必要とする条件を定めること、その要綱を定めて具体的な条件の決定を発行時までに決定することも可能です（会社法108条2項8号）。

(2) この拒否権付株式は通称「黄金株」と呼ばれ、上記のとおり、会社の重要な決定については通常の株主総会の決議以外に、黄金株を持った株主のみで決議される別の株主総会の決議を必要とすることができます。具体的には、拒否権付株式の株主は取締役の選任、合併、営業譲渡等の会社の重要な決定について拒否権を持つことになり、この株式はごく少数、または1株しか発行されないことが多いですので、この少数の株式によって実質的に会社に対する強いコントロールを持つことになることから「黄金株」と呼ばれています。

(3) 実際の場面における具体的な活用方法は以下のとおりです。

拒否権付株式によって、会社経営者が少数の持株比率により会社の重要事項に係る意思決定に関与することを通じて強い支配力を維持すること、あるいは、敵対的買収に対する防衛策に利用することが可能となります。さらに、拒否権付株式に譲渡制限を付すことによって、拒否権付株式が友

好的な株主から敵対的な株主に渡ってしまうリスクを避けることも可能となります。

　また、事業提携の場面において、合弁契約や株主間契約において規定される少数株主の拒否権を種類株式の内容として定めることによってこれを実効化することも考えられます。

　事業承継の場面においては、たとえば、後継者が独り立ちするまでの間、または信頼できるようになるまでの間、もしくは事業承継後の経営方針が必ずしも現経営者のそれと一致しないような場合において一定期間の間、現経営者が黄金株を保持し、後継者の経営を牽制することができることになります。

　さらに、黄金株を後継者に保有させることにより、万が一、敵対株主に過半数の議決権を取得された場合でも、一定範囲での経営権が確保され、後継者の意向にそぐわない議案は否決することができることになります。

3　留意点

　もっとも、黄金株は、それが行使されることによりデッドロックに陥り、経営に支障を来すというデメリットがあります。また、あくまで通常の株主総会の決議に対しそれを拒否できるというだけであり、後継者が普通株式について過半数を超える議決権を有していない場合には、後継者の意向に沿った議案が可決されることはなく、会社運営が困難となります。そこで、黄金株を保有するだけではなく、まずは過半数を超える議決権を持つことを第一に考えつつ、外部株主と友好的な関係を築く、敵対株主から株式の買い取りに備えて資金を蓄える等の対応をするとともに、早期にこれを消却することが大切になります。

（津曲貴裕）

第 10 章　会社法の活用

Question 122

全部取得条項付種類株式の具体的な活用方法を教えてください。

解　説

1　全部取得条項付種類株式

全部取得条項付種類株式とは、株主総会の特別決議によりその種類の株式の全部を取得することができるという内容の種類株式をいいます（会社法108条1項7号）。

2　具体的な活用方法

(1) 全部取得条項付種類株式を活用することにより、少数株式を排除し、経営者や後継者が経営権を100％掌握することが可能になります。

(2) 具体的な手順は下記のとおりです。

① 株主総会を開いて、種類株式発行会社とする定款変更を行います（会社法309条2項11号）。

② 株主総会の特別決議により、すべての普通株式に全部取得条項を付す定款変更を行います（同条同項同号）。

③ 株主総会の特別決議により、全部取得条項付種類株式全部の取得と引き換えに別個の種類の株式を交付します（同条同項3号）。なお、現金預金を対価にしますと、多額の現金預金が社外に流出するおそれもありますので、別個の種類の株式を交付することが多いです。この別個の種類の株式の内容については、議決権が必要となる以外は特段の制約はありませんが、実務的には、最も影響が少ない残余財産の分配についての内容が定められることが多いようです。

この際、大株主以外には1株に満たない端株となるように割合を調整します。たとえば、発行済株式総数が1000株で、うち大株主が900株、少数株主が合計100株を保有する場合には、900株の全部取得条項付種類株式に対して1株の異なる種類の株式を交付します。これにより、少数株主はすべて端株のみを保有することになります。

④　上記③の結果生じた端株について、裁判所の許可を得て、会社または第三者（経営者または後継者）が買い取ります（同法234条）。

　以上により、少数株主は株式を失うことになり、他方で経営者または後継者のみが会社の株式を保有することになり、会社の経営は安定します。なお、上記①から③までの手続は、同一の株主総会でまとめて実行することができると考えられています。ただし、②の議案については、普通株主による種類株主総会を別途開催し、決議を行う必要があります。

　なお、株主に対する情報開示の観点から、平成26年の会社法改正により、全部取得条項付種類株式の取得に関する事項を記載した書面等の事前備置（同法171条の2）および事後備置（同法173条の2）が義務づけられています。

　前述の全部取得条項付種類株式を用いる手法は、少数株主排除の手段として一般的に利用されていましたが、平成26年の会社法改正により、株式併合の少数株主の保護制度（情報開示制度、株式買取請求権、差止請求権等）が整備されたことから、手続的に煩雑な全部取得条項付種類株式を用いる手法に代わって、株式併合を利用した少数株主排除の手法（株式併合後の少数株主の保有株式数を1株未満となるように併合割合を定めることにより、生じた端株を裁判所の許可に基づき売却する）が用いられるようになっています。

　(3)　次に、大株主以外には1株に満たない端株となるように割合を調整する方法ではなく、既存株式1株に対して1株の割合で無議決株式を交付し、経営者または後継者に普通株式を発行することにより100％の議決権を確保する方法も考えられます。この方法によれば、端株買取のコストを抑えて100％議決権を確保することができます。

3　留意点

　全部取得条項付種類株式については、少数株主の保護の観点から、その導入や取得の決議に反対する株主には、株式買取請求権が与えられており、裁判所に価格決定の申立が見込まれる場合には、株式買取資金を準備する必要があることに留意しなければなりません。

　また、平成26年の会社法改正により、全部取得条項付種類株式の取得が法令または定款に違反する場合において、株主が不利益を受けるおそれがある場合の差止請求権が認められました（会社法171条の3）。

さらに、前述の無議決権株式を交付する方法を用いる場合には、経営者や後継者が議決権の100％を確保することができますが、一定の内容の定款変更等の会社法322条1項各号の列挙事項に掲げる行為をする場合で、無議決権株式の株主に損害を及ぼすおそれがある場合には、当該行為は、無議決権株式の株主による種類株主総会の決議がなければその効力が生じないことに留意が必要です。

（和田慎一郎）

Question 123

種類株式と「属人的な定め」との違いは何ですか。

解説

1 「属人的な定め」

公開会社でない会社(全部の株式について譲渡制限を定める会社、以下「非公開会社」という)においては、①剰余金の配当を受ける権利、②残余財産の分配を受ける権利、③株主総会における議決権について、株主ごとに異なる取扱いを行う旨を定款で定めることができます(会社法109条2項)。これは旧有限会社法の制度を受け継いだものです。

株式会社は、株主をその有する株式の内容および数に応じて平等に取り扱う必要がありますが(同条1項)、非公開会社においては、株主の異動が乏しく、株主相互の関係が緊密であることが通常であり、株主に着目して異なる取扱いを認める必要性があることから、「属人的な定め」が認められています。

2 具体例

「属人的な定め」の具体例としては、剰余金の配当または残余財産の分配を受ける権利について、①持株数にかかわらず全株主同額とする、②特定の株主を持株数以上の割合で優遇する等が考えられます。

また、議決権については、①持株数にかかわらず全株主の議決権数を同じにする、②一定数以上の持株につき議決権の上限制を設ける、③特定の株主の所有株式につき一株複数議決権を認める等が考えられます。

3 種類株式と「属人的な定め」との違い

「属人的な定め」を設けることにより、①後継者が保有する株式について議決権をふやす、②後継者以外の相続人の剰余金の配当を受ける権利を優遇する等、種類株式と同様に事業承継の場面で利用することが考えられますが、「属人的な定め」は、株式に着目して権利内容に差を設けるので

はなく、株主に着目して権利内容に差を設けるものですので、種類株式にはない柔軟性があります。

また、決議要件として、種類株式は、原則的に株主総会の特別決議が必要ですが、「属人的な定め」は、旧有限会社法の制度を引き継いだため、その定款変更手続も旧有限会社法の社員総会の特別決議要件に準じて、会社法309条4項の株主総会の特別特殊決議が（総株主数の半数以上の株主と、総株主の議決権の4分の3以上の賛成を要する）が必要です。

さらに、種類株式は登記事項となることから（会社法911条3項7号）、第三者が登記簿を閲覧することで、その会社が発行している種類株式の内容がわかり、会社の現状が判明してしまうことがあり得ますが、「属人的な定め」は登記事項ではありませんので、「属人的な定め」を行っているがどうかは第三者にはわかりません。

なお、「属人的な定め」は、あくまで特定の株主に着目したものですので、種類株式と異なり、相続等の承継が生じた場合に、「属人的な定め」が相続人等の承継人に及ぶかどうかは明らかではありません。

4　属人的な定めの限界

事業承継との関係では、「株主のうちで、取締役である者にのみ議決権を認める。」との定めを置くことも考えられますが、「属人的な定め」も具体的な強行法規もしくは株式会社の本質に反し、または公序に反するものであってはならず、かつ、株主の基本的な権利を奪うものであってはならないとされていますので、このような定めが認められるかは議論のあるところです。

東京地裁立川支部平成25年9月25日判決は、属人的定めの制度を利用して行う定款変更について、「差別的取扱いが合理的な理由に基づかず、その目的において正当性を欠いている場合や、特定の株主の基本的な権利を実質的に奪うものである等、当該株主に対する差別的取扱いが手段の必要性や相当性を欠くような場合には、そのような定款変更をする旨の株主総会決議は、株主平等原則の趣旨に違反するものとして無効となる」と判示しています（金融・商事判例1518号54頁）。

（和田慎一郎）

Question 124

種類株式の税務上の評価について教えてください。

解説

1　概　要

中小企業の事業承継において活用が想定される種類株式（1.配当優先の無議決権株式、2.社債類似株式、3.拒否権付株式）の評価の方法について、相続、遺贈または贈与により同族株主が取得した場合に、国税庁からその評価方法が示されています。

2　配当優先株式の評価

配当について優先・劣後のある株式を発行している会社の株式を原則的評価により評価する場合の取扱いは次のとおりです。

(1) **類似業種比準方式**

類似業種比準方式による株式の評価にあたっては、配当金の多寡は比準要素のうち「1株当たり配当金額」に影響しますので、「1株当たりの配当金額」は、株式の種類ごとにその株式に係る実際の配当金により計算します。

(2) **純資産価額方式**

純資産価額方式による株式の評価にあたっては、配当金の多寡は純資産価額の計算に影響を及ぼさないことから、従来どおりの評価方法により評価します（Q75参照）。

3　無議決権株式の評価

(1) **原　則**

無議決権株式を発行している会社の無議決権株式および議決権のある株式については、原則として、議決権の有無を考慮せずに評価します。

(2) **例外（選択適用）**

無議決権株式は、原則として、議決権の有無を考慮せずに評価します

が、議決権の有無によって株式の価値に差が生じるのではないかという考え方があることを考慮し、同族株主が無議決権株式を相続または遺贈により取得した場合、一定の要件を充足する場合に限り、納税者の選択により、上記2または原則的評価方式により評価した価額の5％ディスカウントした金額により評価することができます。

なお、この場合には、当該相続または遺贈により同族株主が取得した当該会社の議決権のある株式の価額は当該ディスカウントした金額を加算した金額によって評価することになります。

4　社債類似株式の評価

(1)　社債類似株式の評価

次の①～⑤の条件を満たす社債類似株式は、利付公社債に準じて発行価額により評価することとされています（財産評価基本通達197－2(3)）。

① 配当金について優先して分配する。また、ある事業年度の配当金が優先配当金に達しないときは、その不足額は翌事業年度以降に累積することとするが、優先配当金を超えて配当しない。
② 残余財産の分配ついては、発行価額を超えて行わない。
③ 一定期日において、本件株式のすべてを発行会社に発行価額で償還する。
④ 議決権を有しない。他の株式を対価とする取得請求権を有しない。

(2)　社債類似株式を発行している会社の社債類似株式以外の株式の評価

社債類似株式を発行している会社の社債類似株式以外の株式は、社債類似株式を社債であるものとして評価します。

5　拒否権付株式

拒否権付株式の評価については、評価通達上、拒否権の有無にかかわらず普通株式と同様に判定すると規定しています。したがって、議決権割合の判定の結果「同族株主等以外の株主」と判定された株主が所有する株式に拒否権が付されていたとしても、当該拒否権について評価する必要はありません。

6　上記以外の種類株式

具体的な取扱いは示されていないため、普通株式と同様に評価するもの

と考えられます。ただし、評価通達に定める評価方法になじまないような多種多様な種類株式については、個別に権利内容等を判断して評価することとしているので留意する必要があります（一般社団法人大蔵財務協会『平成 25 年版財産評価基本通逐条解説』685 頁）。

（真鍋朝彦、梶原章弘、坂本雄一）

2　株式が分散している場合の対策

Question 125

誰が株主であるか、各株主が保有する株式数については、どのように調査すればよいですか。

解説

株主名簿、定款および履歴事項全部証明書等により株主名簿記載の株主が真の株主たりうるかという点を確認するほか、経営者等に対するヒアリングならびに株式譲渡承認請求書、取締役会議事録および名義書換請求書等の資料精査を行い、株主の異動を確認していきます。

1　株主調査の重要性

株主調査は、事業承継との関係では、主に2つの場面において重要です。第1には、持株会社設立、会社分割等の組織再編行為を行う場合に、有効に株主総会決議を行うためには実際の株主に対して招集通知を送る等の会社法上の手続を履践することが必要だからです。もちろん、通常の株主総会議案（決算承認や役員の選任）についても株主の特定は必要ですが、問題が顕在化しないことが多いといえます。

第2には、事業承継の一環として株式譲渡を行う場合、当然、真の株主を売主として株式譲渡契約を締結することが必要だからです。以下では、閉鎖会社（非公開の全株式譲渡制限会社）を念頭に述べていきます。

2　株主名簿、定款および履歴事項全部証明書等の確認

株主調査は、まず株主名簿を確認することから行われます。これに加えて、原始定款の記載と履歴事項全部証明書（あるいは商業登記簿謄本）から、発行済株式総数およびその履歴を把握し、株主名簿の記載との整合性を確認することも重要です。また、法人税申告書別表二「同族会社の判定に関する明細書」の記載も有益な資料となります。

3　株主の異動の確認

さらに、経営者等に対してヒアリングをするとともに、株式譲渡承認請求書、取締役会議事録および名義書換請求書等の資料にあたり、株主の異動（株式の移動）があったかどうかを確認します。会社の立場からは、原則として株主名簿に記載された株主を株主として取り扱えば足りますが（会社法130条1項）、適法な名義書換請求があったにもかかわらず会社が株主名簿上の名義書換を怠った場合には、会社は譲受株主を株主として扱わなければなりません。他方、株式を譲り受けようとする場合、売主が有効に当該株式を取得したか否かをより慎重に確認することが必要であり、場合によっては売主の株式取得原因についての調査（たとえば、株式譲渡契約書、遺産分割協議書等の精査）も必要になります。また、過去の株主の異動が、①株券不発行制度が創設された平成16年改正商法の施行日（同年10月1日）前の株式譲渡、②旧商法施行下で同施行日以降も株券不発行制度を採用していない会社の株式譲渡、または③会社法施行日（平成18年5月1日）後に株券発行会社である会社の株式譲渡で行われたとされているときは、株券を交付しなければ譲渡の効力が発生しないことから（旧商法205条1項、会社法128条1項）、会社により株券が発行されていたか否かを確認することも必要になります。

これから株券発行会社の株式譲渡を行おうとする場合には、現在株主であると主張する売主が株券を所持しているかどうかが重要になります。

4　相続関係の確認

株主調査をする過程において株主名簿上の株主に相続が開始していることが判明したり、売主が相続により株式を取得した旨主張することがあります。このような場合には、相続人の範囲を確認し、相続の帰趨（遺産分割協議の成否等）を調査することも必要になります。なお、相続が開始したものの遺産分割協議が未了の場合には、被相続人が保有していた株式全部を相続人らが準共有し、共有持分の過半数をもって議決権行使がされます。

5　名義株が存在する場合

最後に、経営者等のヒアリングにおいて、株主名簿上の特定の株主が名

義を借りているだけの「名義株主」であるとの指摘がされることがあります。名義にかかわらず実際の資金を出した者が株主であるというのが最高裁判所の判断ですが、株主名簿上の株主が「明らかに名義株主」であり、他の特定の者が「明らかに実際の資金提供者」であると断定できるだけの客観的資料がないことも多く、結局のところ、株式譲渡契約の場面でも、株主名簿上の株主を株主として取り扱うしかない（あるいは名義株であるとの主張を前提に取引するしかない）こともあります。このような場合には、株式譲渡契約書に表明保証条項を入れる等して、真の株主が権利主張をしてきた場合に備えることになります。

（金子憲康）

Question 126

株式を分散させないようにするためにはどうしたらよいですか。

解説

株式が分散している場合、会社の機動的な意思決定を困難にし、また株主総会開催にかかるコストとリスクを増加させる等の不都合が生じ得ます。

1 株式分散の原因

平成2年改正法施行前に設立された株式会社の場合、会社規模の大小を問わず、設立時点から発起人（＝株主）が7名以上必要とされていました。それ以降に設立された会社についても、資金調達のために出資を受け入れる必要があったり、親族や取引先を設立当初の株主に加える必要があるといった個別の事情から、設立時点から比較的多数の株主を擁する会社もあります。設立から時間が経過していくと、これらの株主に相続が開始し、あるいは個別に株式譲渡等が行われ、さらに株主がふえていきます。経営者自身に相続が開始し、その際に後継者に株式を集中できない場合もあります。これが、社歴が比較的長い中小企業の場合に見られる株式分散の典型的な原因です。

2 株式分散の問題点

株式が分散していると、①株主の特定が困難となることがある、②株主総会決議が必要な事項については、機動的な意思決定が困難となるだけでなく、経営者が株主総会の可決要件を満たす議決権割合の株式数を掌握していない場合には、経営者が必要と考える施策についても実施できない可能性が生じる、③会場の確保、詳細な株主総会招集通知の作成・発送、議案可決に向けた議決権確保のための事前の根回し負担等々、株主数が少ない会社の場合よりも株主総会開催コストがかかる、④自己の利益のみを考えて権利主張する問題株主が介入する可能性が高まるといった不都合が生じ得ます。

3 株式分散防止の手法

株式の分散を防止するためには、以下のような手法が用いられます。
① 株式譲渡制限
② 相続人等に対する売渡請求
③ 経営者または後継者による株式譲受け
④ 会社による自己株式取得
⑤ 従業員（役員）持株会制度の導入・活用

(1) 株式譲渡制限

株式譲渡について、会社（株主総会、または取締役会設置会社においては取締役会）の承認を必要とするものであり（会社法2条17号・107条2項1号・139条1項）、ほとんどの非上場企業の定款には設立当初からその旨の定めが置かれていると思われます。もっとも、昭和25年改正後、昭和41年改正前の商法においては株式譲渡制限は禁止されていたため、昭和41年以前に設立された会社の中には、定款に株式譲渡制限の定めがない会社があることに留意してください。株式分散防止対策の基本ですが、自然人の場合には相続、法人の場合には合併および会社分割という一般承継（包括承継）による株主の増加・変更を回避することはできないという限界があります。

(2) 相続人等に対する売渡請求

非公開会社は、定款に定めることにより、相続、合併または会社分割という一般承継により譲渡制限株式を取得した者に対し、当該株式を会社に売り渡すことを請求することができます（同法174条）。現行定款にその旨の定めがない場合には、株主総会の特別決議により定款変更を行うことによってこの制度を導入できます。相続前に定款変更を要するという点で株式分散防止対策ですが、売渡請求自体は相続等の開始後に行うものですので、株式集中の手法として次のQ 127において詳述します。

(3) 経営者または後継者による株式譲受け

少数株主に対して株式の譲渡を求め、または少数株主から株式譲渡の意向が示された場合に、経営者または後継者が株式を買い取れば、株式の分散を防ぎ、また株式を集中させることができます。

(4) 会社による自己株式取得

少数株主に対して、会社自身への株式の譲渡を求めるということも選択

肢の1つです。これも将来の株式の分散を防ぎ、また株式を集中するための手法といえます。

　会社が自社の株式を特定の株主から取得する場合には、①取得する株式の種類・数、②取得と引換えに交付する金銭等の内容・総額、③株式を取得することができる期間、④株式の氏名（名称）につき株主総会決議を経なければなりません（同法156条1項・160条1項）。そして、会社はその旨を株主に通知することを要し（同条2項）、事前に決議内容を知った株主は、会社に対し、議案を特定の株主として自己をも加えたものに変更するよう請求することができます（同条3項）。この売主追加の議案変更請求権は定款により排除可能ですが、その定めを定款変更により設ける場合には株主全員の同意を要します（同法164条1項2項）。

　株主総会決議に基づき会社が株式を取得するには、会社は取締役会の決議を経て、株主に対し、①取得する株式の数、②株式1株を取得するのと引換えに交付する金銭等の内容・数額、③株式を取得するのと引換えに交付する金銭等の総額、④株式の譲渡しの申込の期日を通知しますが（同法157条1項・2項・158条1項）、株主が申込をした株式の総数が①を超えるときは、会社は、各株主に対して案分比例で株式の譲受けを承諾したものとみなされます。つまり、定款で株主の売主追加請求権を排除する旨定めていない限り、会社が特定の株主から株式を購入しようとしても、他の株主が売りたいと手を挙げたときには、会社は、決議した取得する株式の数を限度として、手を挙げた株主の株式数に応じて、案分比例で買い取ることしかできないという大きな制限があります。

(5) 従業員（役員）持株会制度の導入・活用

　上記のとおり、会社が自己株式を買い取る場合には大きな制約がありますので、少数株主から株式を譲り受けるための受け皿として、従業員持株会または役員持株会を利用することもあります。この場合、持株会の規約には従業員または役員が退職するときには、一定の計算式による金銭で払い戻す旨の定めを置き、持株会のほかに株式が再分散しないようにします。

（金子憲康）

Question 127

分散している株式を集中させる方法としてどのようなものがありますか。「相続人等に対する株式の売渡請求」「所在不明株式の株式売却許可申立」「特別支配株主の株式売渡請求」「株式併合」とはどのような制度ですか。

解説

1 分散した株式を集中させる方法

Q126で述べたとおり、株式が分散している場合、会社または経営者にとって不都合が生じることがあります。そこで、分散した株式を集中させる方法として、以下のようなものがあります。

① 相続人等に対する株式の売渡請求
② 所在不明株式の株式売却許可申立
③ 特別支配株主の株式売渡請求
④ 株式併合を利用したスクイーズアウト

このほか、Q126で紹介したとおり、経営者または後継者による株式譲受けや会社による自己株式の取得等によっても、すでに分散した株式を集中させることが可能です。

2 相続人等に対する株式の売渡請求

Q126で紹介したとおり、非公開会社は、定款に定めることにより、相続、合併または会社分割という一般承継により譲渡制限株式を取得した者に対し、当該株式を会社に売り渡すことを請求することができます（会社法174条）。

会社は、この定款の定めに従って相続人等の一般承継人から株式を取得しようとする場合、株主総会の特別決議により売渡しの請求をする株式の数と、請求をする株式を有する者の氏名（または名称）を定めます（同法175条1項）。そして、この特別決議がなされた場合には、会社は、請求する株式の数を明らかにしたうえで、当該決議において定められた一般承継人に対し、自己株式の売渡しを請求することができます（同法176条1項本文・2項）。その場合の売買価額は、まず会社と一般承継人との間で協議により定め、その協議が調わない場合には、会社または一般承継人の

申立により裁判所が決定します（同法177条）。

　この制度を採用するにあたり留意すべき点は、売渡しの請求を受ける株主（一般承継人）は、当該株主総会決議についての議決権を行使することができず（同法175条2項）、これは議決権割合に関係なく、たとえば、最大の議決権割合を有している者についても適用されるということです。すなわち、議決権割合のマジョリティを握る経営者がその子に会社を承継させるつもりであっても、株式を売買や贈与等により子に移転する前に相続が開始してしまった場合は、経営者が保有していた株式についてもこの売渡請求の対象とされることになり、議決権割合でマイノリティの立場にあった者が社長の死を契機に、後継者に関する社長の遺志に反して会社を支配するという事態も起こりかねないのです。したがって、この制度を採用する際には、経営者の株式の取扱いについても、事業承継計画とともに検討しておく必要があります。

3　所在不明株式の株式売却許可申立

　株主名簿には記載があるものの、長年その所在が知れない株主が存在することがあります。①株主に対する通知、または催告が、5年以上継続して到達しなかったとき、および②その株主が、継続して5年間剰余金の配当を受領しなかったときの2要件が備わったときは、会社は、当該株式を競売することができます（会社法197条1項）。市場価格のある株式は会社法施行規則38条で定める方法によって算定された額で、市場価格のない株式は裁判所の許可を得ることによって、売却することもできます（同法198条2項）。閉鎖会社の場合には通常はこの裁判所の許可を得て、会社または会社に関係のある者が買い取ることが選択されています。

　なお、「5年間継続して到達しなかった」との事実の疎明は重要であり、5年間継続分の返戻封筒を疎明資料として提出するのが通例です。取締役の陳述書等の代替書面による疎明は、裁判実務上、認められていません。

4　特別支配株主の株式売渡請求

　自己および完全子法人と合算して対象会社の総株主の議決権の10分の9以上を有する株主（特別支配株主）が、少数株主の有する株式等（株式、新株予約権、新株予約権付社債）の全部を、少数株主の個別の承諾なく、金銭を対価として取得することを可能にする制度です。対象会社には

特に制約はなく、閉鎖会社も対象になります。

特別支配株主は、売渡請求をするときは、対価の額やその算定方法、取得日等を定めて（会社法179条の2）、対象会社に対して通知をします（同法179条の3第1項）。対象会社は、取締役会でこれを承認するかどうかを判断します。対象会社が承認すると、特別支配株主にその旨通知するとともに、取得日の20日前までに売渡株主に一定の事項を通知し（同法179条の4）、これによって売渡請求の効果が発生します（同条3項）。株式の移転の効果は取得日に発生します（同法179条の9第1項）。売買価格に不服がある株主は、価格決定の申立を行うことができます（同法179条の8）。

株式等売渡請求は、株主総会決議を要さず20日間あまりで手続が完了する便宜な制度です。

特別支配株主の株式等売渡請求は、自己および子会社の合算で90％以上を保有しているという、もともと議決権の分散の程度が高くない会社、あるいは議決権の集約化を進めてきた会社において、100％の議決権を確保するために利用が検討されることになります。

5　株式併合を利用したスクイーズアウト

株式併合とは、数個の株式（たとえば1000株）をあわせて、それより少ない数の株式（たとえば1株）にすることをいいます（会社法180条）。そして、株式併合を利用したスクイーズアウトは、株式併合後の少数株主の保有株式数を1株未満となるように併合割合を定め、それにより生じた端株を裁判所の許可をもって売却することにより少数株主には現金を交付して保有株式を失わせるという手法により、少数株式の排除を行い、株式の集中を図るスキームです。

平成26年の会社法改正により、情報開示制度・株式買取請求権・差止請求等の少数株主の保護制度が整備され、実施するに際しての法的安定性も確保されたため、法改正後は、手続的に複雑煩瑣な「全部取得条項付種類株式スキーム」に代わって、株式併合スキームが用いられるようになっています。

株式併合を利用したスクイーズアウトは、概要、次のステップで実施されます（実際には、株主総会を招集するための取締役会決議、事前開示資料の備置、株主に対する個別通知、事後開示資料の備置といった詳細の手

続が必要となる）。
① 株主総会の特別決議により、株式併合後の少数株主の保有株式数を1株未満となるように併合割合を定めた株式併合を行う
② 株式併合の結果生じた端株について、裁判所の許可を得て、会社または第三者（大株主。議決権の集約化を行う場面では経営者または後継者）が買い取る（同法234条・235条）。これにより、少数株主は一定の対価を得るが株式は失うことになり、他方で大株主のみが会社の株式を保有することになり、スクイーズアウトが完成する

なお、株式併合に反対する株主は、株主総会前と総会において反対をすることにより、株式買取請求をすることができ（同法182条の4）、会社との間で株式の価格の決定について協議が調わなければ、裁判所に対して価格決定の申立を行うことができます。

（金子憲康）

第11章

持株会社の活用

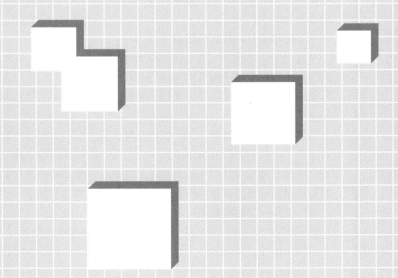

Question 128

持株会社を活用した事業承継について教えてください。金融機関として留意すべき点を教えてください。

解説

オーナーが保有する事業会社の株式を後継者に直接移転することで、事業承継する方法以外に、オーナーが保有する事業会社の株式を新規設立する持株会社に移転し、持株会社への出資持分を後継者に承継する方法として持株会社スキームがあります。

持株会社スキームは、かつて株式評価の引下げによる相続対策として活用されていましたが、現在は株式評価引下げの相続対策のみに着目するのではなく、以下のようなメリットを活かせるような注意点・手続等を理解したうえで、活用を検討することが望ましいと考えられます。

持株会社スキーム活用のメリットとしては、以下の3つが挙げられます。

(1) 事業承継手続の簡略化

事業承継の対象会社が複数ある場合、持株会社を設立し、各社の株式を集約することによって、承継のプラニングや諸手続を簡略化することが可能となります。

(2) 持株会社の株式評価方法

持株会社の総資産に占める株式保有割合が25％以上（大会社）または50％以上（小・中会社）の場合、「株式保有特定会社」に該当することから原則として純資産価額方式による評価となります。

(3) 事業承継方法

持株会社の株式はオーナーが継続保有し、事業会社の経営は後継者に任せることで段階的に経営を承継する方法、また親族内に適当な後継者がいない場合、持株会社の株式を親族が承継、事業会社の経営は親族以外の役員や従業員に任せるという形態も考えられます。

(4) グループ経営戦略

持株会社への移行後、複数ある事業を分割型会社分割による分割により、将来的な企業再編への備えとなること、またM＆Aで新規事業を買収

する際に、持株会社を通じて買収、間接部門を持株会社に統合していく等の方策が考えられます。

　持株会社の活用にあたって、金融機関としては、株式移転対価、つまり持株会社による株式取得資金の融資の機会がありますが、まず株式移転価格の税務面での妥当性を確認する必要があること、次に全額借入金で対応した場合、借入金の返済原資は配当収入に依存することから、持株会社の資金計画と対象会社の将来事業収益力に関して、詳細な精査を行う必要があると思います。

（大久保宏章）

Question 129

持株会社化をする手法としてどのようなものがありますか。

解 説

1 事業承継と持株会社化

　事業承継にあたり、持株会社化を行うことによって、承継の対象を、事業上の収益を計上しなければならない事業会社の株式ではなく、あくまで子会社の株式を保有しているにすぎない持株会社の株式とすることを通じ、承継に伴って生じる税負担を軽減することが可能です。ある事業会社が、そのような持株会社体制に移行するためには、大きく分けて、①株式移転・株式交換の方法（親会社をつくる方法）と、②会社分割の方法（子会社をつくる方法）が考えられます。

2 株式移転・株式交換による持株会社化

(1) 株式移転による方法

　株式移転とは、各株主が保有する事業会社の発行済株式の全部を、手続中で新設される新設会社へと「移転」することによって、事業会社を、新設会社の100%子会社とする、会社法上の手続（すなわち、事業会社の親会社となる会社を新設する手続）です。

　ある事業会社（仮にX社とする）について、株式移転により、新たに100%親会社をつくることによって持株会社化を行うことを考えてみます。この場合、X社において、株主総会の特別決議による承認等、会社法所定の手続を経て、新設会社が設立されます（この会社を仮に「Xホールディングス」とし、以下「XHD」という）。そして、この設立の日に、X社の発行済株式の全部を、新設したXHDに「移転」することで、XHDをX社の100%親会社とするとともに、X社の既存株主は、XHDの株式等の割り当てを受けます。これにより、新たに設立されたXHDがX社の100%親会社となり、旧X社株主は、X社における従前の持株割合と同じ割合で、XHDの株式等を保有することとなります。

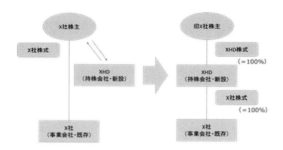

(2) 株式交換による方法

　株式交換とは、各株主が保有する事業会社の発行済株式の全部を、すでに設立されている他の会社に取得させ、事業会社を、当該他の会社の100％子会社とする、会社法上の手続（既存の他社を、事業会社の100％親会社とする手続）です。

　先述のX社が、株式交換の手法により持株会社化を行う場合には、株主総会の特別決議等、会社法所定の手続を経ることにより、定められた一定の日に、XHDが、X社の従前の株主から、X社の発行済株式の全部を取得するという効果が自動的に生じます。そして、XHDは、X社株式の全部を取得するのと「交換」に、旧X社株主に対して、XHDの株式等を発行し、割り当てます。このようにして、既存のXHDがX社の100％親会社になるとともに、旧X社株主は、保有していたX社の株式価値に応じて、XHDから株式等の交付を受けます（株式交換の場合には、XHDの既存株主が存在するため、旧X社株主がXHDの株式を100％保有することにはならない）。

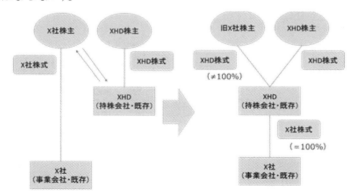

(3) 株式移転・株式交換の方法によることのメリット・デメリット

　株式移転や株式交換の方法によって持株会社化を実現する場合、X社自体に帰属する権利関係には何らの変更は生じないので、基本的には、X社において従前と同様の事業を継続するため、別途民事上・行政上の手続が必要とはならいないケースが多いです。一方で、XHDは、設立当初は何らの資産・契約関係も有していませんので、持株会社としての業務に最低限必要な資産、取引、従業員等をXHDに帰属させるためには、別途手続が必要となる点に注意が必要です。

　また、XHDをあらかじめ設立しておいて、株式交換の手続によってXHDを100％親会社にする場合には、持株会社化と同時に、X社の少数株主をスクイーズアウト（締め出し）することも可能である点は、この手法のメリットといえるでしょう。

3 会社分割による持株会社化

　会社分割とは、ある会社が営んでいる事業の一部または全部を切り出して、他の会社に包括承継させる、会社法上の手続です。当該会社の完全子会社を手続中で新設して、新設子会社に対して、分割の対象となった事業を承継させるのが、新設分割であり、既存の別会社に対して承継させるのが吸収分割です。

　先述の事業会社X社を例にとると、新設分割の手法による場合には、会社法上の手続中で新設される100％子会社に対して、X社の事業を承継することとなり、以後は、当該子会社がその事業を営むことになります。吸収分割の手法による場合、事業の承継先は、あらかじめ子会社として設立しておいた会社になります（下図参照）。

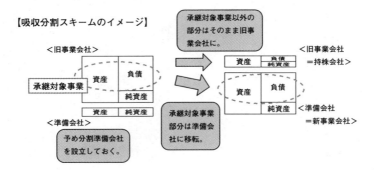

持株会社であるＸＨＤに、ホールディング業務に必要な資産や契約を引き続き帰属させようとする場合、分割において切り出す資産や契約から、持株会社としての管理業務に必要なものを除外しておくことによって、比較的容易に対応できる点はメリットと考えます。

これらの場合、事業主体について、Ｘ社から子会社へと変更が生じるため、特に、業法上の許認可等に関し、個々の業法の定めに従って行政上の手続が必要とされる場合も多い点に、注意が必要です。

(鈴木龍司)

Question 130

持株会社の株価評価はどのように行われるのですか。

解説

1 前提

中小企業の事業承継問題の取組みにおいて、持株会社の株価評価は、相続税法における相続財産の評価について具体的な評価方法を規定した財産評価基本通達による評価が専ら適用されますので、以下では、財産評価基本通達による評価を前提とします。

2 持ち株会社の評価方法の種類

持株会社とは、他の会社を支配する目的でその会社の株式を保有する会社ですので、その性格上、保有する資産のうち、傘下の子会社等の株式が大きな割合を占めるのが通常です。持株会社の資産の構成割合において、

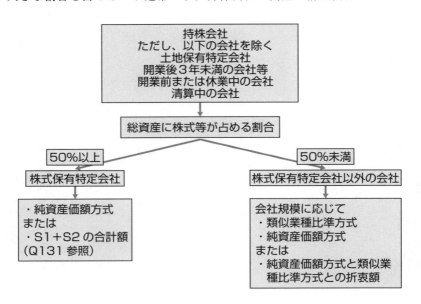

- 358 -

株式等の占める割合が50％以上となると「株式保有特定会社」と分類され、「株式保有特定会社」について規定された評価方法が適用されます。「株式保有特定会社」とその評価については、Q 131を参照ください。

持株会社が「株式保有特定会社」に該当しない場合は、「土地保有特定会社」等の特定の評価会社に該当しない限り、一般の会社と同様に評価が行われます。

3 事業を行う事業会社

持株会社には、純粋に株式を保有するだけの純粋持株会社もあれば、並行して何らかの事業を行う事業持株会社もあります。純粋持株会社は上記の「株式保有特定会社」として評価をすることになりますが、事業持株会社の場合は、その資産の構成割合によって「株式保有特定会社」として評価するか、それ以外の会社と同様に評価するかが決まります。

4 持株会社の評価の特徴

以上のとおり、総資産に占める保有株式等の割合により他の評価との折衷となることもありますが、純粋な持株会社については純資産価額方式により評価が行われることになります。たとえば、子会社株式のみを保有する純粋な持株会社の場合、純資産価額による評価額とは、すなわちその保有する子会社株式の評価額ということになります。したがって、組織再編の手法によって純粋な持株会社を設立した場合、設立当初は設立前の事業会社の評価額と、設立後の持株会社の評価額は同じとなります。

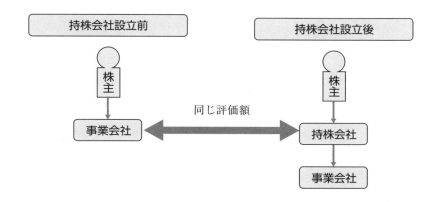

純資産価額方式による評価では、評価対象の会社が保有する資産および負債について財産評価基本通達により評価して、資産の価額から負債の価額を差し引いて評価を行います。このとき、資産の評価額がその帳簿価額を上回る評価差額（すなわち評価益の金額）については、それに37％（平成28年4月1日以後開始される事業年度より）を乗じた法人税等相当額が控除されます。持株会社の評価については、持株会社に移行してから以後に事業会社の評価額が増加した分についてこの評価差額に対する法人税相当額の控除が適用されます。

持株会社の保有する事業会社

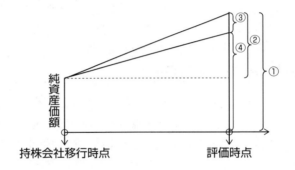

① 評価時点での事業会社の純資産価額
② 持株会社に移行してから評価時点までの純資産の増加額
③ ②に法人税率相当の割合（37％）を乗じた金額（持株会社移行後の純資産の増加分に対する法人税等相当額）
④ 持株会社の評価に反映される事業会社の株式の評価額（①から③を差し引いた金額）

　つまり、新たに純粋持株会社制に移行した場合、その時点で直ちに評価額が下がるわけではありませんが、それ以後時間の経過と共に事業会社の評価額が増加した場合、その増加分に対する法人税等相当額については、持株会社がなかった場合に比べて評価が下がるという効果が生じます。

（岩松琢也）

Question 131

株式保有特定会社とは何ですか。

解説

1 株式保有特定会社の定義

株式保有特定会社とは、財産評価基本通達において、取引相場のない株式を評価する際に行われる評価対象となる会社の分類の1つです。財産評価基本通達では、以下のように規定されています。

> 財産評価基本通達（特定の評価会社の株式）
> 189 (2) 株式保有特定会社の株式
> 課税時期において評価会社の有する各資産をこの通達に定めるところにより評価した価額の合計額のうちに占める株式および出資の価額の合計（189－3≪株式保有特定会社の株式の評価≫において「株式等の価額の合計額（相続税評価額によって計算した金額）」という）の割合が50％以上である評価会社（次の(3)から(6)までのいずれかに該当するものを除く。以下「株式保有特定会社」という）の株式の価額は、189－3≪株式保有特定会社の株式の評価≫の定めによる。

これによると、評価対象となる非上場の会社のうち、まず以下の会社は株式保有特定会社の対象から除かれます。

① 土地保有特定会社：その会社の総資産に占める土地等の価額の割合が、ある一定の割合（会社の規模により70％か90％）以上である会社
② 開業後3年未満の会社等
③ 開業前または休業中の会社
④ 清算中の会社

次に、その会社の有する会社の各資産を財産評価基本通達により評価し、その評価額において、各資産の評価の総額のうちに占める株式および出資の価額の合計額の割合が50％以上となる会社が株式保有特定会社となります。

2 株式保有特定会社の評価

株式保有特定会社に該当する場合の株価評価の概略は次のとおりです。

① 財産評価基本通達上の純資産価額による評価
② 「S1の金額」と「S2の金額」の合計額（「S1の金額」と「S2の金額」については後述）
③ 上記の①と②の金額のうちいずれかを納税義務者の選択により適用（通常は金額の低い方の評価を選択）

なお、上記の②のうち、「S1の金額」と「S2の金額」は、それぞれ以下のように計算されます。

・S1の金額：株式保有特定会社の保有する株式等とその株式等の受取配当等がないものとして、同社株式を財産評価基本通達上の原則的評価方法（純資産価額と類似業種比準価額とによる評価）によって評価した価額
・S2の金額：株式保有特定会社の資産のうち、その保有する株式等の部分について、その保有株式等を財産評価基本通達上の純資産価額方式により評価した金額

つまり、S1とは言わば株式保有特定会社のうち、保有する株式以外の部分について原則的な評価方法で評価したもので、S2とは株式保有特定会社の保有する株式の部分について、その保有株式の相続税評価額による純資産価額で評価したものです。

したがって、S1とS2の合計による評価とは、株式保有特定会社を、その保有する株式等の部分（S2）とそれ以外（S1）とに分けてそれぞれ評価を行い、2つの評価額を合計することによって株式保有特定会社全体の株価を評価するという方法です。

なお、上記は評価方法の概略を述べたものですので、実際の評価額の計算にあたっては、通達の詳細な規定を確認のうえ行う必要がありますのでご注意ください。

【株式保有特定会社の評価】

(1)財産評価基本通達による純資産価額による評価		

⇕ いずれかを選択

(2)S1+S2による評価	①S1の金額	株式等以外の部分について原則的な評価方法による評価（純資産価額と類似業種比準価額による評価）
	②S2の金額	保有する株式等のうち①以外の部分について純資産価額による評価

（岩松琢也）

第11章 持株会社の活用

Question 132

持株会社を活用した事業承継における留意点（メリット・デメリット）は何ですか。

解 説

事業承継を進める際の施策として、承継する会社の株価を下げること等を目的として、持株会社を設立するという方法がとられることがあります。なお、持株会社により株式の評価が下がる効果については、Q130を参照ください。

持株会社への移行については、いくつかの形態が考えられますが、たとえば典型的な例として、以下のような形態が考えられます。

(1) **純粋な持株会社**：持株会社は事業を行わず、事業会社の経営管理のみを行う

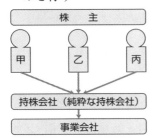

(2) **純粋な持株会社に複数の事業会社**：純粋な持株会社が、事業ごとに別の事業会社を保有する

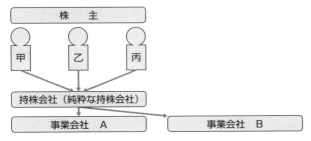

(3) 持株会社で事業も行う：持株会社が何らかの事業も行う。

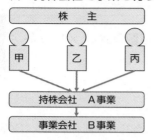

　上記のような持株会社制に移行することのメリットとしては、以下のようなことが挙げられます。
① 株価の引下げ効果（持株会社に移行してから後に生じる事業会社株式の含み益に対する法人税相当額の控除によって生じる効果）が期待できる
② 直接事業活動を行う事業会社に対して、持株会社においては株主対策や事業承継対策等、会社のガバナンスに集中して取り組むことができる等、両者が別れることによりそれぞれが対応する課題に集中することができる
③ 事業会社の経営を後継者候補に任せ、それを持株会社が監督することにより、後継者の育成を図ることができる
一方で、持株会社には以下のようなデメリットが生じることもあります。
① 持株会社へ移行する為のコストがかかる
② 事業会社の含み益が予想のように増加せず、株価の引き下げ効果が期待どおりに生じないおそれがある
③ 会社の数がふえることにより、税金を始めとするそれぞれの維持や管理運営のコストが増加する
④ 組織が複雑になることにより、経営が混乱することがある
　持株会社制に移行するのには、株式交換等の組織再編の手続を伴うことがありますが、一度移行すると元に戻すのは簡単ではありません。株価の引下げをはじめ、持株会社制に移行することのメリットを受けるのには、長期的な視点で計画的に行う必要があります。そうでないと、想定したような効果が得られず、かえって経営が混乱するリスクもありますので、事前の準備と検討が欠かせません。

（岩松琢也）

第12章

その他の活用

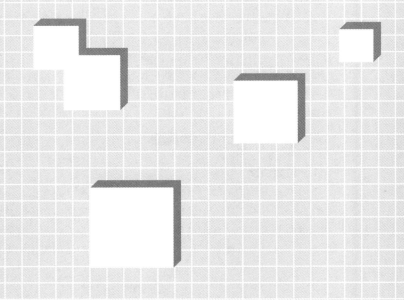

1 経営者保証ガイドラインの活用

Question 133

「経営者保証に関するガイドライン」の趣旨について教えてください。

解 説

1 策定・公表の経緯

　中小企業（法人）に対する融資の際には、信用補完と円滑な融資実行のため、経営者に対して個人保証が求められることが少なくありません。
　しかし、事業経営において法人形態をとる意味は、本来的には、個人資産との倒産隔離を図り、有限責任の範囲で積極的な事業活動を行うことにあるはずです。この点、経営者保証によって個人の全財産について責任を負うこととなれば、企業経営の保守的、萎縮的な傾向を強め、合理的なリスクをとった意欲的な経営を阻害することとなりかねません。また、現実に企業が破綻状態に陥った場合、経営者が金融機関から保証債務の履行を迫られることをおそれ、金融機関に対し早期に整理を申し入れることができず、適切な事業再生の機会を逸してしまうこともあり得ます。
　そこで、金融機関および中小企業者に対して、経営者保証に関する望ましい取扱いを明示し、もって、金融機関にとっての経済合理性にも配慮しつつ、事業者の闊達な事業活動を促し、また再生の機会の適切化を図るという目的のもと、平成25年11月に「経営者保証に関するガイドライン」が策定・公表されました。

2 ガイドラインの概要

(1) 位置づけ

　このガイドラインは、望ましい保証契約のあり方を広く示すために公表されているものであり、違反したからといって何らかの制裁が科されるわけではありません。もっとも、金融庁が策定している「金融仲介機能のベンチマーク」の一要素として、ガイドラインの活用実績が上げられている

(2) 金融機関に求められる対応

ガイドラインにおいて、金融機関の望ましい対応として記載されている内容は、①いわゆる「平時」における対応に関する部分と、②中小企業の廃業・再生局面における対応に関する部分に、大きく分けられます。

① 平時における対応

中小企業から金融機関に対して新規融資または借換えの申込があった際は、以下のような対応をとることが求められます。

a）法人と経営者個人の資産の分離、弁済に十分な資産・収益力、適時適切な財務情報の提供、十分な物的担保の提供等の要素が、将来にわたって満たされると見込まれる場合、経営者保証を付さずに融資を実行することを検討すること（ガイドライン5.柱書.4(2)）

b）融資に際して、保証契約の必要性等について丁寧かつ具体的に説明すること（同5.(1)）

c）経営者保証の提供を求める場合、その金額が適正な範囲を超えないように留意すること（同5.(2)）

また、経営者から保証を外すよう申入があったタイミング（同6.(1)②）、または事業承継のタイミング（同.(2)②イ前段）において、上記a）と同様の観点から、引き続き経営者保証の提供を求めるかどうか、検討を行うべきこととされています。

② 廃業・再生局面における対応

融資先たる企業が経済的破綻状態に陥った場合であっても、個人保証付融資について、公正な整理手続を利用した整理を行うとき、金融機関の経済的合理性の範囲内において、経営者に対する保証債務の履行等について一定の配慮をすべきことが記載されています（同7.）（詳細はQ135）。

3 まとめ

このように、経営者保証に関するガイドラインは、通常の融資、または廃業・再生局面において、経営者保証に関連して、経営者が過度な不利益を被ることを避け、金融機関による健全な融資と、中小企業の健全な事業活動を両立させるため、金融機関および中小企業・経営者が参照すべきルールを公に示すことを目的として、策定・公表されているものです。

（鈴木龍司）

Question 134

債務者に事業承継が生じた場合、金融機関は保証契約の承継についてどのように対応すればよいですか。

解説

1 事業承継と経営者保証ガイドライン

金融機関が中小企業経営者から個人保証の提供を受けている場合、当該中小企業において、事業承継、すなわち経営者の交代が生じたときは、金融機関および中小企業・後継者の側において、それぞれ以下のとおり経営者保証ガイドラインの内容に沿った対応が必要となります。

2 金融機関の側で講じるべき対応

(1) **後継者による新たな個人保証の提供について**

従前、先代経営者による個人保証がなされていたからといって、直ちに後継者に対して個人保証の提供を求めることは適切ではありません。中小企業から適切な財務情報の開示がなされていることが前提とはなりますが、以下に掲げるような条件を将来にわたって満たすことが見込まれる場合には、後継者に個人保証を求めるかどうか、改めて検討すべきこととされています。

  a) 法人たる中小企業の財産と経営者個人の財産が明確に区分されており、役員報酬や貸付け等を通じて、社会通念上適正な範囲を超えた資金のやり取りがないこと
  b) 財務および収益状況に照らして、借入額について返済の見込があること
  c) 財務や経営に関する情報を正確に把握し、金融機関に対して適切に開示していること
  d) 十分な物的担保の提供があること

(2) **先代経営者の個人保証の解除について**

事業承継の機会に、先代経営者から保証契約の解除を求められた場合には、金融機関は、企業の収益力や他の物的担保による回収の見込、先代経

営者が引き続き有することとなる経営への関与・影響力等に照らして、保証契約の解除について検討すべきこととされています。

なお、実務上の取扱いとして、事業承継が行われた後、先代経営者および後継者のいずれからも個人保証の提供を求めることがままあると聞くことがあります。しかし、これについては、先代の個人資産を引当とする目的であれば、重ねて後継者から個人保証を求める必要はなく、逆に、経営に対する責任を明確化するために後継者に対して個人保証を求めるのであれば、先代経営者がすでに経営から引退している場合、引き続き先代経営者からも個人保証の提供を求めるべきではないとも考えられます（もちろん、具体的な事案においてはよりきめ細かい考慮が必要となることも十分にありうるとは思われる）。

本来的には、少なくとも先代経営者または後継者のいずれか一方が個人保証を提供すれば足り、さらに、財務状況がよければ当該者からも個人保証の提供を求めないとの対応が望ましいように思われます。

3　中小企業および後継者の側で講じるべき対応

中小企業および後継者の側としては、金融機関からの情報開示の要請に対し、適時適切に対応すべきこととされています。特に、事業承継によって経営方針や事業計画等に変更が生じる場合には、金融機関は、その点について、誠実な説明を求めることができます。

また、中小企業が、後継者による個人保証の提供なく融資を受けようとする場合、2(1)記載の条件のうち、a）～c）を満たす必要があるとされています。一方で、これらの条件に係るガイドライン上の記載は、抽象度が高く、これらを充足していることを客観的に確認することは、必ずしも容易とはいえません。そこで、従前、信用保証協会が、ガイドラインに照らして保証が不要とされる者を対象として実施していた、「経営者保証ガイドライン対応保証制度」の具体的な要件[注1]を参照し、当該要件を満たすことを確認していくという対応もありうるところです[注2]。

(注1) たとえば、「無担保無保証人要件」として、①自己資本比率が20％以上であること、②使用総資本事業利益率が10％以上であること、③インタレスト・カバレッジ・レーシオが2.0倍以上であること、の3つの条件が設定されていました。
(注2) 平成30年3月をもって「経営者保証ガイドライン対応保証制度」は廃止されていますが、従前の要件は、民間金融機関との関係では、依然として一定の基準としての意味を持ち得ます。

4　金融機関に期待される役割

　以上のような位置づけを前提とすると、金融機関においては、財務情報の透明性や一定の事業収益があること等の条件を満たす企業に対して、経営者保証の要否等につき適切に検討・判断することを通じて、必要性の乏しい経営者保証が、スムーズな事業承継を阻害しないようにすることが期待されます。また、それらの条件を満たさない企業に対しても、事業承継の機会に、保証を外すための条件を提示することによって、財務ガバナンスの向上等に向けた取組みの方向性を示すことも、重要な役割であると考えられます。

（鈴木龍司）

Question 135

債務者が事業再生や廃業による清算を行う場合、金融機関は保証債務の整理についてどのように対応すればよいですか。

解 説

1 経済的破綻と経営者保証ガイドライン

経営者保証ガイドラインにおいては、通常の事業活動に伴う融資の個人保証に係る対応に加え、主債務者たる中小企業が廃業や事業再生を行う場合の保証債務の整理についても、分量を割いて記述されています。借入を行った中小企業が廃業・再生を行う場合、以下の条件を満たすときは、基本的に、ガイドラインの記載に従った対応が求められることとなります。

- 主債務者たる中小企業が、法的整理手続またはそれに準じる私的整理（特定調停や事業再生ＡＤＲ、または中小企業再生支援協議会等の公正中立な第三者が関与するもの）による債務整理を行おうとしているか、またはすでに完了していること
- ガイドラインの記載に従った対応をすることについて、金融機関の側にも経済的な合理性があること

2 主債務が不履行となった場合の保証契約に関する対応

廃業・再生局面におけるガイドラインの規律の適用対象は、上記のとおり、法的整理手続または公正中立な第三者が関与する私的整理手続等の適用があるものに限られているため、基本的には、当該手続に沿って対応することとなります。

(1) 債務者の手もとに残すべき財産

債務者の手元に残すべき財産については、保証債務の履行状況、主債務の不履行に対する経営者の帰責性、債務整理への早期着手によって事業再生にプラスの影響が生じるか否か等を考慮して、経営者に対して保証債務の履行を請求する額に関する判断をなすべきこととされています。また、特に、早期に債務整理に着手したことによって、金融機関による債権回収にもプラスの影響が生じた場合には、一定期間の生計費に相当する額や、

華美でない自宅等については、それを処分して保証契約を履行するよう迫るのではなく、経営者の個人資産として残すことも検討すべきとされています。

なお、以上の取扱いについては、ガイドライン上、保証人において、自己の資力がないことを誠実に示したうえ、当該内容の正確性について表明保証を行い、かつ、支援専門家によって当該表明保証の適正性についての確認が行われていることが前提とされています。

(2) 弁済を行った後残存する借入残高に係る保証の帰趨

整理時に弁済を行った後残存する借入残高に係る保証の帰趨については、以下のとおりです。すなわち、ガイドラインの適用がある廃業・再生案件において、保証人たる経営者が金融機関に対し、保証債務の減免、期限の猶予その他の権利変更を求める内容の弁済計画案を作成した場合、金融機関は、保証人が以下の条件を満たす限り、保証人の財産（上記(1)記載の検討・判断に基づき個人資産として残存させるべきとされた財産を除く）を原資として担保権者等への優先弁済および一般債権者への比例案分弁済を行った後、なお残る保証債務の残額についての免除要請には、誠実に対応すべきとされています。

- 保証人が、自らの資力に関する情報・資料を誠実に開示し、その正確性について表明保証を行っていること（支援専門家による確認も必要）
- 上記表明保証への違反が判明した場合には、免除額および利息相当額を支払うべき旨の書面上の合意が、保証人と金融機関との間に成立していること
- 法的整理手続または私的整理手続において定められた弁済計画が、金融機関にとっても経済合理性のあるものであること

以上のような対応は、主債務全額について回収できない状態を前提とする中で、一見、金融機関にとって経済合理性を有し得ない取扱いのように思われるかもしれません。しかし、経営者の個人資産からなしうる限りの回収を行って短期的な利益を得るよりもむしろ、一定範囲の個人資産は引当とはしないことをルールとして遵守することで、多くの融資先に対して早期の再生・廃業を促進することができ、全体として見た場合、廃業・事業再生時の弁済原資の相対的な増加につながるものと考えられます。

（鈴木龍司）

2　遺言の活用

Question 136

事業承継に遺言を活用する場合はどのような場合ですか。遺言にはどのような種類があるのですか。

解　説

1　遺言を活用した事業承継

　生前に後継者に対して株式等を贈与・売却する生前実現型の事業承継のほうがより円滑に安定した事業承継を実現できますが、現経営者が生前の事業承継を望まない場合、遺言により株式や会社の敷地・建物等の事業用資産を後継者たる相続人に集中して相続させることによりこれを実現することが可能です。なお、遺言により株式や事業用資産を後継者に集中させる場合、他の相続人の遺留分に配慮する必要があります。また、事業承継の際には多額の相続税が発生した場合でも、株式や事業用資産を売却して納税資金に充てることはできませんので、事前に納税資金を確保しておく必要がある点にも注意を要します。

2　遺言の種類と要件

　民法上の遺言（普通方式）には、「自筆証書遺言」（民法 968 条）、「公正証書遺言」（同法 969 条）、「秘密証書遺言」（同法 970 条）の 3 種類がありますが、各遺言書の作成方法は次のとおりです。なお、複数の遺言書が存在する場合、最も新しい遺言書の効力が優先することになります。

(1)　**自筆証書遺言**

　遺言者が、遺言の全文・日付を自筆し、署名・押印する方法で作成します。法律上、作成方式が自筆に限定されているため、パソコン等での作成は認められません。しかし、現在、財産目録については一定の要件のもとパソコン等での作成を認める民法の改正を行う法案が国会に提出されています。

(2) **公正証書遺言**

遺言者が、2名以上の証人立会いのもとで、遺言内容を公証人に口述して、公証人がこれを書面化し、その内容を読み聞かせて間違いがないことを確認した後、遺言者、証人、公証人が署名・押印する方法で作成します。

(3) **秘密証書遺言**

遺言者が、遺言証書を作成し、署名・押印したうえでこれを封筒に入れて封印し、封印した遺言書を公証人と2名以上の証人に提出、自分の遺言書であること等を申述する方法で作成します。封書には、公証人により日付および遺言の申述（遺言者の遺言であること等）が記載され、遺言者、証人、公証人が署名・押印を行います。

3 各遺言の特徴

各遺言書の特徴は次のとおりです。

	メリット	デメリット
自筆証書遺言	・単独で作成できる。 ・公証人の関与が不要のため、費用がかからない。	・内容不明・形式不備等により、遺言が無効とされる可能性がある。 ・紛失、偽造・隠匿のおそれがある。 ・家庭裁判所での検認手続が必要。
公正証書遺言	・内容不明・形式不備等により無効となる可能性がない。 ・紛失や偽造・隠匿のおそれがない。 ・家庭裁判所での検認手続が不要。	・遺言書作成に費用がかかる。 ・2名の証人を手配する必要がある。
秘密証書遺言	・遺言書の内容を秘密にすることができる。 ・偽造されるおそれがない。	・内容不明・形式不備等により、遺言が無効とされる可能性がある。 ・遺言書作成に費用がかかる。 ・2名の証人を手配する必要がある。 ・家庭裁判所での検認手続が必要。

相続人間のトラブルを予防し、確実に株式や事業用資産を後継者に承継させることが可能な「公正証書遺言」を利用するのがよいでしょう。

また、現在、前述の自筆証書遺言の要件緩和、自筆証書遺言の公的機関での保管制度の創設等の民法の改正を行う法案が国会に提出され、審議がなされていますので、その動向に注目する必要があります。

(野崎智己)

Question 137

遺言を活用した事業承継を行う場合の注意点について教えてください。

解　説

1　遺言能力

　遺言が有効であるためには、遺言者に、遺言作成時に遺言能力（一般的に、「遺言の内容および遺言に基づく法的結果を弁識、判断するに足りる能力」と解されている）があることが必要です。

　経営者が、遺言作成時に高齢であるような場合、この遺言能力を欠いていたとして、遺言の有効性が争われる可能性があります。

　公正証書遺言の場合、公証人が遺言者に遺言能力があるかを確認するため、遺言能力が争われる可能性は低くなりますが、公正証書遺言であっても遺言者が遺言能力を欠いているとして遺言を無効と判断した裁判例もあります。このため、遺言者の遺言能力に問題がありそうな場合には、医師の診断書を得ておく等の対策をとることも検討する必要があります。

2　遺言の形式

　遺言は、要式行為（民法960条）とされ、法律上の方式に反する遺言については無効となってしまうため注意が必要です（遺言の種類や要件についてはQ136参照）。

3　遺言の撤回・変更

　遺言者の最終意思を尊重するため、法律上、遺言者はいつでも自由に遺言を撤回・変更することが可能とされています（民法1022条・1023条1項）。

　一方で、遺言の撤回・変更が自由であるということは、先代経営者が死亡して株式を承継するまでは、後継者の地位が不安定であることも意味するため、このことが、後継者の経営意欲に影響することがあり得ます。また、遺言の作成、撤回が繰り返されると、どの遺言が有効なのかというト

ラブルが発生するおそれもありますので、注意が必要です。

4 遺言内容の実現

(1) 遺言の効力は、遺言者の死亡時に生じるため（民法985条）、それまでは、遺言に記載された財産の権利移転は生じないことになります。

このため、遺言において、自社株式を後継者に承継する旨記載していたとしても、先代経営者が死亡するまでは、当該株式の承継の効力は生じず、引き続き先代経営者が経営権を有することになりますが、その間に先代経営者の判断能力が低下してしまい、適切な経営ができなくなってしまうおそれがあります。

(2) 遺言による財産の権利移転については、登記等の対抗要件の取得や名義変更が必要となる場合があります（例：不動産の遺贈、預貯金の名義変更）。また、遺言執行者がいる場合には、相続人が遺言の執行を妨げるような相続財産の処分をしたとしても当該処分行為は無効であると解されています（最判昭和62・4・23民集41巻3号474頁）。したがって、遺言内容の実現を円滑に進め、迅速に事業承継を行うために、遺言書において遺言執行者を指定しておくことも検討したほうがよいでしょう。

5 遺贈と相続させる旨の遺言

遺言によって自社株式や事業用資産等の財産を後継者に承継させる場合、遺言書に当該財産を「遺贈する」と記載する方法と、「相続させる」と記載する方法があります。

後者は、いわゆる「相続させる」旨の遺言と呼ばれるもので、遺産を特

	遺　　贈	「相続させる」旨の遺言
相続登記	共同申請	単独申請が可能
第三者に対する対抗力	対抗要件（登記等）が必要	対抗要件は不要
賃借権の承継	賃貸人の承諾が必要	賃貸人の承諾は不要
農地の承継	農地法の許可が必要（※）	農地法の許可は不要
譲渡制限株式の承継	譲渡承認手続が必要	譲渡承認手続は不要
相続人に対する株式売渡請求	対象とならない	対象となる
負担付とすることの可否	○	△

※包括遺贈または相続人に対する特定遺贈の場合は、遺贈の場合であっても許可は不要（農地法3条1項16号、同法施行規則15条5号）

定の相続人に「相続させる」旨の遺言の法的性質は、原則として、遺産分割方法の指定（民法908条前段）であり、特段の事情のない限り、当該遺産は、被相続人の死亡時に直ちに相続により承継されるものとされています（最判平成3・4・19民集45巻4号477頁）。

このため、遺贈と「相続させる」旨の遺言では、主に前頁の表に記載した相違があり、遺言書の作成にあたっては、どちらの記載方法とするかについて十分に検討する必要があります。

6　遺留分

(1)　遺留分の問題

遺言による財産の処分は、完全に自由というわけではなく、民法は、相続人の生活保障や相続人間の公平な財産相続を図るため、一定範囲の相続人に、被相続人の財産の一定割合について相続権を保障しています（民法1028条）。この制度を、遺留分制度といいます。

中小企業の経営者の個人資産の多くは、自社株式や事業用資産であることが多いことから、後継者に自社株式や事業用資産を承継させる内容の遺言書を作成した場合、他の相続人から、自己の遺留分を侵害しているとして、後継者に対して遺留分に相当する財産の取戻しが請求され（遺留分減殺請求。同法1031条）、事業承継の実現を妨げられる危険性があります。

(2)　遺留分の概要

①　遺留分が認められる者

遺留分は、被相続人の法定相続人のうち兄弟姉妹を除いた者（配偶者、子や孫等の直系卑属、親や祖父母等の直系尊属）に認められています。

②　遺留分の割合

相続人全体の遺留分の割合は、原則として被相続人の財産の2分の1になります（ただし、相続人が直系尊属のみの場合は3分の1）。そして、個々の遺留分権利者の遺留分は、相続人全体の遺留分の割合に、個々の遺留分権者の法定相続分をかけたものになります。たとえば、被相続人の相続人として、配偶者、子A、子Bがいる場合、それぞれの遺留分は、配偶者：4分の1、子A：8分の1、子B：8分の1になります。

③　遺留分算定の基礎となる財産

遺留分算定の基礎となる財産は、次のように算出されます（同法1029条1項）。

遺留分算定の基礎となる財産＝相続開始時の財産＋贈与＋特別受益－債務

イ　贈　与

原則として、相続開始前の1年間に贈与されたもの（同法1030条前段）をいいます。ただし、当事者双方が遺留分権利者に損害を加えることを知ってなされた贈与については、相続開始の1年以上前の贈与でも遺留分算定の基礎となる財産に算入されます（同条後段）。

ロ　特別受益

被相続人から、「婚姻若しくは養子縁組のため若しくは生計の資本として」受けた贈与（特別受益。同法903条）については、当該贈与が相続開始の1年より前になされたものであっても、遺留分算定の基礎となる財産に算入されます。

このため、先代経営者が相続人である後継者に事業用資産を生前に贈与する場合、当該贈与については、「生計の資本として」の贈与として、相続開始の1年より前になされたものであっても、遺留分算定の基礎となる財産に算入されうることに注意する必要があります。

(3) 遺留分の問題への対策

① 遺留分に配慮した財産の承継

当然のことですが、遺留分に注意しながら、生前贈与、遺言等により、自社株式や事業用資産の承継を行うことが重要です。

② 遺留分の放棄

遺留分権利者に遺留分を放棄してもらうということも考えられます。ただし、相続開始前の遺留分の放棄には、家庭裁判所の許可が必要となります（同法1043条）。

③ 重要な財産の早期の贈与

複数の贈与がある場合、新しく贈与された財産から順に遺留分減殺請求の対象となるため、遺留分減殺請求の対象となっては困る財産については、早期に贈与をするということが考えられます。

④ 遺言による減殺の順序の指定

遺言において複数の遺贈を行う場合は、遺言書において重要な財産については減殺の順位を後順位に指定する（同法1034条）ということが考えられます。

第12章　その他の活用

⑤　価額弁償による処理

遺留分減殺請求を受けた場合、原則は「現物返還」ですが、現物に代えて金銭で弁償をすることができます（同法1041条）。したがって、遺留分減殺請求が予想される場合、価額弁償のための準備をしておくことが考えられます。

⑥　経営承継円滑化法の遺留分に関する民法の特例

経営承継円滑化法の遺留分に関する民法の特例を利用し、推定相続人間において、「除外合意」や「固定合意」をすることが考えられます。詳細については、Q94以下を参照してください。

⑦　遺留分制度の見直しの動き

現行法上、遺留分減殺請求により当然に物権的効果が生ずる（減殺請求によって当然に遺留分権利者に所有権等の権利が帰属する）こととされています。このため、たとえば、被相続人が特定の相続人に事業を承継させるため、株式や店舗等の事業用財産を当該相続人に遺贈したとしても、減殺請求により株式や事業用財産が他の相続人との共有となる結果、これらの財産の処分が困難になったり、あるいは、共有関係の解消をめぐって新たな紛争を生じたりする等、減殺請求により円滑な事業承継が困難となるおそれがあります。

そこで、遺留分減殺請求について、減殺請求により当然に物権的効果が生じるのではなく、遺留分権利者が原則として遺留分侵害額に相当する金銭の支払を請求することができることとするという内容に民法を改正する法案が現在国会に提出されています。

この他、当該民法改正法案においては、遺留分算定の基礎となる財産の範囲の見直し（相続人に対する生前贈与については、相続開始前の10年間にされたものに限り、遺留分算定の基礎となる財産に含める等の内容も盛り込まれており、国会での審議の動向に注目する必要があります。

（藤浪郁也）

Question 138

遺言書の作成や遺言の執行について個人の弁護士に直接依頼する以外にどのような方法がありますか。

解説

1 信託銀行等が行う遺言信託業務

(1) 遺言信託業務とは

信託銀行等の金融機関（以下「信託銀行等」という）は、法律上、財産に関する遺言の執行の業務を行うことが認められています（金融機関の信託業務の兼営等に関する法律1条1項4号）。そして、信託銀行等は、遺言執行業務の前提として、遺言書作成援助、遺言書の保管等のサービスをあわせて提供しています。信託銀行等は、これらのサービスを総称して、「遺言信託」と呼んでいる場合がありますが、これは、信託法上の「遺言による信託」とは異なるものです（以下「遺言信託業務」という）。

(2) 遺言信託業務の一般的な内容

まず、遺言書の作成に関し、遺言の対象となる財産、相続人、受遺者等を確認したうえ、遺言の内容につき事前相談を行います（必要に応じ、弁護士や税理士と協力して対応をしてくれる信託銀行等もある）。そして、事前相談に基づき公証役場において公正証書遺言を作成した後、その正本を相続開始までの間信託銀行等が保管します。遺言の保管期間中、遺言の内容、相続財産、相続人、受遺者の変動やそれに伴う遺言書の変更の有無について定期的な照会を行っている信託銀行等もあります。

相続が開始した場合、信託銀行等が遺言執行者に就任し、遺産の管理や整理、名義変更、引渡し等、遺言の執行を行います（相続開始時に保管していた公正証書遺言の正本を返却して業務を終了する内容のサービスもある）。

遺言信託業務の内容や手数料については、信託銀行等によって異なるため、事前によく確認する必要があります。

(3) メリット・デメリット

信託銀行等が遺言に関する一連の手続を支援してくれる点、遺言の執行等を依頼していた者が遺言者よりも先に死亡してしまうというおそれがな

い点等で遺言信託業務を利用するメリットがあります。

　一方で、遺言信託業務においては、それまで相談していた信託銀行等の担当者が転勤等により交代してしまうという可能性があります。

　また、信託銀行等が取り扱うことができるのは、財産に関する遺言の執行であり、身分に関する事項（認知、推定相続人の廃除およびその取消し、未成年後見人および未成年後見監督人の指定）については執行をすることができません。さらに、信託銀行等は、遺言の有効性が争われる可能性のある事案等、紛争案件については取り扱わないことがあります。

2　遺言・相続リーガルネットワークによる弁護士の紹介

(1) 概　要

　ＮＰＯ法人である「遺言・相続リーガルネットワーク」（http://yuigonsozoku.org/）では、連携する各地の弁護士会を通じて、遺言・相続業務を取り扱う弁護士の無償紹介や遺言書の保管業務等を行っています。紹介を受けた弁護士には、遺言・相続に関する相談のほか、遺言の作成、遺言の執行等を依頼することができます。

(2) メリット

　身近に遺言・相続に関して相談できる弁護士がいない人でも、このＮＰＯ法人を通じて、遺言・相続について必要な研修を受けた弁護士の紹介を受けることができます。また、個人の弁護士に遺言の執行等を依頼していた場合、その弁護士が依頼者よりも先に死亡してしまうというおそれがありますが、このＮＰＯ法人から紹介を受けた弁護士を通して遺言書を作成した場合、遺言執行者として指定された弁護士が死亡してしまったとしても、後任の遺言執行者の紹介を受けることができます。

(3) 費　用（詳細は http://yuigonsozoku.org/act/system.html#fee）

・弁護士の紹介料……無料
・弁護士との相談料…30分当たり5,000円（税別）
・遺言作成手数料……10万円（税別）。
・遺言執行手数料……相続財産の評価額についてＮＰＯ法人の定める基準により算定
・遺言書保管…………年間1万円（税別）

（藤浪郁也）

3 生命保険の活用

Question 139

事業承継に活用される生命保険契約にはどのようなメリットがありますか。

解説

死亡時に死亡保険金受取人に現金を残す手段である生命保険契約には、預金やその他の金融資産と異なる、いくつかの特徴があります。

1 受取人固有の財産

まず最も大きな特徴は、生命保険契約における死亡保険金は相続財産ではなく「受取人固有の財産」であるということです。被保険者である被相続人の死亡に伴い、受取人単独の請求ですぐ（早ければ死亡当日から1週間程度）に保険金が支払われます。また遺産分割協議や遺留分減殺請求の対象とならず、原則、特別受益にもなりません。

これらの、生前に指定された受取人固有の保険金請求権として、被相続人の相続財産から除外できる効果を持つ生命保険契約は、目的に応じて、個人で契約するか法人で契約するか、受取人を相続人にするかそれ以外の親族にするか、それとも法人にするか等、その組み合わせの自由度により、相続・事業承継におけるさまざまな問題の解決手段として活用することができます。

2 即時的な財産創出機能

2つめの特徴は「死亡保険金」という生命保険契約が持つ即時的な財産創出機能です。たとえば、自社株式や不動産が経営者の相続財産の大半を占める場合に、親族内後継者が多額の相続税の納税や遺留分対策に必要な資金を、不足に気づいてから預貯金を積み上げていくには「時間」が必要となります。一方で、いつ起こるかわからない相続において、生命保険契約はそうした「時間」を必要とせず、相続が起こったその瞬間に事業承継に必要な現金を死亡保険金によって準備することができます。

こうした死亡保険金は、納税・遺留分対策だけではなく、後継者への株式集中のために自社株式買取りを行う際の法人にとっての重要な財源となり、あるいは債務返済や運転資金の充実により経験不足の後継者を財務面で支えていく手段になる等して、事業承継に活用されます。

3　課税関係

また、課税関係においては、死亡保険金にかかる課税が契約形態によって異なる税目となることや、「みなし相続財産」として相続税の課税対象財産とされる契約形態の場合には、非課税枠があるため一定の範囲の保険金には相続税がかからないというメリットがあることも特徴です。

さらに、加入する生命保険の商品特性だけでなく、同一の保険種類であっても保険期間や加入時の年齢・性別によって、掛け金（保険料）や資産性部分（解約返戻金）の有無とその金額が変わることも理解しておくべき特徴です。

4　事業承継における生命保険の活用

こうした生命保険契約が持つ複数の特徴を上手に活用しながら、一般的には、事業承継において解決すべき課題1つに対して1つの生命保険契約をするのではなく、1つの生命保険契約で想定しうるいくつかの問題を解決できるようにプラン設計がなされます。さらにその他の契約形態や生命保険以外の方法を組み合わせていくことで、多面的に事業承継における問題を解決する有効な手段となります。

（柴田浩太郎）

Question 140

法人契約の生命保険を活用した事業承継対策の代表例を教えてください。

解説

契約者および受取人が法人、被保険者を経営者とする契約形態により、以下の1～6を目的とする事業承継対策に活用されます。

契約者	被保険者	死亡保険金受取人
法　人	経営者（＝株主）	法　人

※　死亡保険金は法人税課税

1　自社株式買取資金

一般的に高額となるオーナー企業経営者の自社株式相続の納税資金を確保するには、後継者が相続した自社株式を会社が買い取り、その譲渡対価を相続税の納税と遺留分減殺請求への資金に充当するという事業承継対策が有効です。また、株主が生存中に自社株式を買い取る場合はみなし配当所得課税となりますが、相続時に相続人である株主から自社株式を買い取る場合は譲渡所得課税が適用されるため、相続時の自社株式買取りは税負担を軽減する可能性があります。

しかし、自社株式の買取りには配当と同様の「財源規制」があり、剰余金分配可能額の範囲を超えて行うことはできません。この問題をクリアするために、契約者・受取人を法人、被保険者を経営者（株主）とした法人での生命保険契約を活用します。これにより、経営者（株主）の死亡時には死亡保険金（税引後）が剰余金分配可能額を増加させ、実際の買取りに必要となる現金も準備されることになります。

2　事業融資における連帯保証債務の返済資金

事業融資の連帯保証人となっているオーナー企業経営者が被相続人となった場合、連帯保証債務は法定相続分割合で相続されることとなります。そのため、事業に直接関係のない相続人までも、法定相続分に応じて連帯保証債務を相続することとなります。法人契約の死亡保険金はこうし

た連帯保証債務を解消するための資金としても活用されます。

3　死亡退職金・弔慰金原資

　経営者が死亡した際に、会社は役員退職金規定に基づいて死亡退職金や弔慰金を経営者の遺族に支払うことができます。相続人が受け取った死亡退職金は「みなし相続財産」（相続税法3条1項2号）として相続税の課税対象となりますが、以下の金額までは、「非課税財産」として相続税は課税されません（同法12条1項6号）。法人契約の死亡保険金はこの死亡退職金原資の準備手段としても活用されます。

※死亡退職金の相続税の非課税枠： 500万円×法定相続人の数＝非課税限度額

4　勇退時の退職金原資の確保

　経営者が退職時に受け取る退職金は、親族に対する現金の贈与等、生前の相続・事業承継対策で活用ができる重要な個人所有の換金性資産となります。経営者の勇退とともに保障の必要性が低下した際に資産性の高い生命保険契約を解約することにより、解約返戻金を勇退時の退職金原資として活用することができます。

5　自社株式評価の減少

　生命保険契約の掛け金（保険料）は保険種類と契約形態により、一定部分の損金算入が認められています。また、一般的に加入から一定期間は払込保険料累計額より解約返戻金が低い期間が続くため、現金で保有する場合に比べて、類似業種比準価額方式や純資産価額方式等の相続税評価額を下げる効果があります。

6　変換および名義変更により個人契約に変更

　生命保険契約は、一定の条件のもと、保険種類を無診査・無告知で他の保険種類に変換することができます。また契約者変更手続により、契約者を法人から個人に変更することもできます。この特徴を活かし、法人での生命保険契約（定期保険）を終身保険に変換し、退職金の一部として生命保険契約（終身保険）を個人保有の契約に移転することができます。

(柴田浩太郎)

Question 141

個人契約の生命保険を活用した事業承継対策の代表例を教えてください。

解説

契約者を経営者または後継者、受取人を後継者または後継者以外の相続人とする契約形態の組み合わせにより、以下が事業承継に使われる代表例となります。

1 親族内後継者の納税資金（相続税）と遺留分減殺請求に対する資金確保

契約者	被保険者	死亡保険金受取人
経営者（＝株主） （被相続人）	経営者（＝株主） （被相続人）	親族内後継者 （相続人）

※死亡保険金受取人の課税：相続税

後継者となる相続人は相続した自社株式に応じた相続税の納税資金を確保しなければなりません。また、後継者に自社株式を集中して相続させることにより、後継者以外の相続人の遺留分を侵害する可能性が高まるため、遺留分減殺請求を受けた場合の支払原資も確保する必要があります。

契約者と被保険者を被相続人、死亡保険金受取人を相続人とした場合、死亡保険金は「みなし相続財産」として相続税の課税対象となりますが（相続税法3条1項1号）、一定の金額までは「非課税財産」として相続税は課税されません。（同法2条1項5号）さらに、経営者の個人保有の現金資産を払込保険料に充てることにより、相続時の課税対象財産を減少させる効果もあります。

※死亡保険金の非課税枠： 500万円×法定相続人の数＝非課税限度額

2 一時所得課税の活用

契約者	被保険者	死亡保険金受取人
後継者（相続人）	経営者（被相続人）	後継者（相続人）

※死亡保険金受取人の課税：所得税

前述の契約者・被保険者を経営者（被相続人）とした契約形態では、非

課税枠を超えた死亡保険金は、すべて相続税の課税対象財産とされます。一方、契約者を後継者（相続人）、被保険者を経営者（被相続人）、死亡保険金を後継者（相続人）とすると、死亡保険金は一時所得として課税されることになるため、非課税限度額を超える死亡保険金額についてはこの一時所得課税形態の契約を活用することで相続人の税負担を軽減できる可能性があります。

なお、一般的に若い後継者は、生命保険契約の掛金（保険料）負担ができるだけの十分な個人資産が形成されていないことが多いため、後継者への低税率での現金の生前贈与、後継者の役員報酬の増額、後継者保有株式への配当等の手段をあわせて講じる必要があります。

3　遺留分放棄の代償財産および遺留分の民法特例の合意形成

契約者	被保険者	死亡保険金受取人
経営者（被相続人）	経営者（被相続人）	後継者以外の相続人

※死亡保険金受取人の課税：相続税

相続の開始前に推定相続人が遺留分の放棄に関する家庭裁判所の許可を得る場合、家庭裁判所は代償性の有無を許可の基準として設けており、遺留分に代わる「何らかの代償財産」を手当する必要があります。この遺留分放棄に関わる代償財産として、後継者以外の相続人を受取人とした生命保険契約を活用します。

また、経営者から親族内後継者へ生前贈与した自社株式について遺留分の民法特例である「除外合意」や「固定合意」を活用する場合、これらの民法特例の適用にはいずれも相続人全員の合意が必要となります。この合意形成の手段として、後継者以外の相続人が死亡保険金受取人に指定された生命保険契約を活用することができます。

（柴田浩太郎）

4 信託の活用

Question 142

信託とはどのようなものですか。民事信託（家族信託）と商事信託とはそれぞれどのようなものですか。

解　説

1 信　託

　信託とは、財産を所有しその管理を委ねたい人（委託者）とそれを引き受ける人（受託者）との間の契約等により、契約等で定めた目的に従い受託者が財産の管理または処分およびその他のその目的の達成のために必要な行為をすべきものとすることとされています（信託法2条1項参照）。

　たとえば、高齢者Aが所有する賃貸アパートの管理をBに任せるにあたり、AとBとで契約をし、アパートの所有権ごとBに移転し、以後、Bがアパートの所有者となって賃貸管理や物件管理をします。この場合、収益をB（受託者）が自分のものにすることはできず、受益者へ渡さなければなりません。受益者は、信託契約でAやその配偶者Cと定めることができます。通常、物の所有者は、その物の管理をしつつ、そこから利益を得ますが、信託の場合は、所有者となって物を管理すべき受託者と、利益を受けるべき受益者とを分けることができるという特徴があります。

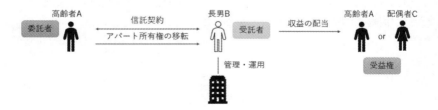

2 商事信託

　商事信託や民事信託は、法律上の用語ではありませんが、信託業法の適

用の有無により区別する用語法があります。信託業に該当するものを商事信託（営業信託）、該当しないものを民事信託（非営業信託）と呼びます。信託業とは、「信託の引受け（中略）を行う営業」（信託業法2条1項）とされ、営利の目的で反復継続して受託者になることがこれに当たるとされています（小出卓哉『逐条解説　信託業法』17頁参照）。一般的には、信託銀行や信託会社が受託者となる信託です。

信託業を営むためには、信託業法に基づく免許や登録（同法3条・7条1項）か、金融機関の信託業務の兼営等に関する法律1条に基づく認可を要します。

信託会社には、運用型信託会社（免許制）と管理型信託会社（登録制）の2種類があります。後者は、管理型信託と呼ばれる類型の信託の引受けのみが許されています。管理型信託とは、次のいずれかに当たるものをいいます（同法2条3項参照）。

・委託者または委託者から指図の権限の委託を受けた者のみの指図により信託財産の管理または処分が行われる信託（同項1号）
・信託財産につき保存行為または財産の性質を変えない範囲内の利用行為もしくは改良行為のみが行われる信託（同項2号）

3　民事信託（家族信託）

信託業法の適用を受けない信託を民事信託と呼びます。家族信託は、（異なる用語法もありますが）民事信託の一種で、委託者と受託者そして受益者がすべて家族であるものを指すことが多いようです。運用型信託会社の場合に純資産額1億円（信託業法5条2項2号、信託業法施行令3条）が要求され、現に存在する信託会社では引受けが困難な信託（たとえば、信託財産が高齢者の自宅等、小規模で収益を生まないもの）もある等の事情により、信託業法の適用を受けない信託の利用が活発になってきています。民事信託の受託者は、委託者の親族個人や、近親者を構成員とする一般社団法人とする場合が多いです。

金融機関にとっては、新規融資等の機会が拡がることが期待できる一方で、信託口口座と呼ばれる特別な預金口座の開設が必要になるといった課題もあります。

（金森健一）

Question 143

事業承継において信託が活用できるといわれているのはどうしてですか。

解説

1 事業承継の課題

　株式会社の事業承継の課題の1つが、自社株式への対応です。自社株式は、株主総会において議決権を行使するための権利であり経営権を表象するものであるのと同時に、オーナーの個人資産であり、同人が死亡した場合には相続財産になるという側面もあります。そのため、後継者、従業員、取引先および金融機関と、経営に関与しない相続人との間の利害対立の調整を図る必要があります。

　また、万が一、自社株式が後継者でない親族や第三者に渡れば会社経営の安定は望めません。オーナーの意向や計画に沿って自社株式が確実に移転される仕組みが求められます。

2 信託の親和性

　信託は、経営権と個人資産とを分離しつつ、株式移転の確実性を高めることができ、事業承継の課題解決に有用です。

(1) 経営権と個人資産の分離

　株式のままでは、経営権（議決権）と個人資産（剰余金配当請求権）とを分けることはできませんが、信託により、相続人に対して自社株式の経済的な利益（剰余金の配当）を保障しつつ、議決権行使等には相続人を関与させないといった仕組みをつくることが可能になります。

(2) 権利移転の確実性

　信託では、オーナー（委託者）と、管理を引き受ける後継者等（受託者）との間で信託契約を締結した時に、自社株式を受託者へ移転させることができます。遺言と異なり、書換や偽造・変造リスクもなく、検認等の手続の時間もかかりません。

3 他の方法との比較

(1) 贈与・売買

後継者に対する株式の贈与や売却は、オーナーの意思が明確なうちに自社株式を確定的に移転でき、後継者が完全な権利者となるという利点がありますが、オーナーは会社に対するコントロールを失います。また、贈与の場合は贈与税が課され、売買には買取資金が必要になります。

これに対して信託の場合、自社株式を受託者（後継者等）へ移転させるものの、信託契約の仕方によっては、後継者の資質が不十分であることが判明した場合等には信託契約を終了させて自社株式を取り戻すこともできます。また、信託の場合は贈与税は課されず、買取資金も不要です。

(2) 遺贈、相続させる旨の遺言

遺言による承継には、遺言書を見つけてもらえない、偽造・変造、変更・撤回される、執行手続のための時間がかかる、遺言が反故にされてしまう等のリスクがあります。

これに対して、信託は、オーナーの生前から自社株式を受託者（後継者等）へ移すことになるため、相続人の協力は不要です。信託契約の仕方によっては、信託の内容変更には受託者や後継者の同意も必要である旨を定めることができ、内容の無断変更を防止できます。

(3) 種類株式

拒否権付種類株式（会社法108条1項8号。いわゆる黄金株）を1株だけ発行して他の株式は後継者に譲渡する方法や、無議決権株式を発行して経営に関与しない相続人に相続させる方法は定款変更が必要なため株主総会での特別決議等の手続を要し、議決権比率によっては株主に取引先等が含まれている場合に導入が難しいことがあります。また、商業登記全部事項証明書に種類株式が発行された旨の記載がされるため、取引先その他の第三者に明らかになるという懸念もあります。

これに対して、信託は、オーナーと受託者との間の契約の締結により行うため、変更登記も必要ありません。もっとも、自社株式が譲渡制限株式であるときは、定款の定めに従った会社の承認がないと、会社は委託者（譲渡人）を株主として扱わなければなりませんので（最判昭和63・3・15金融・商事判例794号3頁参照）、信託契約の締結に加えて会社内の手続も必要になります。

（金森健一）

Question 144

自社株式について信託を活用した事業承継対策の具体例を教えてください。

解 説

1 概 要

中小企業庁「信託を活用した中小企業の事業承継円滑化に関する研究会」（平成20年9月）が公表した「中間整理」や、同「事業承継ガイドライン」（平成28年12月）に掲載されている「遺言代用信託」、「他益信託」、「後継ぎ遺贈型受益者連続信託」のほか、信託の特徴的な機能である"経営権と財産権の分離"を活用した、議決権行使を委任するための信託、受益者変更権を利用した信託等があります。

2 遺言代用信託

(1) **スキームの概要**

自社株式を対象にして信託会社等との間の契約で信託を設定し、自らを当初の受益者、その死亡後の受益者を後継者とします。

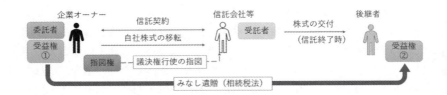

(2) **メリット**

① 遺言と同様に企業オーナー死亡時の自社株式の承継先を指定することができ、承継先の変更については後継者の同意を必要とする旨を定めることもでき、承継の確実性を高めることができます。

② 自社株式の権利は受託者へ移転し、以後受託者が株主となるため、企業オーナーが自社株式を第三者へ処分するリスクを回避することができ

ます。また、企業オーナーが認知症等により判断能力を低下させても、受託者または指図権者が経営判断を行い、株主の権利を行使することができます。

③　あらかじめ指定された後継者が企業オーナーの死亡と同時に受益者または指図権者になり、経営上の空白が生じません。

(3) 応用型

非後継者の遺留分に配慮するために、受益権は非後継者を含めた相続人に与えつつ、議決権行使の指図権は後継者のみに与えることで、議決権の分散を防ぐこともできます。ただし、配当がなされない企業において用いる場合には、遺留分の算定にあたりその点が考慮されることも考えられ、注意が必要です。遺留分を満たすだけの配当を行う等して受益権としての実質的な価値を確保することが考えられます。

3　他益信託

(1) スキームの概要

企業オーナーが生前に、信託会社等と信託契約で自社株式を対象にして信託を設定した時から後継者を受益者とします。当初は企業オーナーが受益者となり（自益信託）、その後、後継者へ受益権の贈与・売却を行うものもあります。

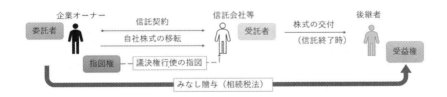

(2) メリット

①　企業オーナーは、指図権の留保により経営権を保持しつつ、自社株式の経済的価値のみを後継者に取得させることができます。

②　後継者に対して同人が受益者となる時期に贈与税が課されるため、同人が企業オーナー死亡時に自社株式自体の交付を受けたとしても、相続税が課されることがありません。

③　信託を終了させて自社株式自体を後継者へ渡すタイミングについ

て、たとえば、企業オーナー死亡時、死亡後数年間経過時や後継者が一定の年齢に達した時等、柔軟に設定することができます。

4 受益者連続信託

(1) スキームの概要

自社株式を対象にして信託会社等との間の信託契約で信託を設定し、後継者を受益者としつつ、その受益者の死亡後は、その受益権が消滅し、あらかじめ指定しておいた次の後継者が新たな受益権を取得します。次の次の後継者も指定することができます。

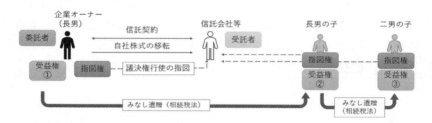

(2) メリット

① 孫の世代の後継者についても自分の意思で決定したいというニーズに応えることができます。

② たとえば、兄弟で創業した会社において、長男の子を次の後継者とするが、その子（長男の孫）は承継する見込みがないため、次の次は二男の子を後継者としたいというニーズに応えることができます。

5 議決権行使を委任するための信託

(1) スキームの概要

企業オーナーが生前に、番頭との間の信託契約で自社株式を対象にして信託の設定をし、後継者を受益者にしつつ、当初は企業オーナー自らが議決権行使の指図権を行使しますが、企業オーナー死亡後は、創業以来共同

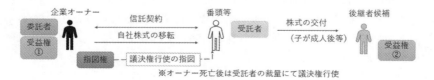

して事業を営んできた親族外の者（番頭等）に議決権を行使させます。後継者が一定の年齢になったとき等をもって、信託を終了させ、自社株式自体を後継者に取得させます。

(2) **メリット**

① 後継者候補が未成年者や経験不足のため、直ちに承継させることができず相当長期の時間を要することが見込まれるという場合に、いわば中継ぎの後継者を置くことができます。

② 仮に、中継ぎの後継者に株式自体を承継させると、いざ親族後継者に承継させるべき時期に、中継ぎの後継者からの株式の取得（買取り）の問題が生じてしまい、社内の権力闘争を惹き起こしかねません。信託を利用すると、そういった事態を避けることができます。

6 受益者変更権を利用した信託

(1) **スキームの概要**

企業オーナーが生前に、自社株式を対象にして信託の設定をし、受益者を後継者としつつも、企業オーナーに受益者変更権を付与し、これが行使された際には受益者が変更されるとするものです。

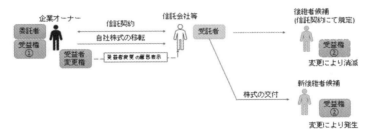

(2) **メリット等**

たとえば、当初に受益者に指定された後継者が婿養子で、娘との離婚や、企業オーナーとの関係の悪化により、後継者を変更したくなる可能性がある一方、そうなった場合の代わりの後継者を今は決定できないといったニーズに応えることができます。ただし、受益者変更権の行使により、受益者を変更する際には、改めて贈与税を負担することになることには注意を要します。

（金森健一）

Question 145

事業用資産について信託を活用した事業承継対策の具体例を教えてください。

解説

1 オーナー所有の事業用資産の承継のための信託

(1) オーナー所有の事業用資産の問題点

中小企業の事業用資産は、オーナーの個人所有であることがあります。事務所や社宅の建物や工場の敷地、特許権や商標権等です。これらは、企業オーナーの相続が開始すると、その相続人の相続財産となります。また、会社との間で賃貸借契約等がなく権利関係が明らかでないため、オーナーの死亡により、会社による利用が危うくなるおそれもあります。

(2) スキームの概要

オーナーが個人で所有する事業用資産を対象とした信託を設定し、自らを当初の受益者とし、その死亡後の受益者を相続人とすることなどが考えられます。受託者は会社と賃貸借契約を締結し、賃料を受益者へ交付します。

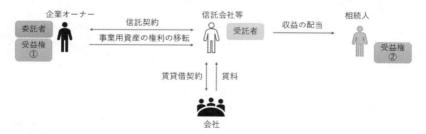

(3) メリット等

① 事業用資産の権利（所有権、特許権等）は、信託の設定により受託者へ移転するため、企業オーナーの相続開始によりそれらが相続人に相続されず、共有になることを回避することができます。

② 事業用資産の利用の根拠は、これを所有する受託者と会社との間の賃貸借契約等になりますので、後継者において共同相続人との間の個別の交渉が不要となり、権利関係も簡明になります。

③ 引退後のオーナーやその家族にとっても、事業用資産の管理の手間から解放され、賃料配当を受けることもできます。また、受益権が相続財産になるため、より柔軟な遺産分割を行うこともできます。

2 オーナー貸付金の信託

(1) オーナー貸付金の問題点

オーナーによる自社に対する貸付金(オーナー貸付金、「有るとき払いの催告なし」であることが多い)は、オーナーの相続開始により相続財産となります。金銭債権は、相続人に対して相続分に応じて分割され、遺産分割の対象にならないため(最判昭和29・4・8民集8巻4号819頁)、相続人の中に企業経営に関与していない者や別の思惑がある者等がいると、自己に帰属した貸付金債権を会社に行使することが考えられ、会社に十分な弁済資金がない場合には資金繰りを悪化させるおそれがあります。また、後継者が不利な条件で遺産分割を強いられる可能性もあります。

(2) スキームの概要

企業オーナーがオーナー貸付金(金銭債権)を対象とする信託を設定します。信託契約当初は、企業オーナーを受益者とし、その死亡後は相続人を受益者とします。また、当初の受益権をそのまま相続財産とする方法もあります。信託の設定により受託者が会社に対する債権者となります。

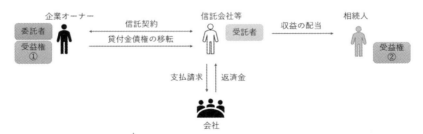

(3) メリット等

① 相続人からの突発的な債権行使による会社の資金繰り悪化を防止し、資金手当に奔走する等の後継者の負担を軽減することができます。

② 信託財産となった貸付金債権について、受託者が会社に対して一切返還請求をしないとすることは、相続人が取得する受益権の価値を著しく低下させるおそれがあります。会社は適時に弁済し、これが受益者へ分配されるようにするべきです。

(金森健一)

Question 146

事業承継において信託を活用する際の留意点は何ですか。

解 説

事業承継を妨げるリスク要因として、信託の設定方法の選択ミス、詐害信託、遺留分侵害の可能性、指図権の取扱いおよび民事信託の受託者等が挙げられるほか、信託利用のデメリットとして事業承継税制が適用されないこと等があります。

1 事業承継の達成を妨げるリスク要因

(1) 信託の設定方法の選択ミス

信託の設定方法には、契約、遺言および自己信託（信託宣言）の3つがあります（信託法3条）。特に、遺言による場合と自己信託による場合は、次の点に注意すべきです。

① 遺言による場合

一般的な遺言の場合と同じく、遺言者（委託者）のみの意思で書換えが可能なため、後継者に無断で内容が変更されたり、遺言者（委託者）の相続開始後、実際に信託を開始する際に、対象となる財産の引渡しに相続人の協力が得られなかったりすることがあります。

② 自己信託による場合

自己信託は、オーナー自身が当初の受託者になります。オーナーの意思能力や体力が低下すれば受託者としての事務ができなくなります。そのような場合に備えて、次の受託者を用意しておくことが必要になります。信託会社の利用も検討するべきです。

(2) 詐害信託

委託者の債権者を害する信託（詐害信託）は、債権者からの取消しの対象となります（信託法11条）。債権者を害するとは、その信託により委託者の資産が受託者へ移転することで、その資産を引当にしていた債権者が債権回収できなくなることをいいます。特に、オーナー（委託者）を受益者とする信託（自益信託）ではなく、後継者等を受益者とする（他益信

託）では、自社株式の経済的価値がオーナー（委託者）から移っていますので、詐害信託とされる可能性が高いといえます。

(3) **遺留分侵害の可能性**

兄弟姉妹以外の相続人には遺留分があります（民法 1028 条）。信託も遺留分制度の対象となるというのが通説的見解です。したがって、遺贈や贈与と同じように、一部の相続人や第三者に対してのみ受益権が与えられたために遺留分が侵害された遺留分権者は、遺留分減殺請求権を行使することができます。

現在のところ、こういった場合に、誰に対して請求できるのか、何を取り消すことになるのか等については見解が区々で、遺留分減殺請求権の行使により信託がどうなるかも明らかではありません。遺留分侵害ができるだけ生じないような配分にするとか、万が一、遺留分侵害があった場合に金銭を引き渡せるようにする等の手当が必要です。

(4) **指図権の取扱い**

事業承継のための自社株式の信託においては、受託者に対して議決権行使に関する指図をする権限である指図権について信託契約にて定めることが多いです。もっとも、指図権については、信託法その他の法令に根拠はなく、その内容は明らかではありません（信託業法に指図権者についての定めがある（信託業法65条・66条））。したがって、もし、議案に対して賛成すべき指図を受けたにもかかわらず、受託者がこれに従わず反対をした場合の株主総会決議の効力については、必ずしも明らかではありません。会社との関係では、株主は受託者ですので、株主による議決権の行使である以上は、有効な議決権行使とされる可能性があります。したがって、指図のとおりに議決権を行使することのできる受託者であるかどうかが重要になるといえます。

(5) **民事信託の受託者**

受託者は、株主となり、信託目的である後継者への確実な承継のために、株式会社の株主総会において議決権を行使し、配当がある場合にはこれを受け取り、受益者へ交付する義務を負います。したがって、受託者がこれらの義務を着実に果たさないと信託の目的を達成することはできません。特に、親族個人や専用に設立した法人（一般社団法人等）が受託者となる民事信託においては、信託銀行や信託会社が受託者となる商事信託と比較して、次のような特徴があり、事業承継の完了前に、信託を終了させ

てしまうリスクをはらんでいます。

① 個人受託者の場合

　生身の人間であるため、死亡、傷病、加齢による能力低下、外国・遠方地転勤、時間的余裕のなさ、家族関係（周りの理解・協力を含む）の悪化、性格上の不向き、モチベーションの低下等により信託事務を怠ってしまったり、経験不足や事務の不慣れによりミスをしてしまったり、経済的困窮を原因として横領する等故意・過失により受託者の義務に違反したりする等信託の継続を妨げるおそれが懸念されます。後継の受託者の指定等によりリスク軽減を図ります。

② 法人受託者の場合

　法人自体は死亡しないため上記①の懸念のいくつかは払拭できますが、社員や理事といった法人の構成員はやはり個人であるためその構成員について上記①の懸念は残ります。また、不慣れな信託事務に加えて、同じく不慣れな法人運営の負担を課すことにもなります。専門家が理事や顧問になる等してサポートすることが望まれます。

2　事業承継税制の不適用

　事業承継税制（非上場株式の相続税・贈与税の納税猶予制度）は、中小企業の後継者が、企業オーナーから会社の株式を承継する際の、相続税・贈与税の軽減制度ですが、信託による承継に対しては現在のところ、適用されません。そのため、納税資金を用意することも重要になります。

（金森健一）

Question 147

事業承継において不動産信託はどのように活用されますか。

解説

「不動産信託」とは、保有不動産を信託会社等に信託するものであり、直接的には事業承継には関係がありません。しかし、事業会社が保有している賃貸用不動産等において「事業承継者が管理運営業務に不慣れな場合」や「不動産賃貸業を本業と分離して運営したい場合」等で活用されるケースが多々あります。実際に不動産信託を活用した事例として以下に2つ事例を挙げました。

＜事例1＞「土地信託」（後掲※1）を利用して独身寮の跡地を賃貸住宅化したケース
〔お客様の悩み〕
　上場企業の関連子会社。東京都内に遊休地を複数保有。
　都内の高級住宅地に老朽化した独身寮を保有していましたが、現在は使っていないため荒廃し、近隣住民から苦情が寄せられている状況です。メインバンクは売却するように勧めましたが、都内でも人気のある住宅地なので会社としては有効利用できないか検討したいと考えていました。ただし、近隣は閑静な住宅地のためマンション建築には敏感な地区であり、建築説明会等では紛糾が予想されました。また完成後も管理運営や万一の事故対応を会社（総務部）が行うのは荷が重いと感じていました。
　（不動産信託を利用した理由）
　信託を利用することで不動産賃貸事業はすべて信託会社名義で行われます。そのため、賃貸経営において会社側では対応することがありません。また、万一の賠償事故発生時等もすべて信託会社が事業者として対応を行ってくれるため、開発リスクや賠償リスクの軽減効果が見込めるようになります。

＜事例2＞「不動産管理信託」（後掲※2）を利用して不動産賃貸業務を

外部委託したケース
〔お客様の悩み〕
　東京都内を中心に賃貸用不動産を複数所有している同族法人。役員全員が高齢化（70～80歳代）しており、不動産賃貸業務が面倒になっていました。今回、会社自体は事業承継することが決まりましたが、後継者は不動産業務にはまったく関与しておらず、このままでは物件の維持管理や入居テナントとの交渉等に支障をきたす可能性がありました。
（不動産信託を利用した理由）
　不動産管理信託を利用することで面倒な賃貸管理業務をすべて信託会社へアウトソーシングすることが可能になります。また、信託会社が事業者となることで不動産の安定経営と建物の定期的なメンテナンスが可能となり、入居者やテナントとも良好な関係が維持できる効果が見込めるようになります。
　これらの事例のように、事業承継においても不動産賃貸事業を外部へ信託して本業と分離することで、会社は従来の経営資源や人材を本業へ集中させることが可能となります。

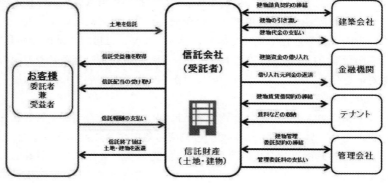

第12章　その他の活用

※2　「不動産管理信託」スキーム図　※建築済み物件の場合

建築済みの物件を信託会社がお預かりします。賃貸経営に関する面倒な業務は全て信託会社が代行いたします。
お客様は信託期間中3か月毎に信託財産からの収益を配当として受け取ります。
既存借入が残っている場合でも金融機関と調整のうえ物件を信託することが可能です。
また、条件によっては信託内借入により既存ローンの借換えも行うことが可能です。

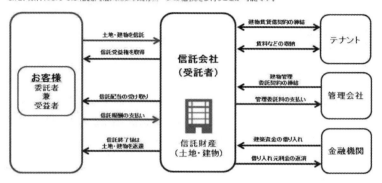

（鈴木真行）

Question 148

生命保険信託の仕組みと活用について教えてください。

解説

1 生命保険信託の仕組み

生命保険信託は文字どおり、保険契約と信託契約を組み合わせたものであり、生命保険の契約をした契約者が別途、信託会社との間で信託契約を締結することになります。生命保険会社との契約において、死亡保険金受取人を信託会社に設定し、信託会社との信託契約において死亡保険金をどのように受益者に渡していくかを定めます。つまり、今すでにある財産を信託契約で定めるのではなく、生命保険契約が本来持つ被保険者死亡時の「財産創出機能」によって生み出される死亡保険金に信託契約が持つ「財産管理機能」を付加するものとなります。これにより、生命保険によって創り出された死亡保険金を生前に意図したとおり、安全・確実に受け渡すことができます。

(2) **受益者への保険金交付**

通常の生命保険契約の場合、契約者の生前のさまざまな思いが込められて契約されたものであるにもかかわらず、実際に支払われた死亡保険金をどのように使うかは死亡保険金受取人の自由裁量かつその管理能力に委ねられることになります。また受取人が受け取った死亡保険金は受取人の死後、受取人の相続財産として「受取人の相続人」に渡されることとなります。

これに対して、生命保険信託では、条件を満たせば信託財産の受取人に団体も指定することに加えて、複数の受取人を組み合わせることも可能です。また信託が持つ「連続受益」を活用することにより死亡保険金の受益者の死後に次の受益者となる人・団体を契約者が指定しておくことができます（指定できる受益者は信託会社により異なる）。

また、受取方法に関しても、毎月一定額を定期的に交付するという「定例交付」に加えて、状況に応じて必要となる費用の「随時交付」を組み合

わせることもできます。

さらに「指図権者」を指定しておくことで、たとえば、受益者が未成年者や高齢者、知的障がい者であったとしても、指図権者による請求により臨時費用の支出となる「随時交付」をスムーズに行うことができ、安全・確実に必要な資金に死亡保険金を充当できるようになります。

2 事業承継での活用

事業承継においても、前述の個人契約の生命保険において、受取人に指定したい個人が有するさまざまな事情に応じた活用が考えられます。たとえば、契約者・被保険者が経営者（株主）、受取人が後継者以外の相続人の契約において、受取人である後継者以外の相続人が未成年の代襲相続人である場合等は、財産管理機能を備えた生命保険信託活用の有効性が高いケースと考えられます。

契約者・委託者	（＝被保険者）生命保険会社と、信託会社を死亡保険金受取人とする手続を行い、信託会社とは生命保険信託契約を締結。
↓	
生命保険会社	契約者＝被保険者の死亡時に死亡保険金の支払
↓	
信託会社・受託者	死亡保険金の受入
↓	
受　益　者	信託会社より保険金交付
第二・第三受益者	受益者の死後、信託会社より保険金交付
↓	
残余財産帰属権利者	第二・第三受益者の死後、信託会社より残余財産交付

（柴田浩太郎）

5　従業員持株会の活用

Question 149

事業承継との関係で、従業員持株会を新たに設けることにどのような利点がありますか。

解　説

事業承継における従業員持株会の設置には、主に3つの利点があると考えられます。

1　相続税の節税効果

オーナー一族が保有する自社株を従業員持株会へ譲渡する場合の株価は、通常は株価の低い配当還元価額によることが可能です。

たとえば、原則的評価方法である純資産価額方式や類似業種比準方式で評価した株価が20,000円であったとしても、配当還元価額だと500円といった低額で評価されるケースがあります。このケースでいえば、オーナーが保有の自社株が10,000株で、そのうち30％の3,000株を500円で従業員持株会へ譲渡した場合には、以下のような相続税の節税効果が生じると考えられます。

(例)　オーナー保有分　10,000株（原則的評価：20,000円、配当還元価額500円）

　　　従業員持株会へ3,000株を配当還元価額500円で譲渡

　　　オーナーの相続財産は、自社株10,000株のみ

　　　相続人は1人のみ

　　　譲渡前：財産 10,000株 × 20,000円 = 2億円(A)

　　　　　　　相続税((A) − 基礎控除3,600万円) × 40％ − 1,700万円

　　　　　　　　　= 4,860万円(X)

　　　譲渡後：財産 7,000株 × 20,000円 + 売却収入 3,000株 × 500円

　　　　　　　　　= 1億4,150万円(B)

　　　　　　　相続税((B) − 基礎控除3,600万円) × 40％ − 1,700万円

　　　　　　　　　= 2,520万円(Y)

− 406 −

節税効果：(X) – (Y) = <u>2,340万円</u>

2 安定株主の構築

　オーナー保有の自社株を従業員持株会へ譲渡すれば相続等で経営にタッチしない親族への株式の分散を回避することが可能です。

　株式の分散は、後継者が株式を承継しようとする際に、その納税負担等に耐えられず、他の相続人等に承継させること等によって発生します。このような株式分散を防止する手法として、経営者の他に安定株主を導入する方法の1つとして従業員持株会制度があります。

　ここでいう安定株主とは、基本的には現経営者の経営方針に賛同し、長期間にわたって保有を継続してくれる株主をいいます。安定株主が一定割合の株式を保有すれば、経営者は安定株主の保有株式と合計して安定多数の議決権割合を確保すればよいため、後継者が承継する株式の数を減らすことができます（中小企業庁『事業承継ガイドライン』48頁）。

　なお、安定株主との将来におけるトラブル回避のための手当として、会社法の種類株式を活用して従業員持株会保有株式を無議決権株式等にすることも可能です。ただし、詳しい設計方針については、法律の専門家を交え、会社としてどのような方法が望ましいのかよく相談して決めることをお勧めします。

3 福利厚生とモチベーションの向上

　福利厚生の面では、一定の利回りによる配当を従業員へ優先的に還元するといった役割を果たし、同時に従業員の資産形成をサポートすることが可能です。

　また、会社の業績に応じて適切な配当を支給することにより、会社に貢献すればより多くの配当をもらうことができるといった動機づけや、一定の経営幹部候補を持株会の対象者とすることで経営に参画する自覚を芽生えさせることが期待できます。

4 持株会制度導入の留意点

　持株会を設置すると、結果としてオーナー一族以外へ自社株が分散されることになります。そのため、管理運営のルールをキチンと定めて従業員株主へ周知徹底させることが重要です。

管理運営を疎かにすれば、将来の税務調査において形式的な持株会を設置して税金逃れをしていると認定されるリスクがあるため留意が必要です。

　また、株主代表訴訟等の訴訟リスクや従業員株主の退会時に買取価額をめぐるトラブル等に備えて、法律の専門家のアドバイスのもと適切に管理運営することが望まれます。

　さらに、持株会設置後は一定の資金負担が生じます。具体的には、従業員は一定の配当を期待して自社株を購入している側面があるため、配当を継続して支給することが求められたり、管理運営の事務コスト（たとえば、規約の作成・管理、株主名簿の管理、配当支給・源泉事務、株主総会の法的手続等）が発生するため、これらの負担を考慮する必要があります。

（甲田義典）

第12章 その他の活用

Question 150

従業員持株会に適用される税務上の株式評価について教えてください。

解説

1 概要

実務上、従業員持株会に対して適用される税務上の株式評価は、従業員持株会が一般的には「同族株主以外の株主等」に該当するため、2以下の特例的評価方式である配当還元価額が採用されます。

理由は、税務上、非上場株式の株式評価の方法は、相続税法では原則として財産評価基本通達の定めにより評価し、法人税法上は課税上の弊害がない限り一定条件のもと同通達による評価が認められ、所得税法上も一定条件のもと同通達の評価により算定するためです。

2 配当還元価額で評価される株式

次の(1)～(4)のいずれかに該当する株式は、配当還元価額で評価します（財産評価基本通達188、188－2）。

(1) **同族株主のいる会社の株式のうち、同族株主以外の株主の取得した株式**

「同族株主」とは、課税時期における評価会社の株主のうち、株主の1人およびその同族関係者（法人税法に規定する特殊の関係のある個人または法人。以下同じ）の有する議決権割合が30％以上（その評価会社の株主のうち、株主の1人およびその同族関係者の有する議決権の合計数が最も多いグループの有する議決権割合が50％超である会社にあっては、50％超）である場合におけるその株主およびその同族関係者をいいます。

(2) **中心的な同族株主のいる会社の株主のうち、中心的な同族株主以外の同族株主で、その者の株式取得後の議決権割合が5％未満であるもの（課税時期において評価会社の平取締役以外の一定の役員である者および課税時期の翌日から法定申告期限までの間に平取締役以外の一定の役員となる者を除く）の取得した株式**

「中心的な同族株主」とは、課税時期において同族株主の1人ならびにその株主の配偶者、直系血族、兄弟姉妹および1親等の姻族（これらの者の同族関係者である会社のうち、これらの者が有する議決権割合が25％以上である会社を含む）の有する議決権割合が25％以上である場合におけるその株主をいいます。

(3) **同族株主のいない会社の株主のうち、課税時期において株主の1人およびその同族関係者の有する議決権割合が15％未満である場合におけるその株主の取得した株式**

(4) **中心的な株主がおり、かつ、同族株主のいない会社の株主のうち、課税時期において株主の1人およびその同族関係者の有する議決権割合が15％以上である場合におけるその株主で、その者の株式取得後の議決権割合が5％未満であるもの（(2)の役員である者および役員となる者を除く）の取得した株式**

この場合における「中心的な株主」とは、課税時期において株主の1人およびその同族関係者の有する議決権割合が15％以上である株主グループのうち、いずれかのグループに単独でその会社の議決権割合が10％以上の株主がいる場合におけるその株主をいいます。

図表でまとめると以下のとおりです（一般社団法人大蔵財務協会『平成25年版財産評価基本通達逐条解説』658頁）。

会社区分	株主の態様による区分				評価方式
	株主区分				
同族株主のいる会社	同族株主グループ（50％超）に属する株主（30％以上）	取得後の議決権割合5％以上の株主			原則的評価方式 （純資産価額方式による評価額については、20％の評価額の特例が適用される場合がある。）
		取得後の議決権割合5％未満の株主	中心的な同族株主がいない場合の株主		
			中心的な同族株主がいる場合（25％以上）の同族株主	中心的な同族株主	
				役員である株主または役員となる株主	
				その他の株主	特例的評価方式
	同族株主以外の株主				
同族株主のいない会社	議決権割合の合計が15％以上のグループに属する株主	取得後の議決権割合5％以上の株主			原則的評価方式 （純資産価額方式による評価額については、20％の評価額減の特例が適用される。）
		取得後の議決権割合5％未満の株主	中心的な株主がいない場合の株主		
			中心的な株主（10％以上）がいる場合の株主	役員である株主は役員となる株主	
				その他の株主	特例的評価方式
	議決権割合の合計が15％未満のグループに属する株主				

(注)1 原則的評価方式：類似業種比準方式・併用方式・純資産価額方式・「$S_1＋S_2$方式」

3 配当還元価額による評価方法

　配当還元価額は、その株式を所有することによって受け取る過去2年間の平均配当金額を10％の利率で割り戻して以下の算式により計算します（財産評価基本通達188－2）。

$$\frac{(その株式に係る年配当金額)}{10\%} \times \frac{(その株式の1株当たりの資本金等の額)}{50円}$$

　上記算式の「その株式に係る年配当金額」は、類似業種比準方式の「Ⓑ：評価会社の1株当たりの配当金額」の計算と同じく、直前期末以前2年間の配当金額の平均値で1株当たりの資本金等の額を50円とした場合の金額であり、特別配当、記念配当等で継続性の認められないものは除外します。ただし、1株当たりの配当金額が2円50銭を下回ったり、無配だった場合には最低2円50銭となります。

　なお、配当還元価額による評価額が、原則的評価方式により評価した金額を超える場合には、原則的評価方式により評価した金額によって評価します（財産評価基本通達188－2ただし書）。

（甲田義典）

■編者紹介■

【編集代表】

幸村俊哉(弁護士・東京丸の内法律事務所)
　1991 年　早稲田大学法学部卒業
　1994 年　弁護士登録
　1999 年　金融再生委員会事務局(現金融庁)課長補佐
　2001 年　弁護士再登録
〔主要著書・論文〕
　『一問一答 事業承継の法務』(共著・編集代表)(経済法令研究会 2010 年)
　『中小企業の事業承継 M&A 活用の手引き』(共著・編者)(経済法令研究会 2016 年)
　ほか多数

玉越賢治(税理士・税理士法人タクトコンサルティング)
　1979 年　関西大学経済学部卒業
　1979 年　商工組合中央金庫(商工中金)
　1987 年　リクルート
　1994 年　税理士登録
〔主要著書・論文〕
　『法務・税務のすべてがわかる！ 事業承継 実務全書』(共著)(日本法令 2018 年)
　『ここまで知っておきたい相続・贈与の実務対策』(中央経済社 2010 年)

【編集委員】五十音順

岩松琢也(公認会計士・税理士)
　一橋大学商学部卒業、株式会社丸の内アドバイザーズ代表取締役、税理士法人丸の内アドバイザーズ代表社員
　1999 年　公認会計士登録、2009 年　税理士登録
〔主要著書・論文〕
　『中小企業の事業承継 M&A 活用の手引き』(共著)(経済法令研究会 2016 年)
　「M&A のアドバイスに必須！財務デューディリジェンスで押さえておくべきポイント」(銀行法務 21・2017 年 1 月号)

植坂謙治
　学習院大学経済学部卒業、株式会社新生銀行プロジェクトファイナンス部
〔主要著書・論文〕
　『日本の LBO ファイナンス』(共著)(きんざい 2017 年)

太田大三（弁護士・弁理士）
　東京大学経済学部卒業、丸の内総合法律事務所
　1999 年　弁護士登録、2006 年　弁理士登録
〔主要著書・論文〕
　『職務発明規程実務ハンドブック』（商事法務 2005 年）
　『一問一答 事業承継の法務』（共著・編集委員）（経済法令研究会 2010 年）

金井　厚
　早稲田大学 商学部卒業、株式会社新生銀行企業情報部
〔主要著書・論文〕
　「M&A と金融機関」（銀行法務 21・2017 年 6 月号）

金森健一（弁護士）
　早稲田大学法学部卒業、ほがらか信託株式会社、弁護士法人中村綜合法律事務所
　2010 年　弁護士登録
〔主要著書・論文〕
　新井誠編『高齢社会における信託制度の理論と実務』所収「『管理型信託』の再構成」（日本加除出版 2017 年）
　『個人取引拡大のための信託活用実践講座』（共著）（銀行研修社）等

金子憲康（弁護士）
　早稲田大学法学部卒業、Duke University, School of Law（LLM）卒業、あさひ法律事務所
　1998 年　弁護士登録
〔主要著書・論文〕
　『金融機関の法務対策 5000 講 V 巻』（共著）（きんざい 2018 年）
　『一問一答 事業承継の法務』（共著・編集委員）（経済法令研究会 2010 年）

山内雅彦（弁護士）
　慶應義塾大学商学部卒業、株式会社東日本大震災事業者再生支援機構
　2016 年　弁護士登録
〔主要著書・論文〕
　『中小企業の事業承継 M&A 活用の手引き』（共著）（経済法令研究会 2016 年）

鷲野泰宏（弁護士）
　早稲田大学大学院商学研究科修了、丸の内総合法律事務所
　2006 年　弁護士登録
〔主要著書・論文〕
　『一問一答 事業承継の法務』（共著）（経済法令研究会 2010 年）
　『私的整理の実務Q＆A 140 問』（共著）（きんざい 2016 年）

■執筆者一覧（五十音順）■

家近知直　（弁護士・弁護士法人第一法律事務所）
池田　修　（株式会社日本経営）
石川紘平　（株式会社京都銀行営業本部 M&A 推進室）
伊藤良太　（弁護士・ベイス法律事務所）
岩松琢也　（公認会計士・税理士・税理士法人丸の内アドバイザーズ）
植坂謙治　（株式会社新生銀行プロジェクトファイナンス部）
大石泰博　（株式会社広島銀行法人営業部金融サービス室）
大久保宏章（株式会社新生銀行事業承継金融部）
太田大三　（弁護士・弁理士・丸の内総合法律事務所）
岡本行生　（アドバンストアイ株式会社代表取締役社長）
梶原章弘　（税理士・税理士法人髙野総合会計事務所）
香月由嘉　（弁護士・ニューホライズンキャピタル株式会社）
金井　厚　（株式会社新生銀行企業情報部）
金森健一　（弁護士・ほがらか信託株式会社　弁護士法人中村綜合法律事務所）
金子憲康　（弁護士・あさひ法律事務所）
金光良昭　（公認会計士・税理士法人丸の内ビジネスコンサルティング）
木部竜二　（公認会計士・税理士法人丸の内ビジネスコンサルティング）
木村一輝　（弁護士・丸の内総合法律事務所）
甲田義典　（税理士・株式会社キュレーションパートナーズ会計事務所）
近内京太　（弁護士・丸の内総合法律事務所）
紺谷　宏　（公認会計士・税理士法人丸の内ビジネスコンサルティング）
齊藤浩昭　（公認会計士・株式会社地域経済活性化支援機構）
坂本雄一　（税理士・税理士法人髙野総合会計事務所）
柴田浩太郎（プルデンシャル生命保険株式会社）
鈴木隆文　（弁護士・公認会計士・アライズ総合法律事務所）
鈴木正人　（弁護士・岩田合同法律事務所）
鈴木真行　（スターツ信託株式会社営業開発部）
鈴木龍司　（弁護士・中小企業庁）
玉越賢治　（税理士・税理士法人タクトコンサルティング）
津曲貴裕　（弁護士・EY 弁護士法人）

中村繁史　　（弁護士・東京丸の内法律事務所）
名取恭子　　（弁護士・丸の内総合法律事務所）
野崎智己　　（弁護士・東京丸の内法律事務所）
間　達哉　　（公認会計士・税理士法人丸ノ内ビジネスコンサルティング）
原田大介　　（株式会社福岡銀行産業金融部）
藤浪郁也　　（弁護士・東京丸の内法律事務所）
星　敬太　　（一般社団法人全国信用保証協会連合会）
増尾　伸　　（株式会社群馬銀行コンサルティング営業部）
真鍋朝彦　　（公認会計士・税理士・税理士法人髙野総合会計事務所）
本澤順子　　（弁護士・木下・脇田虎ノ門法律事務所）
山口哲生　　（公認会計士・税理士法人丸の内ビジネスコンサルティング）
山内雅彦　　（弁護士・株式会社東日本大震災事業者再生支援機構）
幸村俊哉　　（弁護士・東京丸の内法律事務所）
吉田桂公　　（弁護士・のぞみ総合法律事務所）
鷲野泰宏　　（弁護士・丸の内総合法律事務所）
和田慎一郎　（弁護士・東京晴和法律事務所）
渡邉遼太郎　（弁護士・東京八丁堀法律事務所）

一問一答　金融機関のための事業承継の手引き

2018年7月15日　初版第1刷発行	編著者代表	幸　村　俊　哉
		玉　越　賢　治
	発　行　者	金　子　幸　司
	発　行　所	㈱経済法令研究会

〒162-8421　東京都新宿区市谷本村町3-21
電話 代表 03(3267)4811　制作 03(3267)4823
https://www.khk.co.jp/

営業所／東京 03(3267)4812　大阪 06(6261)2911　名古屋 052(332)3511　福岡 092(411)0805

カバーデザイン／図工ファイブ
制作／地切 修　印刷／富士リプロ㈱　製本／㈱ブックアート

©Toshiya Yukimura, Kenji Tamakoshi 2018　Printed in Japan　　ISBN 978-4-7668-2422-3

☆　本書の内容等に関する訂正等の情報　☆
本書の内容等につき発行後に訂正等（誤記の修正等）の必要が生じた場合には、当社ホームページに掲載いたします。（ホームページ　書籍・定期刊行誌TOP の下部の 追補・正誤表）

定価はカバーに表示してあります。無断複製・転用等を禁じます。落丁・乱丁本はお取替えします。